Ruth Rehmann

Der Mann auf der Kanzel

Fragen an einen Vater

Evangelische Verlagsanstalt Berlin

Aufnahme auf dem Schutzumschlag:
Berliner Dom, Brand der Kuppel am 24. Mai 1944
(Foto: Archiv Berliner Dom)
Reproduktion mit freundlicher Genehmigung
des Domkirchenkollegiums Berlin

ISBN 3-374-00164-5

2. Auflage
Evangelische Verlagsanstalt GmbH Berlin 1987
Lizenz 420.205-128-87. LSV 6520. H 5155
Schutzumschlag und Einband: Werner Sroka
Printed in the German Democratic Republic
Druck: VOB Buch- und Offsetdruck, Leipzig
00600

Für meine Kinder

Die Tugend trat in den Dienst des Lasters,
der Geist in den Dienst des Wahnsinns,
die Demut in den Dienst des Hochmuts,
die Treue in den Dienst der Falschheit,
die Gewissenhaftigkeit in den Dienst der
Ruchlosigkeit. Daher jene furchtbare
Solidarität der Ehrenhaften mit den
Ehrlosen, die das Geheimnis der
– vorübergehenden – deutschen Stärke war.

Friedrich Wilhelm Foerster

1

Wenn wir zusammen gingen, mein Vater und ich, dann sagten wir unseren Spruch. Er hieß: „Wir zwei beide!“ und drückte aus, daß wir zusammengehörten, der Älteste und die Jüngste der Familie, und daß nichts auf der Welt uns dazwischenkommen könnte. Auf die letzte Silbe von „beide“ setzten wir einen Akzent. Wenn wir links angefangen hatten, traf er auf den rechten Fuß, der dabei heftig aufstampfte. So zogen wir flüsternd und stampfend durch die Straßen von Auel, wo mein Vater Pfarrer war, und genauso, sagte er, sei sein Vater, der auch Pfarrer war, mit ihm, der auch der Jüngste war, durch die Straßen von St. Goar gegangen, grüßend, winkend die Rheinpromenade entlang, von den Lotsen in Gespräche über Schiffe und Wasserstände verwickelt, vom Bäcker mit frischen Brötchen versorgt, und alle Kinder, auch die katholischen, seien gelaufen gekommen, um über seines Vaters, meines Großvaters, Spazierstock zu springen . . .

Ich fahre selten nach Auel. Auf der Ferienfahrt letzten Sommer war es nicht meine Idee, dort zu übernachten. Ich wäre auf der Autobahn geblieben und durchgefahren bis Holland, auch in der Nacht. Thomas, der Älteste, hätte zeitweise das Steuer nehmen können. Es waren die Töchter, Johanna, Elisabeth, die bei Einbruch der Dämmerung nach Auel wollten, in die Stadt, in der ich ein Kind gewesen bin. Die Diskussion begann in Höhe des Siebengebirges, langwierig und kontrovers wie gewöhnlich in dieser Familie ohne Vater, ohne Machtwort. Darüber versäumten wir die erste Abfahrt, mußten die zweite, nördliche nehmen, und schon als wir in den Lohmarer Wald einbogen, geriet ich in Strömungen, die mich von meinen Kindern entfernten. Keine Möglichkeit, ihnen mitzuteilen, daß wir von hinten in die Stadt hineinfuhren, auf dem schlechten, verbotenen Weg, durch den Wald, in dem Mädchen nicht allein gehen dürfen, von der falschen, der scheelen Seite an den Friedhof heran und mit schlechtem Gewissen am Portal vorbei (wann warst du zuletzt an Hannelis Grab?) und die trostlose Auelgasse hinunter, die Sonntagsnachmittags-Grabgang-Gasse: Vater, Mutter, vier Kinder auf dem Weg zur verstorbenen Schwester, vom Trauerdruck aneinandergedrängt, den schwarzen Mutterschirm seitlich gestemmt gegen den Regenwind: Verzage nicht du Häuflein klein . . .

Dann, Ecke Kaiserstraße, der plötzliche Eintritt in die Vaterwärme: an seiner Hand „in die Gemeinde“ gehen, gekannt, gegrüßt, mit Wohlwollen bestrahlt. Groß geworden, das Kind! Hat Hannelis Haar! Wird ein zweites Hanneli werden!

„Sie wächst“, sagt der Vater stolz-bescheiden. „Sie macht uns viel Freude!“

Warme trockene Hand, die von oben kommt. Das zarte Innere der Finger zwischen den Gelenkkerben. Der Druck des Eherings. Gleichschritt trotz des Größenunterschiedes. Er macht mit langen Beinen kurze Schritte, das Kind schreitet mit kurzen Beinen weit aus. Händeschlenkern, manchmal so hoch, daß ein Kreis daraus wird, rasches Umpacken oben, auf keinen Fall loslassen. Gehspiele mit Fußwechseln, Hüpfen, Stein oder Kastanie vorantreten. Pfützen überspringen, in Pfützen stampfen, Spritzer mit dem Taschentuch entfernen. Großes weißes Vatertaschentuch mit einem Tropfen Eau de Cologne. Gehlieder: Schornsteinfeger ging spazieren ... Wenn die Soldaten durch die Stadt marschieren ... Geh aus mein Herz und suche Freud ...

„Da oben!" sage ich und zeige durchs Autofenster auf das dunkle Haus, das wir unser Haus nannten, obwohl es uns nie gehört hat, sondern der Kirchengemeinde, die es inzwischen an die Grabsteinfabrik nebenan verkauft hat, „da oben, hinter dem letzten Fenster links sah ich meinen Vater unter dem Bild seines Vaters sitzen, wenn ich von der Schule nach Hause kam. Am Gartentor blieb ich stehen und pfiff unseren Pfiff. Ich ging erst hinein, wenn er mir zugewinkt hatte. Aber wenn ich ein schlechtes Gewissen hatte, ging ich hintenherum, über die Mauer, die mit Glasscherben besteckt war, durch die Kellertür, die Hintertreppe hinauf."

„Hattest du Angst vor ihm?" fragt Elisabeth, die die Angst vor Vätern nicht kennt.

„Ich hatte Angst, ihm Kummer zu machen", sage ich. Kummer, was für ein altmodisches Wort.

Die Töchter hätten ihn gern gekannt: so ein richtiger altmodischer Pfarrer im schwarzen Gehrock, mit Kragenröhre! Die Pfarrer, die sie kennen, sind flott und modern. Sie kleiden sich wie normale Menschen und beziehen sich im Religionsunterricht auf das gestrige Fernsehprogramm. Statt vom Vater im Himmel reden sie von göttlicher Sinngebung, statt von Nächstenliebe von sozialem Engagement.

Mein Vater war anders.

Die von ihm hinterlassenen Dinge laufen in unserem Haushalt mit, ohne sich mit den unsrigen zu vermischen: Tintenfaß, Löscher, Federkästchen aus Libanonzeder, silberne Briefwaage, lange Pfeifen mit Porzellankopf, Großvaters Bilderbibel („Ihrem Pfarrer in Dankbarkeit und Liebe gewidmet von der Gemeinde St. Goar den 19. Sept. 1885“), Schreibtisch mit Schrankaufsatz, ehemals mit Theologie vollgestopft, jetzt von Thomas zur Ablage von Marx, Engels, Lenin benutzt, aber in den Schubladen hält sich ein Rest Pfeifenrauch. In drei Holzkästen sind Briefe, Fotos, gebündelte Predigten verwahrt.

Wie brachte er nur diese Schrift zustande – winzig, spinnwebdünn, zwanzig Minuten Sonntagspredigt auf einer halben DIN-A-5-Seite. Deutschschrift mit spitzen Ober- und Unterlängen, Abkürzungen, die kein Mensch versteht, zum Beispiel: s. G. w. – was soll denn das heißen?

Es heißt: so Gott will! Das finden sie stark. Glaubte er wirklich daran?

Das Tintenfaß – Kristallwürfel mit Silberkuppel (echt?) – will Johanna als Halter für ihre Räucherstäbchen benutzen. Macht sich doch gut! Ob man die langen Pfeifen mit Porzellankopf noch rauchen kann? Nostalgisch umfunktioniert Pfeife, Tintenfaß, christlicher Glaube.

Muß doch ganz toll gewesen sein, so ein Vater, der lange Pfeifen raucht, Stahlfeder am hölzernen Halter in ein silbernes Tintenfaß taucht. Ein Vater, der glaubt, an Gott und so weiter.

Ich will nicht so über meinen Vater reden! Das verstehen sie nicht. Wie denn?

Thomas, drittes Semester Geschichte, möchte erfahren, wie mein Vater mit den Lebensdaten 1875–1940 sich zum Nationalsozialismus verhalten hat. Die Pfaffen hätten eine höchst fragwürdige Rolle gespielt, außer Niemöller. Der ist auch jetzt auf der richtigen Seite. Wie hat dein Vater zu Niemöller gestanden?

„Er war ein unpolitischer Mensch“, sage ich. „Er folgte seinem Gewissen.“

„Wie machte er das, wenn man fragen darf?“

Jeden Morgen neu den Auftrag der Bibel und die Losung der Herrnhuter Brüdergemeine als Tagesbefehl erhalten.

Jeden Abend vor dem Schlafengehen die Große Kontrolle geübt, wie sie auch den Kindern empfohlen wurde: Geh in dich! Überdenke den Tag im Licht des Gottesanspruchs – nicht nur Worte und Taten, sondern auch das, was Worte und Taten hervorbringt: Gedanken, Gefühle, Wünsche, Gesinnung . . .

Hole Versäumtes nach, berichtige Irrtum und Lüge, mache Verdorbenes gut; was du nicht gutmachen kannst, trage im Bußgebet vor IHN und vor die, gegen die du gefehlt hast.

Bekenne Verschulden, erbitte Verzeihung, nimm Strafe dankbar entgegen! Wen der Herr liebet, den züchtiget er.

Thomas begreift nicht, wie so ein Supergewissen die braune Zeit überdauern konnte, ohne im KZ zu landen.

Wir haben immer miteinander reden können, Thomas und ich, auch streiten über mein „bürgerliches Bewußtsein", seine „Parteilichkeit", mein „Urvertrauen" (das endlich mal hinterfragt werden müßte, findet er), seine „wissenschaftliche Haltung" (die ich „Religionsersatz" nenne). Über meinen Vater können wir nicht reden.

„Pfaffen!" sagt er, pfeift die drei f aus schmalem Lippenspalt, als sei ein Überdruck dahinter, ein Zorn, der einmal hinaus muß. Dann ist es vorbei. Er argumentiert ruhig und sachlich, wie er es in Studentengremien gelernt hat, aber das täuscht mich nicht. Ich kenne den Ton unter Zorndruck. Irgendwann früher habe ich ihn gehört und gefürchtet. Und dann weiß ich wieder, wann das war und von wem, nämlich von meinem Vater, und das Wort, das er unter Zorndruck aussprach, hieß: Proleten!

Wir übernachteten im Hotel zum Goldenen Stern, das ich als Kind nie von innen gesehen habe, weil es sich nicht schickt, daß die Pfarrersleute am Ort des Amtes in Kneipen herumsitzen, schon gar nicht, wenn der Wirt katholisch ist.

Beim Frühstück behauptete Johanna, ich hätte im Schlaf geredet, mit einer hohen unnatürlichen Jammerstimme: ich kann nicht – ich schlafe – seht ihr nicht, daß ich schlafe?

„Sie standen um mich herum“, sagte ich, mitten im Frühstücksgeplauder von Traumangst, Traumlähmung befallen.

„Sie standen um mein Bett, in dem ich nackt und schlafend lag, und schauten von oben auf mich hinab – ihre kleinen gescheiten Köpfe, ihre verstohlenen Blicke. Sie hielten mich für schwachsinnig, mich und mein sinnloses Traumgeschwätz. Ich strengte mich wahnsinnig an, Verstand und Ordnung hineinzubringen. Aber es ging nicht. Ich konnte nicht aufwachen . . .“

„Fahren wir“, sagte ich, „diese flaue rheinische Luft macht mich ganz krank.“ Auf dem Weg zum Auto trat eine alte Dame uns in den Weg. „Ist das nicht ein vertrautes Gesicht?“ Dabei schaute sie nicht mich, sondern Thomas an, von dem in der älteren Verwandtschaft behauptet wird, daß er von allen Enkeln dem Großvater am ähnlichsten sei, nicht nur, was das Äußere betrifft, auch das Wesen, das, was man bei seinem Großvater „menschliche Wärme“ nannte, bei Thomas „natürlichen Charme“, und beide diese „glückliche Hand“ beim Umgang mit Menschen, das „rheinische Gemüt“, die Gabe, mühelos Sympathie zu wecken, die „gewinnende“ Beredsamkeit, bei dem Pfarrer in Predigt und seelsorgerlichem Gespräch praktiziert, beim Enkel – aber das darf die Verwandtschaft nicht wissen.

„Wie aus dem Gesicht geschnitten“, sagte die Dame, die ich inzwischen als „treues Gemeindeglied“ erkannt hatte, sie mich als „Pfarrers Jüngste“, und nun mußten wir unbedingt mit in ihre Wohnung, ihr „liebes kleines Nest“. Sie hätte was für uns: ein Foto von der Aueler Glockenweihe 1925, wo der Herr Pfarrer in einer denkwürdigen Rede gesagt hätte, auf seinen Wunsch seien die neuen Glocken harmonisch zu denen von St. Servatius gestimmt worden, damit das Gotteslob beider Konfessionen als Wohlklang an Gottes Ohr dringen möge. Das sei so ganz er, sagte sie: ein Mann des Friedens, der Harmonie. Ein Versöhner von Gottes Gnaden. Solange er in Auel Pfarrer gewesen sei, habe es keinen Streit zwischen den Konfessionen gegeben, auch keinen Kirchenkampf. Mit der ganzen Kraft seines Herzens habe er seine Herde zusammengehalten, und als sie später in alle Winde zerstreut worden sei, habe es ihm das Herz gebrochen. Wer daran die Schuld trüge, wisse sie wohl, wolle aber keinen Namen nennen. Aber ich wußte den Namen schon. Bei dem Wort „Schuld" war er mir eingefallen: Limbach! der rote Lehrer Limbach. Der müßte doch schon fast hundert sein.

„Zweiundneunzig", sagte die Dame. „Er lebt bei seiner Tochter."

Näheres wußte sie nicht, wollte sie auch nicht wissen. Mit Roten – Atheisten, Anarchisten, Terroristen – gibt sie sich nicht ab. „Ihr Herr Vater hätte es besser auch so gehalten, aber er war ja so ein großmütiger Mensch. Ohne Falsch, wie die Tauben . . ."

Zum Abschied im Flur fiel ihr noch eine liebe Erinnerung ein. Sie hatte es noch vor Augen, als sei es gestern gewesen, wie der Herr Pfarrer neben seinem katholischen Kollegen und dem SA-Bürgermeister auf der mit Hakenkreuzfahnen geschmückten Festtribüne stand und in beweglichen Worten dem Herrn der Geschichte für die glückliche Wendung dankte – ein Bild der Einheit von patriotischer Kirche und christlichem Staat! Wenn sie ein Foto davon hätte, würde sie es neben das Hindenburg-Hitler-Händedruck-Foto von Potsdam stellen, das auch so ein Sinn-Bild gewesen sei.

Vom Fenster der Beletage winkte sie uns nach: rosig gepudert hinter Glas, von weißen Löckchen, altrosa Vorhängen umrahmt – unbelehrbar, unverwüstlich, nicht kleinzukriegen, diese Generation!

„Mit dem roten Lehrer solltest du mal über deinen Vater reden, aber das willst du wohl nicht", sagte Thomas auf dem Weg zum Auto und meinte es nicht böse, eher nachsichtig. Ein Achselzucken in Worten! Unangemessen scharf, feindselig, kam meine Reaktion: „Was soll das heißen?" Erschrocken sahen sie mich an: was hat sie nur?

Leise miteinander redend wie Ärzte am Krankenbett warteten sie vor der Telefonzelle, während ich unter L im Register suchte, die Nummer wählte, mit der Tochter des Lehrers eine Verabredung für den Nachmittag traf: „Ja, der Vater ist zu Hause, er hat Zeit, er freut sich . . ." Nur Thomas begriff, daß ich es ernst meinte, als ich ihn bat, mit den Mädchen im Wagen vorauszufahren, mich in Auel zurückzulassen, einen Tag, vielleicht zwei ...

Sie setzten mich vor dem Gartentor des Eigenheims ab, winkten, ich auch, Tränen, das ist nichts Besonderes, in dieser Familie wird leicht und reichlich geweint und gelacht. Das ist uns geblieben von St. Goar und Auel.

Als ich zwischen Rosenstöcken zur Haustür ging, waren die Kinder mir schon entfallen, eine Leere zurücklassend, in der nun unbehindert der Lehrer Limbach erscheinen konnte, Hände auf dem Rücken über den Schulhof der evangelischen Volksschule Humperdinckstraße spazierend, mageres Gestell, im oberen Rücken schon etwas gebeugt, lange Gliedmaßen, glänzendes Schwarzhaar, immer ein paar Strähnen über den in Höhlen versunkenen Augen. Sieht man ihm doch an, sagt die Mutter, das Fanatische, Radikale, das Rote! Düsterer Blick, scheu, hintenrum. Kann einem nicht frei in die Augen sehen. Kann einem nicht richtig die Hand geben.

„Widersacher", nennt sie ihn. „Böser Geist der Gemeinde."

Er klappte aus dem Sessel hoch, noch magerer, trockener, als ich ihn in Erinnerung hatte, Haare immer noch dicht und wirr, weiß geworden, und auf den heftig vorspringenden Wangenknochen kein bißchen Fleisch, nur ledrige, braunfleckige Haut. Ich gab ihm die Hand und sah – traute meinen Augen nicht – sah tatsächlich zum ersten Mal, daß seine Augen nicht dunkel sind, wie wir immer gesagt haben, nicht düster, flackrig, verhohlen, sondern grau und still.

Hat er früher andere Augen gehabt? Haben wir ihn mit anderen Augen gesehen?

Daß es Leute in Auel gibt, die immer noch vom „roten Lehrer" sprechen, entlockte ihm ein trockenes Kichern, das in Husten überging. Immerhin sei er nach 45 Rektor geworden, und „rot" sei er nie gewesen, eher das, was man heute einen radikalen Demokraten nennen würde. Vor 1933 Mitglied der rapide schrumpfenden Deutschen Demokratischen Partei. Ausgetreten, als die letzten fünf Abgeordneten dem Ermächtigungsgesetz ihre lächerlichen Ja-Stimmen nachgeworfen hatten. Danach keiner Partei mehr angehört, nur der Bekenntniskirche („Wenn sie noch wissen, was das war"). Der Herr Pfarrer hat sich anders entschieden. Trotzdem hätten sie weiterhin gut zusammengearbeitet, und nach der Pensionierung sei er, der rote Lehrer, einer der wenigen, schließlich der einzige gewesen, der den Kranken in Bonn besucht hätte. Daran müßte ich mich doch erinnern. Nein, ich erinnerte mich nicht. Auch die Mutter hat nichts davon erzählt. Und wenn sie es erzählt hätte, so hatte ich es vergessen. Es sei doch interessant zu verfolgen, wie so ein Familiengedächtnis funktioniert, sagte der Lehrer, was es überliefert und was nicht; und sich zu fragen: warum?

„Das Familiengedächtnis funktioniert nicht mehr", sagte ich. „Es hat eine Störung in der Leitung: Nazizeit, Krieg, Zusammenbruch. Wie überliefert man Väter, die weder Naziverbrecher noch Widerstandskämpfer waren? Wie bringt man sie einzeln und lebendig durch die Mühle der Pauschalvorstellungen und -urteile? Wie schützt man sie vor der Verzerrung durch Schreckens- oder Wunschbilder? Wie erklärt man den Unterschied zwischen erlebter und in Rückschau betrachteter Zeit, ohne in den apologetischen Jammerton zu verfallen, den Ich-war-noch-zu-klein-, Ich-hab-nichts-gesehen-, Ich-war-nicht-dabei-Ton?"

Der Lehrer machte mir das Sprechen leicht. Tief im Sessel versunken, die Augen zum Gartenfenster gewandt, saß er still und aufmerksam da, ab und zu nickend, durch kurze Bemerkungen weiterhelfend, so daß ich meinen Monolog für ein Gespräch halten konnte, das erste nach all den abgebrochenen, fehlgelaufenen, im Mißverständnis erstickten der letzten Jahre.

Kennen Sie das, Herr Lehrer: die Entfernung zwischen den Generationen, sobald Überlieferung versucht wird? Die Veränderung der Sprache bei der Bemühung, sich über die Entfernung hinweg verständlich zu machen? Die falschen Töne, die die Bemühung hervorbringt? Als wäre etwas zu verbergen: dunkle Punkte, Dreck am Stecken . . . Kennen Sie den Ekel vor falschen Tönen in der eigenen, um Wahrheit bemühten Stimme und den makabren Wunsch, den dunklen Punkt, den Dreck am Stecken endlich zu finden, damit es einmal vorbei und ausgestanden ist: So war er; das hat er gemacht, und nun ist er tot!

„Dreck“, sagte der Lehrer, war aufgestanden, zur Schrankwand getreten, kramte in einem Fach herum, zog einen großen gelben Umschlag heraus und wog ihn auf der flachen Hand, „Dreck werden Sie schwerlich finden“, und wie er das Wort „Dreck“ aussprach und das Wort „finden“ in der Luft hängen ließ, war ein „aber“ fällig, irgend etwas, was statt Dreck, ebenso schlimm oder noch schlimmer, zu finden sei. Das wäre der Augenblick gewesen, präzise Fragen zu stellen: Was gibt es statt Dreck? Wie sieht es aus? Wo steckt es in dieser sympathischen, durchsichtigen Biographie? Aber ich fragte nicht. Die Art, wie er den Umschlag auf der Hand wog, als wäre sein Gewicht von Bedeutung für die Fortsetzung unseres Gespräches, wie er ihn zögernd öffnete, seinen Inhalt – einige Blätter und Zeitungsausschnitte von einer Büroklammer zusammengeheftet – halb herauszog, ohne hinzuschauen, gab mir ein banges Gefühl, als käme da etwas auf mich zu, etwas Ekliges oder Gefährliches, gegen das ich nicht gewappnet war. Auch er schien bedrückt, zögerte immer noch, atmete erleichtert auf, als die Tochter im Türrahmen erschien und den bevorstehenden Besuch des Arztes anmahnte. „Es gibt ein Wort von Hegel, das mir immer sehr passend für eine bestimmte deutsche Bewußtseinslage erschienen ist“, sagte er, legte den Umschlag an seinen Platz zurück und schloß behutsam das Fach. „Es heißt: ‚Seelenbrei‘!“

Schon in der Tür, fragte ich, ob ich wiederkommen dürfe. Ich dächte daran, über meinen Vater zu schreiben, da das Reden über ihn so beschwerlich sei. „Dann müssen wir uns aber beeilen!“ sagte er lächelnd, und ich gab das Lächeln zurück, bis mir einfiel, daß er soeben von seinem Tode gesprochen hatte.

Er ließ es sich nicht nehmen, mich zum Gartentor zu begleiten. Welkes von Rosenstöcken knipsend, erzählte er mir vom Zimmer meines Vaters, wie er es gesehen hätte, wenn er sich zu Besprechungen darin aufhielt. Manchmal mußte er warten, bis der Pfarrer einen Absatz zu Ende geschrieben hatte. Dann schaute er sich im Zimmer um, ganz langsam die Wände entlang, und fand den Vater in jedem Gegenstand, jedem Bild, jedem Möbelstück, las ihn ab aus den Dingen wie aus einem Buch – sein ganzes Leben und Wesen, Gegenwärtiges und Vergangenes. „Viel Vergangenes", sagte er, „Ihr Vater hatte drei Väter, den leiblichen, den Vater im Himmel und den Alten Kaiser und König von Preußen. Die waren alle in diesem Zimmer versammelt, und zwischen ihnen, winzig, das Kind, das Sie waren. Es stand im Rücken des Vaters auf einem Fußbänkchen am Fenster, drei, vier Jahre alt, angeblich ein lebhaftes Kind, aber hier war es mäuschenstill. ‚Es stört nicht', lobte der Vater. ‚Man merkt gar nicht, daß es da ist.' Wenn ich es so still und selbstzufrieden da stehen und auf die Straße hinabblicken sah, habe ich mir gedacht, daß es schwer, fast unmöglich sein müßte für so ein Kind, aus diesem mit Väterlichkeit überfüllten Zimmer hinauszugehen."

„Ich bin erwachsen", sagte ich. „Das Zimmer existiert nicht mehr."

„Sind Sie so sicher?" sagte er und schloß behutsam das Gartentor zwischen uns.

2

Das Vaterzimmer ist groß, langgestreckt, hoch, mit einem ovalen Stuckkranz an der Decke und vier rundbogigen Fenstern, die, zu zwei Paaren geordnet, nach Osten und zur Straße hinausgehen.

Wie eine Bühne, auf der Inventar und Requisiten des ganzen Spiels ständig vorhanden sind, aber jeweils nur die für diesen Akt wesentlichen hervorgehoben werden, so enthält es drei Bereiche, die nicht räumlich, sondern zeitlich voneinander getrennt sind: das Morgenzimmer, das Mittagszimmer, das Abendzimmer. Jedes von ihnen hat ein anderes Licht, einen anderen Schwerpunkt, dem in wechselnder Gewichtigkeit die übrigen Gegenstände sich zuordnen.

Die Farben des Morgenzimmers, von Sonne aufgehellt und erwärmt, reichen von einem staubigen Rosa über Violett-Töne bis zu einem rotstichigen Braun der vom Fenster entfernten Ecken. Der Pfeifenrauch, der sich in bläulichen Lagen durchs Zimmer zieht, läßt die Sonnenstrahlen als schräge Bahnen aus tanzenden Stäubchen erscheinen. Staub mildert die Konturen der alten stillosen Möbel, besänftigt den Bohnerwachsglanz des Linoleums und verleiht den Oberflächen der Möbel die trockene Mattheit von Pastellbildern.

Wenn die Mutter sich über die Staubschicht auf der Schreibtischplatte beschwert, zieht der Vater sein großes weißes Taschentuch und schlägt damit einen Wind über die Platte hin. „Alles weg!“ sagt er zwinkernd. Dann muß sie wider Willen lächeln, und damit sind der Staub und der Vater Sieger geblieben, jedenfalls in diesem Zimmer, auf diesem Schreibtisch, der wie nichts anderes im Haus sein Reich ist, seine für andere chaotische, für ihn geheimnisvoll geordnete Welt aus Blättern, Schriften, Büchern, Kalendern, aus Aschenbechern, Pfeifenreinigern und -stopfern, aus Federhaltern, Federkästchen, Tintenfaß, Löscher, Teeglas und den geschenkten oder ererbten Kuriositäten wie Briefbeschwerer aus parischem Marmor, Kreuzchen aus Ölbaumholz vom Garten Gethsemane, Brieföffner in Form eines Offizierssäbels.

Der Schreibtisch mit Licht von links in der südöstlichen Fensterecke ist der Schwerpunkt des Morgenzimmers. Dorthin lenken Küster, Vikar und Gemeindeschwester die Schritte zur täglichen Berichterstattung, erreichen ihn aber nie ganz, werden aufgehalten durch ein hüfthohes Regal mit Amtsblättern und kirchlichen Zeitschriften, das den Schreibtisch zum Zimmer hin abgrenzt. Darauf legen sie ab, was sie zu bringen haben, und nehmen davon, was er ihnen mitgibt. Zum Niedersitzen ist keine Gelegenheit.

Der Schreibtisch besteht aus billigstem Fichtenholz, das zu einem schmucklosen Kasten mit Mittellücke zusammengeschlagen ist. Er trägt einen Schrankaufsatz, in dem die Hebräisch-, Griechisch-, Latein-Wörterbücher, das Alte und Neue Testament im Urtext, die Kommentare, Kompendien, Agenden und die zum täglichen Gebrauch bestimmten theologischen Schriften verwahrt sind. Obenauf steht ein gedrungenes Kreuz aus weißem Marmor. Es ragt in das Großvaterbild, dessen oberer Rand bis zur Decke reicht – kein Gemälde, sondern ein stark vergrößertes Brustbild-Foto: großes freundliches Gesicht, Lächeln in den Mundwinkeln, Haare weiß, schulterlang, schwarzer Predigerrock. An einem Wandbord mit Brandmalerei hängen die Pfeifen, armlange Rohre mit biegsamem Mundstück und Porzellankopf, darüber im schwarzen Rahmen Martin Luther, in Holz geschnitten, rundköpfig, grob, mit bohrendem Blick und trotzigem Mund, der, obwohl geschlossen, immerfort sagt: Hier stehe ich, ich kann nicht anders, Gott helfe mir, amen!

Über einer Truhe mit schadhaftem Lederpolster hängt eine kindlich gemalte Ansicht des Hunsrückortes Simmern, in dem der Vater seine erste Pfarrstelle hatte. Daneben, in der Ecke zwischen Quer- und Längswand, steht auf schwarzem Sockel der

Thorwaldsen-Christus, weiß, glatt, wenig einladend trotz der Inschrift: Lasset die Kindlein zu mir kommen.

Gegenüber dem Fenster, also im besten Licht, hängt über dem Gasofen mit seinen schwarzen, zylindrisch nach innen führenden Öffnungen Kaiser Wilhelm der Zweite, Adlerhelm auf dem Kopf, die Brust voller Orden, den verkümmerten Arm, „sein tragisches Gebrechen", hinter dem Rücken verborgen. Seine Haltung erinnert an Lohengrin in der Spitze des Kahns. Der Blick schnellt wie ein Pfeil schräg aufwärts bis zu dem Punkt, wo er oberhalb der Gardinenleiste in die Wand fährt.

Auf dem Gasofen steht für kurze Zeit eine etwa handhohe Hitlerbüste aus rötlichem Ton, von der Gemeindeschwester eingeschleppt in der hinterlistigen Absicht, ihre beiden Lieben, den Pfarrer und den Führer, zusammenzubringen. Jeden Morgen versichert sie sich mit mißtrauischem Blick, ob das Köpfchen noch an seinem Platz steht, reagiert tief beleidigt, als es eines Tages verschwunden ist. Der Vater hat keine Ahnung, wo es hingekommen ist. Er hat „dieses Ding" nie richtig bemerkt. Viel später gesteht die Mutter, daß sie es eigenhändig geköpft hat, mit dem Beil auf dem Hackklotz im Heizungskeller.

Der Rest der Längswand ist bilderlos. Dort steht der Amtsschrank, schweres, dreitüriges Möbel, in dem Kirchenbücher und Amtsgeräte verwahrt sind. Die Abendmahltasche darf nicht geöffnet, Kelch, Kanne, Oblatenteller nicht angefaßt werden. Sie sind heilig. Neben der Flügeltür zum Flur hängt „Großvaters Haus", ein von Jugendstilornamenten umrahmtes Foto, darunter ein vielstrophiges Gedicht mit der Überschrift: Das Pfarrhaus am Rhein. Das hochgezogene Schieferdach mit Türmchen und Giebeln ragt in den bewaldeten Berg – rheinisches Schiefergebirge, Mittelabschnitt –, der direkt hinter dem Haus steil ansteigt. Die schöne Seite des Hauses mit Terrassen, großen Fenstern und fachwerkverziertem Vorbau ist dem Fluß zugewandt. Viele kleine Figuren stehen hinter der Terrassenbrüstung und in den offenen Fenstern.

„Wo bin ich?" fragt das Kind.

Du warst noch nicht auf der Welt, müßte der Vater sagen, bringt es übers Herz, zeigt mit dem Finger, nicht ohne Skrupel, auf einen Fliegendreck über der Terrassenbrüstung: das könnte das Kind sein, zu klein, um über die Brüstung zu schauen, aber der Großvater am linken Fenster im ersten Stock sieht es von oben.

Auf einer Schrifttafel über der Tür des Töchterschlafzimmers steht die Brandmalerei: „Ewigkeit / in die Zeit / leuchte hell hinein. / Daß uns werde klein das Kleine / und das Große groß erscheine."

„Was soll das heißen?" fragt das Kind. Der Vater sagt, daß für Gott andere Dinge wesentlich sind als für die Menschen und daß es darauf ankäme, dieses für Gott Große und Wesentliche herauszufinden und danach zu streben, statt sich mit Äußerlichkeiten aufzuhalten.

Im Morgenzimmer sitzt der Vater am Schreibtisch. Nach vorn gebeugt, die Unterarme in den dünngeriebenen Hausrockärmeln auf dem grünen Löschblatt aufliegend, schreibt er mit der dünnsten, spitzesten Stahlfeder auf kleine, von benutztem Amtspapier abgetrennte Blätter. Die winzigen Schriftzüge kann er nur lesen, wenn er zu Brille und Kneifer die Lupe nimmt. Ab und zu wendet er sich um und bläst Rauchringe in Richtung des Kindes, das auf dem Fußbänkchen hinter ihm steht und mit dem Zeigefinger in die Mitte der wehenden Ringe sticht. Über die Fensterbank schiebt er ihm eins von den Cremehütchen hin, die er mit Himbeerbonbons und Russisch Brot in der Schublade links oben verwahrt. Vater und Kind mögen sie nur mit weißer oder rosa Füllung. Wenn beim Anbiß Braunes erscheint, legen sie es für die Mutter zurück, von der sie annehmen, daß sie Cremehütchen mit brauner Füllung besonders mag.

Es ist so still in diesen Morgenstunden, daß das Kind das Gleiten der Feder auf dem glatten Papier und die Lippenlaute des Vaters beim Einsaugen und Ausstoßen von Rauch hören kann. Aus diesen Lauten und der Wärme, dem staubigen Sonnenlicht, aus Pfeifenrauch und dem gebeugten Rücken im Hausrock ist das Nest gemacht, in dem es sicher sitzt und, über die Fensterbank spähend, die Welt von oben sieht: Milchmann, Gemüsekarren, Hausfrauen mit Körben und Taschen, die Katzen auf ihren heimlichen Wegen, die Spatzen im Fliedergebüsch des Vorgartens.

Im Kopfsteinpflaster biegen sich Schienen, auf denen die einzige Straßenbahn alle halbe Stunde vorüberfährt. Wenn sich vom Markt her das Rasseln und Rumpeln der alten Wagen nähert, schaut der Vater von seiner Arbeit auf und wartet hinter der Scheibe, bis im Vorderflur des zweiten Wagens der Kleine Mann erscheint. Dann hebt er die Hand, und der Kleine Mann winkt zurück. Er war Bursche des Vaters im ersten Weltkrieg.

Zwanzig Jahre lang, bis der Kleine Mann in die Rente ging, hat der Vater ihm zugewinkt, wenn er Richtung Bahnhof fuhr, und wieder, wenn er Richtung Markt zurückkam. „Das ist Treue!" sagt die Mutter.

Die Zeit des Morgenzimmers läuft aus, wenn der Gong zum Mittagessen erklingt. Aufbruchsgeräusche vertreiben die Stille: die Pfeife muß ausgeklopft und gereinigt werden. Das Kind springt vom Bänkchen. Der Vater reißt das Fenster auf: Luft! Hand in Hand verlassen sie das Morgenzimmer. Der lautlose Umbau findet während des Essens statt.

Wenn sie zurückkommen, lachend, keuchend vom täglichen Wettlauf die Treppe hinauf, ist der Schreibtisch zum Rand hin entglitten und mit allem, was er trägt, verödet. Aus der Zuordnung entlassen, verfällt die Hierarchie der Möbel und Dinge in ein müdes, spannungsloses Nebeneinander. Längst haben sich die Rot- und Gelbtöne mit der Sonne hinter die fensterlose Südwand zurückgezogen. Ein Rest nistet noch in den Weinranken, die die Fensterecke überwuchern, aber die Farbe des Lichtes bestimmt nun der graue Koloß des Alten Postamtes auf der gegenüberliegenden Straßenseite.

Im Spiel um die Chaiselongue sind die Rollen so verteilt, daß der Vater sich hinlegen, das Kind ihn zudecken muß, was er immer wieder verhindert, indem er die blaue Decke mit dem Fuß auffängt und zu Boden schleudert. Endlich läßt er sich einpacken und schläft schon, während das Kind die Bibel vom Luthertischchen zum Sofa hinüberschleppt. Mit der Bibel legt es sich hin.

Schlafen ist nicht verlangt, nur Stillsein. „Wenn du nicht still bist, mußt du raus!“ hat die Mutter gesagt.

Mit angefeuchtetem Finger hebt es die Blätter und läßt sie sachte auf die andere Seite wehen, betrachtet die Holzschnitte nach Zeichnungen von Julius Schnorr von Carolsfeld, nickt darüber ein, die Nase im trockenen Zimt-Staub-Marzipangeruch, fährt hoch, schaut nach der Wanduhr, deren Zeiger sich bald springend, bald schleichend fortbewegt, späht über den Tisch hinweg zum Vater hinüber, der flach auf dem Rücken liegt, Schlafprofil mit tiefversunkenen Augen, gebogener Nase, zurückfallendes Kinn zur Decke gerichtet wie ein Aufgebahrter. Erschrocken nimmt es den Blick zurück und versteckt sich hinter der Fransendecke. Ham wurde verflucht, als er den Vater im Schlaf beobachtete. Seine Brüder gingen rückwärts und schauten sich nicht um, als sie den Mantel über Noahs Blöße warfen.

Durch Sand und Felsengebirge wandern die Kinder Israel, muskelstarrende Leiber, faltige, bauschige, wehende Gewänder, wilde und milde Bärte, ausschweifende Gebärden, Tanz um das Goldene Kalb. Moses zerschlägt die Gesetzestafeln. Du sollst dir kein Bildnis noch irgendein Gleichnis machen. Heilig, heilig, heilig ist der Herr Zebaoth. Allwissend, allmächtig, allgegenwärtig. ER schickt Wolke und Feuersäule, Blutregen und Manna, Engel mit gewaltigen Flügeln, die nicht wie die von Bethlehem Zymbal und Harfe tragen, sondern Schwerter.

Sieht Isaak das Messer nicht, das Abraham in der Rechten hält, während er ihm in der Linken zärtlich den Nacken stützt? Schau dich um, Abraham! Der Widder hängt schon im Strauch. Warum sagt Gott ihm nicht, daß es nur eine Prüfung sein soll?

„Dann wär es doch keine Prüfung mehr“, hat der Vater gesagt.

Warum gibt es kein Bild, auf dem Isaak mit dem Vater nach Hause geht, weg von dem Feuer, dessen Rauch wohlgefällig zum Himmel steigt wie der Rauch von Abels Feuer, während Kains Feuer vom bösen Wind zu Boden geschlagen wird. Armer Kain, wollte auch lieb sein, aber Gott hat es nicht zugelassen.

Die bösen Brüder verkaufen Joseph für Geld, weil er einen bunten Rock und Träume hat. Was kann er für seine Träume? Was kann er für den bunten Rock, den ihm der Vater geschenkt hat?

Das Kind besprüht die bösen Brüder mit Spucke, zerkratzt mit den Nägeln ihre Gesichter. Gemein seid ihr, gemein, gemein, gemein! Was war mit Potiphars Frau?

„Sei nicht so vorwitzig", hat der Vater gesagt. „Kinder müssen nicht alles wissen."

Jetzt nehmen sie Jakob auch noch den Benjamin ab, den Jüngsten, den Liebling. Dem darfst du nichts tun, Joseph. Der kann nichts dafür. Der war ja noch nicht auf der Welt.

Das Kind berührt mit der Zungenspitze die Träne, die Joseph vor Freude weint, als er mit nachflatterndem Schultermantel vom Thronsessel aufspringt, mit der Rechten Benjamin an sich zieht, die Linke nach den Brüdern ausstreckt, die ihm über die Stufen entgegendrängen. Vertraue auf IHN, ER wird's wohl machen! Aber nicht mit Kain, nicht mit Absalom, nicht mit Judas . . .

Schlag halb drei wirft der Vater die Decke ab, schwingt die Füße zu Boden und gleich in die Schuhe. Mit kleinen schnellen Schritten rennt er im Zimmer herum, sucht seine Sachen zusammen: Kirchenblätter, Losung der Herrnhuter Brüdergemeine, Testament, Gesangbuch. Schluß mit dem Mittagszimmer. Ab drei wird es leer und er „in der Gemeinde" sein: Krankenhaus, Hausbesuche, Konfirmandenunterricht. Das Vaterzimmer wird nicht abgeschlossen. Man könnte es benutzen – zum Lesen, zum Hausaufsatzschreiben, aber das fällt keinem ein. Ohne Zeugen schwindet das Licht, wächst Dämmerung aus den Ecken, vollzieht sich der Umbau zum Abendzimmer.

Nach dem Nachtmahl zieht die Familie ein. Die Deckenlampe mit dem grünen Stoffschirm stellt eine neue Mitte her, einen hellen inneren Kreis mit einem Stück Tisch mit Fransendecke und Stopfkorb, mit dem blanken Mittelscheitel der Mutter und ihren knochigen Händen, die heftig Stopfwolle durch Sockenfersen ziehen, mit des Vaters weit ins Zimmer hineinragenden Beinen, seinem graublonden Stoppelkopf und dem Buch, aus dem er vorliest.

In der Ofenwärme bewegen sich die Fransen am Lampenschirm und ihre Schatten über Tisch, Fußboden, Chaiselongue, auf der das Kind sich unauffällig macht, um das Schlafengehen hinauszuschieben. In der grünen Dämmerung außerhalb des Lichtkreises langweilen sich die beiden mittleren Kinder, Dorothea und Herbert, im Sofa mit Schnörkellehne, würden lieber „auf den Bummel gehen“ oder ins Kino, mindestens in Fridericus Rex, Königin Luise, Morgenrot, aber am Abend gehören die Kinder ins Haus. Gerhard, der Älteste, wiegt sich im knarzenden Schaukelstuhl, während der Vater Religiöses oder Patriotisches vorliest: Luthers Tischreden, die Predigten des Hofpredigers Keßler, Bismarcks Briefe, Memoiren von Lettow-Vorbeck und Oldenburg-Januschau.

Auch die Mutter liest vor: Fritz Reuter „Ut mine Stromtid“. Da sie vom Niederrhein kommt, läge das Mecklenburgische ihr näher, meint der Vater. Sie findet das nicht. An der Ruhr wird ganz anders gesprochen als „an der Waterkant“. Für ihn ist das alles eins: „Norddeutschland“, weit weg, wenn auch nicht ganz so weit wie „Ostelbien“, wo die Kalmücken wohnen.

Aus dem Regal für „schwere Kost“ hinter dem Schaukelstuhl wird die Abendlektüre herausgesucht. Dort stehen die Klassikerausgaben und Lyrik von Gerok, Rückert, Arndt, Uhland, Lenau, Liliencron, Freiligrath; Prosa von Seidel, Grimm, Flex, Freitag, Wilhelm Schäfer; die Biographien, Memoiren, Briefe, Kaiserbücher, Kriegsbücher („Im Felde unbesiegt“, „Zur See unbesiegt“, „In der Luft unbesiegt“); die Kunstbücher über Dürer, Spitzweg, Richter und über Römisches, im untersten Fach die Baedekers und Stöße vom Kladderadatsch. Kein Thomas oder Heinrich Mann, kein Hauptmann, Shaw, Ibsen, Strindberg, kein Döblin, Werfel, Tucholsky, Brecht, nicht mal Carossa und Jünger, nichts von oder über Freud, Kierkegaard, Klages, Einstein. Kein Kunstbuch über Impressionisten oder Expressionisten, im ganzen Haus keine Spur Bauhaus und Blauer Reiter. Die Kunst hört bei Caspar David Friedrich auf („Kreuz im Gebirge“). Kein Ton in diesem musikalischen Haus von Bruckner, Mahler, Pfitzner, Strauss, Ravel, Debussy, Hindemith. „Extrem“ sind schon

Hugo Wolf und Reger. Tschaikowsky, Chopin klingt nach „Salon", Brahms „etwas schwülstig", Mozart „niedlich" wie auch der Papa Haydn, Bach schwer verdaulich, besonders für Kirche geeignet, wie auch Händel, den mögen sie lieber, weil er „besser eingeht", besonders das Largo aus der Oper Xerxes, das das Kind, des Familienbeifalls gewiß, auf der Geige zu kratzen gelernt hat.

Zum Trost, daß es früher als die „Großen" schlafen gehen muß, setzt sich der Vater zu einem Spiel Sechsundsechzig auf die Bettkante. Danach kommt die Mutter zum Abendgebet. Die Tür zum Vaterzimmer bleibt einen Spalt offen. Solange der geknickte Lichtstrahl über die Zimmerdecke läuft, hält die Angst sich in Grenzen, unter dem Bett, im Winkel hinter dem Schrank . . .

Manchmal wird es drüben ganz plötzlich laut. Das Kind hebt den Kopf aus dem Kissen. Was sie da drüben machen, wird in der Familie „Aussprache" genannt, ein Bohren und Schürfen mit Worten, ein Wühlen im Familiensud. Meist geht es um die mittleren Kinder, die nicht so sind, wie Gott sie haben will. Dorothea hat Jungens im Kopf, Herbert hat keinen Sinn für das Wesentliche. Er liest keine Bücher, interessiert sich für nichts, obwohl man es mit allem möglichen versucht hat, sogar mit Brehms Tierleben. Zu Freunden wählt er sich solche, die Hans-Dampf-in-allen-Gassen sind. Er läuft „Allerweltsmoden" nach, trägt „Affenjäckchen", Baskenmütze, bunte Halstücher im Kragen. Man schickt ihn zum Friseur, und statt „Stiftekopf" kommt er mit „Tolle" nach Haus. Er strebt nach billiger Unterhaltung und oberflächlichen Vergnügungen. Er macht verheirateten Frauen den Hof. In der Kirche singt er nicht mit. Er möchte haben, was alle haben, und machen, was alle machen. Er kapiert einfach nicht, daß das, was alle haben und machen, nichts für „unsereins" ist.

Von ihm hört man lange Zeit nichts. Dann schreit er plötzlich los: Widerworte – auch das noch. Am Ende bricht er zusammen.

„Warum heulst du?" sagt die Mutter. „Bete lieber zum Herrn, daß er dir hilft, dich zu ändern."

Im Vergleich zu den mittleren Kindern ist das „Kind" ein sehr liebes Kind und Gerhard, der Älteste, ein guter gehorsamer

Sohn. Die Mittleren tanzen aus der Reihe. Dem muß ein Stöckchen vorgesteckt werden.

Wenn es endlich heraus ist: Ich will's nicht mehr wiedertun! Ich will wieder lieb sein! zieht mit leisem Nachschauern das Gewitter ab. Friedliches Geplauder, Gähnen, Stuhlrücken. Mit dumpfem Laut fallen die Schuhe des Vaters zu Boden. Die Mutter macht einen ihrer seltenen Witze: unser Vater schnappt nach dem Bettzipfel!

Mit „Gute Nacht“ und „Gott behüte“ geht die Tagzeit des Vaterzimmers zu Ende. Türen knarren, Wasser fließt in Waschbecken, Bettrahmen stöhnen. Mit leisem Knurren kündigt der Böse sich an.

Immer ist es das Vaterzimmer, in dem die bösen Träume ihr Unwesen treiben. Über dieses Linoleum mit den abgetretenen Blumenmustern schleift der Schinderhannes das Kind an den Haaren. Diesen Amtsschrank muß es mit dem gestohlenen Schlüssel aufschließen, die heiligen Geräte ausliefern, den Herrn verraten wie Petrus, wie Judas.

Unter dieser blauen Decke liegt der Vater und wehrt sich nicht, wenn von oben das blitzende Metallblatt niedergeht und seinen Kopf in dünne, sacht zur Seite sinkende Scheiben schneidet.

Auf dieser Schwelle sitzen Buhlemanns Katzen, Augen rotglühend, groß wie Untertassen.

Das Kind schläft unruhig, redet im Traum, wandelt bei Nacht. Der Hausarzt verschreibt Baldrian und Melisse. Das Kind hat sein eigenes Rezept, von dem keiner wissen darf: Nach Abendgebet und Gutenachtkuß heimlich aus dem Gitterbett steigen, drunter schauen, Kreuzschlagen, Sünde fühlen, weil Kreuzschlagen katholisch ist, katholisch vor dem Gitterbett knien, zum katholischen Gott und der Jungfrau Maria beten, sie möchten die bösen Träume nicht kommen lassen. Manchmal hilft es, manchmal auch nicht.

Am Morgen weicht es dem Vater aus, damit er die Sünde in seinen Augen nicht sieht.

Aber der Herr sieht das Herz an . . .

3

Jedes Jahr in den Sommerferien reist die Familie nach St. Goar. Schon auf dem Perron des Aueler Bahnhofs wird der Vater „ein anderer Mensch". Stockwirbelnd umkreist er die Seinen, sprüht Vorfreude um sich, Heimatgefühle, die alle mitfühlen müssen, obwohl nur er in St. Goar klein und zu Hause gewesen ist. Man wird im Hotel wohnen wie die Touristen, das spielt keine Rolle: sie fahren nach Hause!

Ohne Hut ist er heute, ohne Stehkragen, trägt grauen Anzug, hellblaues Hemd mit legerem Umlegekragen, wirft rasche Blicke zum Bahnhofsgebäude, ob auch kein Bekannter sich sehen läßt, um Himmels willen kein Gemeindeglied mit Anspruch auf seelsorgerlichen Zuspruch. Damit hat er schon abgeschlossen. Er will weg, nichts soll ihm dazwischenkommen. Die aufgeklappte Taschenuhr in der Hand, schimpft er über die Verspätung, die der Zug eventuell haben könnte, läuft den Bahnsteig entlang bis zum Schotter, als wollte er schon zu Fuß mit dem Abreisen anfangen. Die Mutter, schon erschöpft, ehe es richtig losgeht, schickt Gerhard hinter ihm her: können wir nicht zusammenbleiben? Er kann nicht. Seufzend scheucht sie die Kinder von der Bahnsteigkante. Diese Familie ist eine Plage! Wenn der Zug steht, suchen sie bis zum letzten Moment nach dem richtigen Abteil. Tür um Tür wird aufgerissen, wieder zugeworfen. Nichtraucher muß sein, wegen Mutter, natürlich Dritter, aber bitteschön eins von den neueren, sauber, nicht stinkig. Vor allem darf kein anderer Mensch drinsitzen. Man will unter sich sein.

Das große gemeinsame Rhein-Gefühl ergreift die Familie hinter Koblenz, wo die Berge enger zusammentreten und Fluß, Straße, Schienen in enge Windungen zwingen. Die ersten Burgen erscheinen und werden benannt. Wer kann die Sage erzählen? Im rauchigen Dunst des Talgrundes drängen sich die Rheinstädtchen, klettern Seitentäler hinauf. Die enggeschachtelten Schieferdächer werden als gemütlich, heimisch, vertraut empfunden. Weinberge sind mal links mal rechts, je nach der Sonnenlage. Das wird erklärt. Die Kinder erfahren auch, warum der Boden unter den Stöcken mit Schieferplatten bedeckt ist. Alle wollen sie jetzt den Kopf im Fenster haben. Schiffsnamen werden entziffert, Kähne gezählt. Ein Schiffshund kläfft zum Ufer hinüber. Kinder winken. Einmal mit dem Schlepper nach Rotterdam fahren!

Ein Köln-Düsseldorfer schaufelt stromauf. Stolz wie ein Schwan! sagt die Mutter im Sehnsuchtston. Die Fahne am Heck gefällt dem Vater nicht: schwarz-rot-senf! Noch ärgerlicher ist blau-weiß-rot, und was sonst noch an Internationalem auf unserem Strom herumschwimmt. Das muß anders werden! Sie sollen ihn nicht haben, den freien deutschen Rhein. Deutschlands Strom, nicht Deutschlands Grenze! Das Kind streckt dem belgischen Schiff die Zunge heraus, was auf die Entfernung niemand sehen kann. Trotzdem wird es ihm verwiesen. So nicht!

Von Ferienseligkeit und vaterländischen Gefühlen überwältigt streckt es den Kopf in den Fahrwind (was immer wieder verboten wird, weil ein entgegenkommender Zug den Kopf glatt abschneiden könnte), berauscht sich am Rattern der Räder und dem höllischen Lärm, mit dem der Zug durch Tunnel schießt.

Hinter Boppard werden die Koffer aus dem Netz gewuchtet. Eben bricht die Sonne durch. Der Dunst zerstreut sich in Fetzen über dem Fluß. Scheiben blitzen auf.

„Kann es irgendwo auf der Welt schöner sein?“ fragt der Vater. Antwort ist überflüssig. Es kann nicht!

Am Bahnhof werden die Koffer abgenommen. Der Vater trägt nicht gern, das ist hier bekannt. Auf der Vordertreppe des Hotels empfängt ihn der Geschäftsführer mit Bückling und Handschlag: Auch mal wieder daheim! In den Zimmern riecht es muffig, großes Doppelzimmer mit Balkon zum Rhein für die Eltern, daneben ein Schlauch von Kammer für die beiden Mädchen, die Jungens gegenüber mit Fenster zum Küchenhof hinaus. Die Mutter reißt alle Fenster und die Balkontür auf. Noch in Hut und Mantel fängt sie an auszupacken. Der Vater ist nicht dabei, hat schon Bekannte getroffen, trinkt das erste Glas Weißwein auf der Terrasse.

Nach dem Abendessen wandert die Familie die Allee entlang bis zum Hafen und wieder zurück, begrüßt von Bürgern, die den Großvater noch gekannt haben und den Vater, als er so klein war. Vor allem die Lotsen zeigen Genugtuung über die Treue zum Ort. Der Großvater hatte die Angewohnheit, ihnen Anzahl und Namen der zu Tal fahrenden Schiffe zu melden, wenn er von der Synode in Koblenz zurückkam. Den größten Kranz zu seiner Beerdigung hat die Lotsenfamilie Goedert gestiftet: „Unserem Pfarrer in Treue . . ."

Die Mutter spricht von Spießrutenlaufen. Sie fühlt sich „bekannt wie ein bunter Hund".

Am Ortsausgang wird es stiller. Die Eltern gehen jetzt eingehakt, das Kind an der Hand des Vaters, der Älteste neben der Mutter, die Mittleren bleiben unauffällig zurück, was mit Mißfallen bemerkt wird. Vor Großvaters Haus am nördlichen Ortsausgang bleiben sie stehen. Sie müssen bis ans Ufergeländer treten, um es ganz sehen zu können. Der Vater zeigt das Türmchen, in dem er sein Jungenszimmer hatte. Das Kind findet, daß es ein vornehmes Haus ist, das da mit Terrassen, Treppchen, Veranda, Türmchen in den Berg hineingebaut ist. Fast eine Villa! Der Vater will das nicht hören. „Ein Pfarrer wohnt nicht in einer Villa!" sagt er.

Wenn die Bewohner sich am Fenster oder auf der Terrasse sehen lassen, gehen sie rasch weiter. Das Kind findet die neuen Leute ordinär: Neureiche, Angeber, Graf Koks von der Gasfabrik . . .

Sie gehen bis zum äußersten Punkt des Rheinbogens, gegenüber dem Loreleifelsen, der zu Familienfesten in Großvaters Haus die Trompetentöne des Echobläsers zurückwarf: Nur am Rhein, da möcht ich leben, nur am Rhein geboren sein . . . Über das Ufergeländer gelehnt warten sie, bis auf den Schiffen die Lampen angezündet werden.

Obwohl das Kind Großvaters Haus nie betreten hat, weiß es, wie es drinnen aussieht. Worte, deren Stimmen und Anlässe vergessen sind – Einschlafgeplauder, Feriengespräche, Familienfeste mit ihren Erinnerungsorgien –, haben ihm Räume und Bilder eingegeben, die sich mit denen der eigenen Erinnerung vermischen. Manchmal bringt es Erzähltes und Erlebtes durcheinander, dann wird es von den Geschwistern ausgelacht: „Da bist du nie gewesen!" – „Zu der Zeit warst du noch nicht auf der Welt!"

„Doch, doch, doch!" schreit es, „ich war da! ich war auf der Welt, aber ihr nicht!"

Die Räume in Großvaters Haus sind größer und dunkler als die von Auel. Möbel und Gegenstände sind nicht genau zu erkennen. Viele Menschen mit undeutlichen Gesichtern und altertümlichen Kleidern gehen dort ein und aus. Der Vater, der in Auel nur „Vater" oder „Herr Pfarrer" genannt wird, heißt in Großvaters Haus „Reinhold" oder „der Kleine". An der großen Familientafel sitzt er ganz unten, der Großvater, sein Vater, ganz oben, dazwischen ein Lärm, ein Gerede – neun Kinder und ständig Gäste, die Söhne bringen Schul- und Studiengenossen mit, die Mädchen Freundinnen aus dem Pensionat. Mit den Jahren erscheinen Verlobte und Angeheiratete, zuletzt auch Elisabeth, Reinholds Verlobte, der die Turbulenz dieser Mahlzeiten regelmäßig den Appetit verschlägt. „Bei mir zu Hause wurde bei Tisch nicht gesprochen!" sagt sie, wenn sie ihren Kindern von damals erzählt.

Sie hält sich sehr gerade, die Ellenbogen dicht am Leib. Mit untadeligen Manieren stochert sie in der Hausmannskost. Sie redet nur, wenn sie gefragt wird, dann leise und stockend, ist immer ein wenig zu spät dran mit ihrem grünen verscheuchten Blick, mit ihrer um Gründlichkeit bemühten Auffassung. Sie hat's nicht leicht, Kohlenpott-Mädchen unter „echten" Rheinländern, Handwerkerstochter in Akademikerkreisen ...

Die Kinder des Hauses reden viel, laut und schnell. Sie rufen über den Tisch, stoßen einander in die Seiten, lachen mit offenem Mund und zurückgeworfenem Kopf. Wenn die Verführung des flinken Denkens und Urteilens zu stark wird, schießen sie scharf.

Auf ein paar Spitzen und Indiskretionen kommt's ihnen nicht an. Hauptsache witzig-spritzig. Wenn es passiert ist, sind sie schnell bereit, um Verzeihung zu bitten und dem Verletzten einen feuchten Kuß aufzudrücken: war ja nicht bös gemeint! In heißen Streitgesprächen werden Mißverständnisse ausgeräumt und neue geschaffen. Der Vater sorgt für die Einhaltung der Spielregeln: Schonung der Schwachen. Es gibt eine Art väterlichen Räusperns und Fest-in-die-Augen-Sehens, die kecke Reden im Ansatz erstickt. Vor ihm kuschen sie alle. Manchmal zwinkert er der Braut des Jüngsten zu: keine Angst! ich steh dir bei!

„Er hat mich von Anfang an gemocht", sagt die Mutter. Ihrer Stimme ist anzuhören, wie nötig sie es hatte.

Wenn Reinhold dem „jungen Volk" an der unteren Hälfte des Tisches eins seiner launigen Dönchen erzählt und Gelächter erntet, beugt sein Vater sich weit über seinen Teller nach vorn, legt die Hand um sein schwerhöriges Ohr und ruft: Seid still! Ich will hören, was Reinhold sagt. Dann erzählt Reinhold seine Geschichte noch einmal, und wenn er fertig ist, läßt der Vater sich gegen die Lehne zurücksinken und lacht Tränen. Dabei schaut er den Tisch hinauf und herunter und jedem einzelnen in die Augen, als wollte er sagen: Ist er nicht köstlich, der Kleine. Darf man nicht stolz auf ihn sein?

Reinhold ist der Leichteste und der Schnellste in der Familie, der, der immer geht, wenn es etwas zu laufen gibt. Er holt, bringt, besorgt, trägt Vergessenes nach, führt Gäste herum, begleitet den Vater auf Dienstgängen und Wanderungen. Sportlich ist er eigentlich nicht, treibt nur, was ihn fort- und weiterführt. Beim Schwimmen und Schlittschuhlaufen hängt er alle ab. Vielleicht wäre er ein guter Tänzer geworden, wenn man ihm Tanzen erlaubt hätte. Seine Körperkraft ist gering, keine Muskelpolster auf Armen und Schenkeln. Die Schultern werden auch beim Militär nicht breiter. Zu jeder Zeit seines Lebens sieht er jünger aus als er ist. So früh es eben geht, läßt er sich einen Schnurrbart wachsen.

Zu körperlicher Arbeit taugt er nicht. Er ist guten Willens, aber Dinge und Werkzeuge liegen ihm fremd in der Hand. Seinen

Fingern ist anzusehen, daß sie nicht zum Machen, Greifen, Festhalten geeignet sind. Er lernt es auch nicht, weil immer Leute in der Nähe sind, die das nicht mitanschauen können. „Laß nur, ich mach das!“ sagen sie. Offenbar wollen sie ihn so haben: leichtfüßig, kopflastig, unpraktisch, „zu Höherem bestellt“.

Als er klein war, wollte er Postbote werden. Später entschließt er sich für den Pfarrerberuf. Alle seine Brüder sind Pfarrer, alle seine Schwestern heiraten Pfarrer, wie es auch nicht anders erwartet wird.

Er gilt als „helle“, „brillant“, faßt schnell auf, formuliert scharf, genau, witzig. Kränkend wird er nie, hat ein weiches Herz. Die Tränen kommen ihm leicht. Sein Übermut versetzt die Familie in Zustände hemmungsloser Albernheit. Wenn Schwermut ihn befällt, zieht er sich in sein Turmzimmer zurück und schließt die Tür hinter sich ab. An seinem Schreibtisch im Türmchenrund rezitiert er dem Fluß mit Schiffen und Kähnen Gedichte von Uhland, Rückert, Lenau, Freiligrath, schreibt sie in das ledergebundene Poesiealbum, verfaßt auch selber welche und legt gepreßte Blumen und Blätter zwischen die Seiten. Mühselig mit seinen zwei linken Händen flicht er winzige Lesezeichen zu Weihnachten und Vaters Geburtstag, schreibt lange, zärtliche Briefe an abwesende Familienglieder. Eines seiner Lieblingsworte ist „innig“.

Auf seinen Wegen durch den Ort begegnen ihm Respekt und Wohlwollen. Die Zuneigung der Mitschüler erwirbt er durch Witze und Kapriolen. Ein Leben ohne Zuneigung wird er sich nie vorstellen können. Zur höheren Bildung wird er wie die Brüder auf ein westfälisches Pennal geschickt. Von diesem Aufenthalt ist nichts übriggeblieben als das Lied „Auf der schwäbschen Eisenbahn“ auf Westfälisch.

Pfarrers Kinder – man kennt den Spottvers – werden mit Müllers Vieh verglichen, das selten oder nie gedeiht. Jeder weiß, daß dem Müller ein Esel zusteht, aber kein Vieh.

Ein Pfarrerskind kann nicht „mein Vater ist Pfarrer“ sagen, ohne ein gewisses Lächeln auszulösen, das in katholischen

Gegenden mit Pfarrersköchinnen und heimlichen Sünden zu tun hat. Eilig fügt das Pfarrerskind hinzu: „evangelisch". Dann sagen die Leute „ach so", aber das Lächeln bleibt. Damit müssen Pfarrerskinder sich abfinden, der Vater in St. Goar, das Kind in Auel.

Sie gehören nirgends richtig dazu. Zwar ist der Vater „Akademiker" und zählt zu den „Besseren", aber sie haben die Auflage, sich bescheiden zu geben, den Stand nicht heraushängen zu lassen, sich mit den „Niedrigen" einzulassen, den Kränklichen zu helfen, Schwache zu beschützen, mit Armen zu teilen und die „Armen im Geiste" zu belehren.

Auslachen, beschimpfen, verulken, belügen, verhauen kommt nicht in Frage. Der Anspruch der Lehrer ist hoch, ihre Leitung zu Vater direkt. Was für andere ein Spaß, ist für sie ein Vergehen, Pfuschen ist Betrug, Kohlen ist Lügen, Knallfrösche legen, Stinkbomben werfen, Streichhölzer in fremde Klingeln stecken ist gemein – denk nur, die arme alte Frau muß zur Tür gehen!

Sie werden einfach gekleidet und sparsam gehalten. Das Mitlaufen mit Moden hat ihnen verächtlich zu sein. An „äußerlichen" Vergnügungen nehmen sie nicht teil.

Sie kriegen nur gute Bücher geschenkt und haben nur gute Musik und wahre Kunst schön zu finden.

Sie sind leicht zu beschwindeln, müssen deshalb allerhand Spott ertragen und sich nichts draus machen.

Sie sollen kein Ärgernis geben, sondern ein Vorbild sein.

Sie fühlen sich unverstanden und heimlich auserwählt. Um dem Makel der Duckmäuserei zu entrinnen, erstreben sie etwas Besonderes, besonders keck, besonders witzig, besonders begabt.

Aus Pfarrhäusern sind, wie man weiß, ausgezeichnete Leute hervorgegangen, auch Terroristen und ungezählte Psychopathen, aber die kennt man nicht.

Pfarrerskinder haben Privilegien, deren sie sich nicht rühmen sollen. Sie dürfen den Gemeindekranken Blumen und Äpfel aus dem Pfarrgarten bringen und bei Weihnachtsfeiern den Engel spielen. Wenn sie musikalisch sind, dürfen sie früh mit Flötentönen und Geigenkratzen an die kirchliche Öffentlichkeit treten. In Krankenhaussälen verteilen sie kleine Geschenke und Kirchenblättchen. Sterbenden sind sie eine letzte Freude. In der Kirche dürfen sie Kerzen anzünden, Altartücher auflegen, zum Erntedankfest Früchte und Ähren auf Altarstufen arrangieren. Sonntags haben sie Zutritt zur Sakristei und dürfen dem Schwarzen Mann, der ihr Vater ist, das Beffchen binden. Im Gottesdienst besetzen sie mit Mutter und Geschwistern eine der vorderen Bänke. Von dort steuern sie im Teamwork mit dem Vater den Gemeindegesang, für den sie sich verantwortlich fühlen. Beim Hinausgehen blinzeln sie dem Pfarrer zu, der den Gemeindegliedern die Hand schüttelt. Eine Stunde später wird er mit ihnen beim Mittagessen sitzen.

Die Privilegien sind nicht dazu angetan, ihnen den Respekt oder Neid der Gleichaltrigen einzutragen. Zum Vorzeigen haben sie wenig. Nicht einmal das Haus, in dem sie wohnen, gehört ihnen. Überhaupt haben sie, so spricht der Herr, hienieden keine bleibende Statt, und die zukünftige, die sie suchen sollen, ist unsichtbar. Es wird ihnen gesagt, daß die Werte, die sie besitzen, eben wegen ihrer Immaterialität allen greifbaren Werten überlegen sind. Aus dem Besitz verborgener Werte wachsen Dünkel und Selbstgerechtigkeit, die sich rasch und nahtlos mit der geforderten Demut vermischen. Das kann ihnen niemand wegnehmen, nicht einmal sie selbst. In allem, was sie tun und lassen, haben sie es außer mit den leibhaftigen Eltern mit dem allgegenwärtigen Übervater zu tun, den sie nicht kränken können, ohne mit schlechtem Gewissen zu bezahlen. Schmerzloser ist es, sich zu fügen: lieb sein! In diesen Häusern sagt man nicht „lieben“, sondern „liebhaben“ und „lieb sein“. Indem sie das Verb zum Adjektiv machen und mit einem Hilfsverb stützen, brechen sie dem Pfeil des Heidengottes die Spitze ab und biegen ihn zum Ehering und Familienband. Die gefährliche Wärme verwerten sie im heimischen Herd. Wer sich einmal daran gewärmt hat, friert überall sonst auf der Welt.

Die Briefe des Großvaters an seinen Jüngsten im Studium und Vikariat bilden regelmäßige Rechtecke aus feinen schwarzen Zeilen, die mit einem sicheren Gefühl für Maß und Ordnung auf kleine, in der Mitte gefaltete Bögen gesetzt sind. Glattes, festes Papier, gut zum Anfassen, die Deutsch-Schrift flüssig, aber jeder Buchstabe ausgeschrieben, die Unterschrift nicht größer als der Text. Das ganze Leben des „Kleinen“, von der rauchenden Petroleumlampe bis zu den Schwierigkeiten bei der Verkündigung der Botschaft ist von väterlicher Fürsorge umfaßt. Ebenso zärtlich ums Detail bekümmert ist der Liebe Gott. Der Großvater nennt ihn in Wortverbindungen, die heute nicht mehr ohne Vorbehalt aussprechbar sind: SEIN ewiger Wille; SEINE grenzenlose Liebe; SEIN treues Vaterherz; SEINE unerschöpfliche Gnade. Der Gebrauch stützender Adjektive verrät die Inflation frommer Worte. Nicht mehr lange wird man so von Gott reden können, ohne zu lügen.

Ausführlich berichtet er aus der Gemeinde, nennt Namen: die liebe Soundso, der getreue Soundso, fordert zum Mitdenken auf, empfiehlt der Fürbitte. Vom Zeitgeschehen enthalten die Briefe an den Studenten in Tübingen und Halle nichts.

Ein einziges Mal, kurz nach dem Abitur, ist Reinhold der väterlichen Obhut entwischt. Ohne zu fragen, unternimmt er eine „leichtfertige Reise“ nach Italien. Im Brief holt sein Vater ihn zurück: „Hoffentlich siehst Du Dein Unrecht ein, selbständig und eigenmächtig diese weite Reise zu beschließen. Du zerstreust Dich zu sehr, lieber Sohn. Ich möchte, Du setztest Dich einmal stille in Dein Kämmerlein und überdächtest Dein Leben und Wesen, wie es vor dem Abiturium war und wie es nach demselben geworden ist. Mehr will ich heute nicht sagen, nur die Hoffnung aussprechen, daß mein ernstes Liebeswort den rechten Ton freudigen Gehorsams in Deinem Herzen erwecken möge.“

Der Tod des Großvaters ist in einem Brief seiner Witwe überliefert. Auf der Kanzel überfallen ihn nicht näher benannte Schmerzen. Er spricht seine Predigt zu Ende. Nach dem Segen läßt er sich ins Krankenhaus transportieren. Schon seit längerer Zeit hat er gefühlt und mit seinem Herrn besprochen, daß „seine Zeit gekommen ist“, die Ärzte bestätigen ihm das, nachdem er ihnen versichert hat, daß der Tod ihn nicht schrecke. „Nun werde ich meinen Heiland sehen“, sagt er.

Die letzten Stunden benutzt er, um seiner Frau Grüße und Botschaften an „alle Lieben“ aufzutragen – eine endlose Litanei, von Pausen des Wegdämmerns unterbrochen. Er bedankt sich für alles, was sie ihm „Liebes angetan haben“, entschuldigt sich bei denen, die er meint gekränkt oder vernachlässigt zu haben. Er spricht die Hoffnung aus, daß „die größere Liebe“, die er in diesen Stunden empfindet, einen Weg vom Krankenlager in das Leben der anderen finden möge. Amtsbrüdern und Nachfolger wünscht er „reiche Ernte im Weinberg des Herrn“. Dort, wo er hingeht, will er für sie bitten. Er stirbt „in großer Klarheit“, „das himmlische Jerusalem vor Augen“.

Es ist Februar, ein milder Vorfrühlingstag des Jahres 1906. Reinhold ist 31. Er hat soeben Nachricht bekommen, daß seine Probepredigt in einer Hunsrückgemeinde zur einstimmigen Wahl geführt hat, aber „Freude will nicht aufkommen. Ich kann es nicht fassen, daß der Vater mich nicht mehr einführen wird.“

4

Reinhold und Elisabeth haben einander nicht auf der Straße, im Lokal, im Zug, bei Freunden getroffen, wie unsereins Leute trifft, sondern bei einer über allen Tadel erhabenen, sogar frommen Gelegenheit, nämlich beim evangelischen Jungfrauen-Nachmittag, der einmal in der Woche im Pfarrhaus stattfindet.

Die Jungfrauen, vornehmlich höhere Töchter, bringen in Körbchen Stick- und Häkelarbeiten mit. Während die Fäden fliegen, liest die Pfarrerin aus frommen Büchern vor. An warmen Tagen sitzen sie draußen, zwischen Beerensträuchern und Obstbäumen auf der Gartenterrasse. Sie tragen fußlange, hochgeschlossene Kleider, die ihre Trägerinnen zu Kontenance und Würde verpflichten. Die Oberteile sind reichlich verziert mit Plissee, Lochstickerei, Volants, Jabots, Spitzenkragen. Manche sind noch geschnürt, die Fortschrittlichen erlauben sich Reformkleider, die locker über Taille und Hüfte fallen.

Die Pfarrerin trägt nur Schwarz, schwere steife Stoffe, die beim Gehen rascheln und ihre mächtige Brust wie Panzer umschließen. Sie legt Wert darauf, daß nach der Vorlesung fromme Gespräche geführt werden. Manchmal ist es nicht einfach, „das Niveau zu halten". Wenn die Söhne auftauchen, werden die Mädchen albern. Dann wirft sie mahnende Blicke und atmet erst auf, wenn der Pfarrer zum Schlußwort erscheint.

Elisabeth, die Neue, die Fremde, mit einem kranken düsteren Vater vom Niederrhein zugezogen, ist ein zurückhaltendes Mädchen, schließt sich nicht an, geht nicht aus sich heraus, ist für ihr Alter zu ernst. Für den Heimweg benutzt sie nicht die Rheinstraße zum Ort, wie die anderen Jungfrauen, sondern den Fußweg, der vom Garten aufwärts und in halber Höhe den Hang entlang zum anderen Ende des Ortes führt. Solange man sie vom

Haus aus sehen kann, geht sie gesittet. Hinter der zweiten Terrasse rafft sie die Röcke und läuft. Bei der Handarbeit ist sie geschickt, aber wenig geduldig. Manchmal reißt ihr der Faden, so heftig zieht sie daran. Nur selten beteiligt sie sich an den Gesprächen. Wenn ihr eine Bemerkung entschlüpft ist, errötet sie und schließt den Mund fester. Einer der älteren Söhne, der sich schon mehr, als den Eltern lieb ist, auf Frauen versteht, findet die neue Jungfrau apart, irgendwie rassig mit dem schwarzen Haar und den hohen Backenknochen. Tadellose Figur! Die Schwestern finden den Schnitt ihrer Augen nicht übel, leider ist die Iris grün. Sie selber haben wie Reinhold kleine, graublaue, von Wülsten überhangene Schlupfaugen. Grüne Augen – Katzenaugen, sagen sie. An diesem Punkt greift der Vater ein. Das Aussehen sei unwesentlich, sagt er. Der Mensch sieht, was vor Augen ist, aber der Herr siehet das Herz an.

An einem gewittrigen Abend begleitet Reinhold die Jungfrauen zum Ort. Das letzte Stück geht er mit Elisabeth allein, um Unterhaltung bemüht, aber es fällt ihm nichts ein. Er hat keine Übung im Umgang mit Damen: ein Kindskopf, sagen die Geschwister. Der Vater nennt ihn: ein reines, kindliches Gemüt.

Oberhalb des Ortes, an einer Stelle mit Aussicht über den Fluß, fragt er sie, ob sie auch, wie er, Gedichte liebe. Er besitze ein ledergebundenes Buch, in das er die schönsten, die er fände, hineinschriebe. Es wären auch ein paar eigene darunter – nichts Bedeutendes. Sie habe auch so ein Buch, verrät sie errötend, darein schreibe sie Gedichte mit Datum. Wenn sie sie später wiederläse, wisse sie ganz genau, wie es ihr an diesem und jenem Tage zumute gewesen sei, obwohl sie kein einziges eigenes Wort hineinschreibe. Sie spricht die Sätze rasch hintereinander, als hätten sie unter Druck hinter ihren Lippen bereitgelegen. Wie schön! sagt er, fühlt sich beschenkt. Er fragt, ob sie die Gedichtbücher nicht einmal austauschen wollten. Sie antwortet nicht, hat es plötzlich sehr eilig und legt den Rest des Weges fast laufend zurück. Ehe er adieu sagen kann, ist sie in der Haustür verschwunden.

An diesem Abend kommt er zu spät zum Essen und entschuldigt sich nicht, löffelt die Sauermilch schweigend. Der ältere Bruder, der das mit der tadellosen Figur gesagt hat, räuspert sich und sagt: „Nanu!“

Für den Rest der Ferien richtet Reinhold es so ein, daß er gegen Ende der Jungfrauenstunde in der Gegend des Hangwegs unterwegs ist. Es gibt da einen Vorsprung im Berg, er hat ihn seinen Kindern später gezeigt, eine ebene Schieferplatte zum Sitzen, Brombeergerank zum Schutz gegen Schwesternblicke.

Dort sitzt er mit einem Buch, aus dem er ihr vorlesen will, wartet, horcht zum Haus herunter. Es sind die Ferien zwischen Winter- und Sommersemester, Frühling. Wenn ein Zug in den Tunnel einfährt, bebt der Berg unter ihm. Von Zeit zu Zeit blickt er vom Buch auf und empfängt aus der Landschaft die eigene Liebe und Erwartung zurück, „in jedem Purpurblättchen – Adelaide“ singt er zu Finkenschlag und Hummelgebrumm. Der Wunsch, Elisabeth von dieser Schönheit zu erzählen, verleiht jedem Detail Tiefe und Bedeutung. Er legt sich Worte dafür zurecht, findet sie nicht ausreichend, sucht andere, tiefere, höhere, möglichst gereimte. So inständig ist er mit Schauen und Nennen beschäftigt, daß er den Aufbruch der Jungfrauen drunten im Garten verpaßt. Erst Elisabeths Schritte scheuchen ihn auf. Er geht ihr leise nach, dann macht er sich durch Räuspern oder Zuruf bemerkbar. Daß er auf sie gewartet hat, sagt er nicht, und sie verrät nicht, daß sie es weiß. Sie sprechen nicht über Liebe, sondern über Natur und Gedichte, über Musik, über die Predigt vom letzten Sonntag, über Bücher. Was sie sagen, ist von unausgesprochenen Gefühlen beschwert. Manchmal müssen sie seufzen, als hätten sie unsichtbare Lasten zu tragen.

Gegen Ende der Ferien führt er sie in ein Serenadenkonzert, das in einem der Höfe der Rheinfels-Ruine stattfindet. Die Schwestern sind dabei, sonst hätte Elisabeths Vater die Tochter nicht gehen lassen. Sie sitzen auf Gartenstühlen in einer Nische des Gemäuers, während die Ständer und Stühle für die Musiker an einem Platz mit ausgeklügelter Akustik aufgestellt werden. Zur Beleuchtung der Notenblätter sind Windlichter entzündet, die das letzte Tageslicht wegnehmen. Schon sind die Fledermäuse unterwegs. Leuchtkäfer blinken in den auf Fenstersimse und Mauerkronen geklammerten Büschen.

Zwei der Musiker sind Damen. Sie tragen fließende Gewänder, die gelockten Haare auf griechische Weise aus der Stirn gebunden. Feierlich treten sie aus der Ruinenkulisse hervor wie Schauspieler einer antiken Tragödie. Dann lassen sie sich nieder und stimmen mißtönend ihre Violinen. Die Schwestern stoßen Reinhold in die Seite und zwinkern ihm zu. Schon hat er Spöttisches auf der Zunge, aber ein Blick auf Elisabeth hält ihn zurück. Sie hat die Haltung, den Sehnsuchtsblick der Iphigenie von Anselm Feuerbach, ihres Lieblingsmalers. Reinhold ist mehr für Spitzweg und Richter, aber er versteht, weil er liebt. Durch Blicke gibt er den Schwestern zu verstehen, daß Kichern und Spotten nicht angebracht sei.

Natürlich wird die Kleine Nachtmusik gespielt. Manche Zuhörer bedecken das Gesicht mit den Händen, andere lehnen den Kopf nach hinten und schauen nach den Sternen, die über Mauerzinnen hervortreten, einzelne lehnen an der Festungsmauer und blicken träumerisch über den Fluß. In der Pause sagen sie, wie erhoben und ergriffen sie seien und daß dies eine der seltenen Sternstunden sei.

Es wird Rheinwein aus farbigen Pokalen gereicht. Ein weißbärtiger Herr bringt einen Toast auf Seine Majestät aus. Zum Abschluß spielen die Musiker das Streichquartett Opus 76 Nr. 3 C-Dur von Haydn. Als im Variationssatz die Melodie des Deutschlandliedes erklingt, kommen Reinhold die Tränen. Er ergreift Elisabeths Hand, die sich erschrocken entzieht, dann zurückkehrt. Von da an sind sie verlobt – sieben Jahre lang.

Viel später, als sie schon verheiratet waren, hat Reinhold seiner Frau erzählt, daß es um ihretwillen zu einem dieser ungeheuer lauten und wortgewaltigen Familienkräche gekommen sei, die von Zeit zu Zeit das Pfarrhaus am Rhein wie Erdstöße erschütterten und Außenstehende in Panik versetzten, während die Beteiligten sich eher erfrischt fühlten, da sie in einem stillen, vom Familiensturm unberührten Winkel ihres Bewußtseins absolut sicher waren, daß gar nichts passieren würde, wie auch in früheren herzzerreißenden Krächen nie etwas wirklich Schlimmes passiert war.

Es begann ganz zahm: ein kleiner Luftzug zwischen Tür und Turmfenster. Wilhelm, der älteste der Geschwister, trat ein, schon damals ein würdiger Herr mit Vollbart und Bauchansatz, fertiger Pfarrer, beamtet, verheiratet, während eines kurzen Aufenthaltes im Elternhaus peinlich auf seine Autorität als Ältester bedacht.

Er entschuldigte sich wegen der späten Störung, setzte sich krachend in einen der wackligen Korbsessel und stellte ein paar überflüssige Fragen nach dem Befinden, deren Beantwortung er überhörte. Dann ging er, wie er das nannte: in medias res. Er freue sich, daß der kleine Bruder, wenn auch vielleicht ein wenig spät, den Weg in die Welt der Erwachsenen betreten habe. Die Liebe sei ein wichtiger Schritt, den jeder rechte Mann einmal tun müsse, doch könne er leicht in die Irre führen, wenn nicht Vernunft ihr leitend und richtungweisend zur Seite träte. Hier zündete er sich eine Zigarre an, die er in der Tasche des Schlafrocks mitgebracht hatte. Reinhold, der noch nicht rauchte, sprang nach einem Aschenbecher.

Aber Liebe und Ehe, fuhr Wilhelm, geräuschvoll an seiner Zigarre ziehend, fort, sei zweierlei, das könne der am besten beurteilen, der dieses unberechenbare Gefühl erfolgreich in den Hafen der Ehe gesteuert hätte. Ob dieses möglich sei, müsse einer bedenken, ehe er sich dem Sturm überließe.

Ein reizendes, sicherlich tugendhaftes Wesen habe der Bruder zum Gegenstand seiner Zuneigung gewählt, doch dies zu wissen sei nicht genug, wenn man an Weiterungen dächte, was in dieser Familie wohl vorauszusetzen sei.

Reinhold fiel ihm ins Wort: darüber hätte er noch nicht nachgedacht und wenn, dann möchte er nicht drüber reden.

Kopfnickend, gemächlich rauchblasend, nahm Wilhelm das zur Kenntnis, und Reinhold hoffte wider besseres Wissen, das Gespräch werde sich an diesem Punkt beenden lassen. Er habe noch zu arbeiten, sagte er, blätterte in Schriften, die auf dem

Schreibtisch herumlagen, aber Wilhelm war nicht mehr aufzuhalten.

Er deutete an, daß er in brüderlicher Liebe und Verantwortung – natürlich ohne sich im geringsten einmischen zu wollen – ein paar Erkundigungen über das Fräulein eingezogen habe, das ja glücklicherweise aus der gleichen Gegend stamme, wie seine, Wilhelms, liebe Frau.

Elisabeths Vater sei Fabrikant, wenn er darauf hinauswolle, fuhr Reinhold gereizt dazwischen. Sie stamme also aus den gleichen Kreisen, denen auch die Schwägerin, Tochter eines Tuchfabrikanten, angehöre.

Da müsse er aber doch entschieden widersprechen, sagte Wilhelm, etwas lauter jetzt, in der deutlichen Absicht, die Führung des Gesprächs in der Hand zu behalten. Die Familie seiner lieben Frau sei seit Generationen im Besitz eines bedeutenden Industrieunternehmens. Man habe genug Zeit und auch die Mittel gehabt, sich aus den Niederungen des schnöden Gelderwerbs in die Regionen des Geistes und der Kultur zu erheben. Dahingegen habe der Vater des Fräuleins als ein einfacher Seiler angefangen und sich erst vor wenigen Jahren, kraft unbestreitbarer Tüchtigkeit, zu einem Kleinbetrieb emporgearbeitet, den man nur mit äußerstem Wohlwollen als Fabrik bezeichnen könne.

Vor diesem Hintergrund sei es ganz selbstverständlich, und keiner mache dem braven Mann deswegen den geringsten Vorwurf, wenn Kultur und Geist noch keine Zeit gehabt hätten, in seinem Hause heimisch zu werden. Wenn man dagegen die eigene Familie betrachte, die durch eine Kette von Akademikern im Reich des Geistes verankert sei, so müsse man doch Zweifel anmelden, daß die selbstverständliche Harmonie – Voraussetzung einer erfolgreichen Pfarrerehe – sich bei dieser Verbindung einstellen werde.

Die leichtfertige Mißachtung vernünftiger und erprobter Standesgrenzen, die in weniger soliden Kreisen heutzutage Trumpf sei, könnten sich vielleicht Privatleute leisten, nicht aber der Pfarrer, dessen hervorragende Stellung in der Gemeinde nur durch den Respekt aller Gesellschaftskreise zu halten sei.

Er brachte diesen Sermon in tönender Langsamkeit vor, jedoch ohne die geringste Pause zum Einhaken zu lassen. Reinhold, der einen köstlichen Zorn in sich wachsen fühlte, setzte mehrmals zum Reden an, kam aber nicht dazwischen, so daß er Zeit hatte, immer wütender zu werden und dabei seine Waffen zu sichten und zu schärfen. Als Wilhelm den nächsten Zug aus der Zigarre nahm, fragte er leise und scharf, ob der Bruder diese Haltung als christlich empfände. Was das denn nun damit zu tun hätte, brummte Wilhelm.

Für einen Christen gäbe es nichts auf der Welt, das nicht mit Christus zu tun hätte, sagte Reinhold streng und fegte Wilhelms lahmen Einwand, Jesus sei schließlich nicht verheiratet gewesen, verächtlich beiseite. Auf die Einstellung käme es an. Wer Jesus nachfolgen wolle, müsse ihm im Geist nachfolgen, und, wie der Bruder wohl wisse, sei dies ein Geist sowohl der Demut als auch der Freiheit. Wer hier Abstriche mache, verrate den Herrn, wie Petrus ihn beim Hahnenschrei verraten habe.

Hier brauste Wilhelm auf, verbat sich den Vergleich, und Reinhold fragte ihn mit perfidem Lächeln, ob er sich tatsächlich durch den Vergleich mit dem prominentesten Jünger beleidigt fühle.

Sie waren inzwischen laut geworden. Die Tür zum Flur hatte sich einen Spalt geöffnet, dahinter schimmerten die weißen Nachthemden der Schwestern.

Wilhelm kam auf die Menschenordnung zurück und gab zu bedenken, schließlich habe sich Jesus auch an dieselbe gehalten, indem er sagte: gebet dem Kaiser, was des Kaisers . . . et cetera.

Rasch konterte Reinhold, dieser Antwort sei eine Fangfrage der Pharisäer vorausgegangen, die Jesus mit seiner Antwort geschickt pariert habe. Es hieße aber auch: du sollst Gott mehr gehorchen als den Menschen, und: wer sich selbst erhöht, der wird erniedrigt werden.

Während Wilhelm nach Gegenargumenten suchte, biß Reinhold sich an den Pharisäern fest, zu denen ihm eine reiche biblische Munition zur Verfügung stand. Im Zimmer auf- und abgehend deklamierte er: „Hütet euch vor den Pharisäern, die da wollen einhergehen in langen Kleidern und lassen sich gern grüßen auf dem Markt und sitzen gern obenan in den Schulen und überm Tisch . . .

Sie sind gleich wie die übertünchten Gräber, welche auswendig hübsch erscheinen, aber inwendig sind sie voll Totengebeine und alles Unflats . . ."

Jesus habe aber auch gesagt, fuhr Wilhelm dazwischen, er sei nicht gekommen, das Gesetz der Pharisäer und Schriftgelehrten aufzuheben, sondern um es zu erfüllen.

„Aber mit was wollte er es erfüllen?" rief Reinhold und streckte die Hand gegen die Zimmerdecke, als wollte er die Antwort von oben herabziehen. Dann gab er sie selbst: „Mit Liebe!"

Bei diesem Stichwort drückten die Schwestern sich endlich ins Zimmer. Mit Liebe, stichelte Johanna im Vorübergehen, habe Wilhelms Ehe wohl weniger zu tun gehabt als mit dem schnöden Geld seiner lieben Frau aus der Tuchfabrikation.

Er verbäte sich schmutzige Anspielungen, schrie Wilhelm sie an. Überhaupt sei dies ein Gepräch unter Männern. Die Mädchen sollten gefälligst verduften.

Das taten sie natürlich nicht, sondern hüpften auf Reinholds unberührtes Bett und wickelten ihre vom langen Flurstehen kalt gewordenen Füße in die Decken. „Macht ruhig weiter", sagte Johanna. Aber die Streitenden hatten den Faden verloren und kamen erst wieder in Gang, als Maria sagte: „Aber der Kaiser . . ."

„Wieso der Kaiser?" fragte Reinhold.

„Der Kaiser ist doch von Gottes Gnaden. Muß man dann nicht auch in der Standesordnung Gottes heiligen Willen sehen?"

„Ganz recht!" sagte Wilhelm.

„Der Kaiser", sagte Reinhold und nahm Haltung an, „der junge Kaiser hätte die Schranken, die das Volk von seinem Herzen trennen, längst hinweggefegt, wenn man ihn nur ließe."

„Da irrst du dich aber gewaltig", rief Wilhelm. „Majestät würde seine Garde auf die aufsässigen Horden feuern lassen, wenn . . ."

Unversehens fanden sie sich weit weg vom Gegenstand ihres Streites auf dem Feld der Politik, auf dem sie beide im dunkeln tappten. Um so heftiger stritten sie über das, was der junge Kaiser getan hätte oder tun würde, wenn nicht Hofkamarilla, Graue Eminenz und verkalkte Kanzler im Wege stünden.

Wilhelm war es natürlich, der mit den Roten anfing, schon damals ein beliebtes Manöver. Er gebrauchte sie in ähnlicher Weise, wie Reinhold vorhin die Pharisäer gebraucht hatte, nur daß er die Argumente nicht aus der Bibel nahm, sondern aus Gesprächen, die sein Schwiegervater aus der Tuchfabrikation in Unternehmerkreisen zu führen pflegte.

Unter dem scharfen Beschuß erwachte in Reinhold ein kleiner Revolutionär, von dem er selbst gar nichts gewußt hatte; jetzt schoß er, von Wut genährt, rasch in die Höhe. Auch im konservativen Halle, wo er zur Zeit studierte, konnte man hie und da einem christlichen Sozialisten begegnen. Nicht daß Reinhold mit einem von ihnen persönlich umging. Die Parolen waren sozusagen mit der Atemluft in ihn hineingefahren und obwohl ihm weder Zusammenhänge noch Details vertraut waren, entschied er sich blitzschnell für Naumann, weil Wilhelm, wenn überhaupt, dann für Hofprediger Stoecker sein mußte, wetterte gegen die Ultrakonservativen der Kreuzzeitungspartei und forderte mit den entsprechenden Gesten ein „soziales Volkskaisertum" und die „Teilnahme der Sozialdemokraten an der politischen Verantwortung".

Bei dem Wort „Sozialdemokraten" fuhren die Schwestern zusammen, als hätte er einen unanständigen Ausdruck gebraucht. Er genoß ihr Entsetzen und fing an, von Freiheit, Gleichheit, Brüderlichkeit zu schwärmen, dazu fiel ihm die IX. Symphonie von Beethoven ein: Seid umschlungen, Millionen, diesen Kuß der ganzen Welt, Brüder, unterm Sternenzelt muß ein lieber Vater wohnen . . .

Während er seine Stimme genoß, wünschte er glühend, Elisabeth höre ihm zu, statt der albernen Puten von Schwestern. Mit einem unauffälligen Griff nach hinten öffnete er das Turmfenster und hoffte, jetzt, gerade jetzt, ginge sie auf ihrem Abendspaziergang in der Rheinpromenade vorüber, hielte inne, horchte hinauf.

„Ach, wäre doch meine Elisabeth die Tochter eines Arbeiters in der Lohgerberei“, rief er unnötig laut. „Dann könnte ich euch beweisen . . .“

„Du bist nicht bei Trost“, schrie Wilhelm, und der Vater, der schon eine ganze Weile unbemerkt in der Tür gestanden hatte, räusperte sich und sagte: „Jetzt aber Schluß!“

Unwillig wie Läufer, die kurz vor dem Ziel gestoppt werden, wandten die Streitenden sich nach ihm um.

„Es ist wegen Elisabeth“, sagte Johanna. „Wilhelm meint . . .“

Der Vater wollte nicht erfahren, was Wilhelm meinte.

„Ich finde, unser Kleiner hat gut gewählt“, sagte er.

Sie haben einander täglich geschrieben in den sieben Jahren ihrer Verlobungszeit. Bei ihm waren es meist winzig bekritzelte Ansichtskarten, hie und da eine dicke, in Etappen geschriebene Epistel. Sie schrieb jeden Abend. Ungeduldig, mit heftig ausfahrenden Ober- und Unterlängen stürmt ihre Deutschschrift dahin, ihm entgegen . . .

1906 haben sie geheiratet und die Hochzeitsreise nach Capri gemacht, vermutlich mit schlechtem Gewissen, weil beide Väter kurz vorher gestorben waren. Sie hatten so lange gewartet, gedacht, gehofft, geschrieben, daß sie nun keinen Tag länger mehr warten konnten. Auf einem braunstichigen Foto stehen sie in einer Art Pergola zwischen Säulen und Oleanderbüschen. Er ist dunkel gekleidet bis auf einen weißen Einknöpfkragen und Tennisschuhe. Er steht etwas unglücklich da. Man sieht, daß er X-Beine hat. Der Schnurrbart hängt buschig über seine Lippen. Hinter seinem Rücken hält er ihre Hand fest. Sie ist offenbar eben erst zu ihm getreten. Der lange Rock schwingt noch zur Seite, die Schleife an ihrem Hals sitzt nicht ganz grade. Sie sieht jünger und lebendiger aus als auf allen früheren Fotos. Die Backenknochen treten weniger hervor, die Lippen liegen lockerer aufeinander. Sie trägt den Kopf freier, anmutiger, als hätte sie es nicht mehr nötig, sich zusammenzureißen.

5

Wenn im Aueler Pfarrhaus vom Kaiser gesprochen wird, sind beide gemeint, der alte und der junge, der inzwischen auch schon alt ist, so daß ihre Gestalten in der Vorstellung des Kindes zu einer greisenhaften Zweieinigkeit zusammenwachsen – fast so fern wie der Liebe Gott und auf ähnliche Weise geliebt und verehrt.

Im Januar jedes Jahres schreibt der Vater einen Geburtstagsbrief an Seine Majestät den deutschen Kaiser in Doorn. Er fertigt mehrere Konzepte an, die er der Mutter zur Beurteilung vorliest. Sie wählen lange und sorgfältig, machen sich Gedanken darüber, wie diese oder jene Wendung auf den Kaiser wirken möge. Ehrfürchtige Distanz soll gewahrt bleiben, und doch soll das Geschriebene zu Herzen gehen.

Wenn sie sich entschieden haben, schreibt der Vater den gewählten Text ins reine in seiner zarten, schwarzen, „wie gestochenen" Schrift auf allerfeinstes Bütten, das eigens für diesen Zweck gekauft worden ist. Er bringt den Umschlag eigenhändig zur Post.

Am 27. Januar versammelt sich die Familie um das schwarze Klavier im Empfangszimmer. Die Mutter begleitet mit Choralgriffen, die wie Blöcke, unverbunden, nebeneinanderstehen, manchmal etwas verzögert, weil sie sich die Töne zusammensuchen muß, dann verzögern die anderen auch, damit sie nicht in Aufregung gerät und sich verheddert. Sie singen das Geburtstagslied der Familie: Lobe den Herren, den mächtigen König . . .; danach: Vater, kröne du mit Segen unseren Kaiser und sein Haus . . .

Der Vater sagt, daß dies ein froher Tag sei, weil dem Kaiser ein neues Lebensjahr geschenkt ist, aber auch ein trauriger Tag, da er ihn nicht inmitten seines geliebten Volkes feiern kann. Er schließt mit dem Vaterunser.

Das Kind bemüht sich, „mit dem Herzen dabei zu sein“, indem es die Augen zukneift und an Trauriges denkt. Manchmal gelingt es ihm, den Kaiser zu „sehen“. Mit Helm und Waffenrock angetan sitzt er am Fenster eines grauen Schlosses am Meer und schaut mit traurigem Adlerblick nach seinem Deutschland hinüber, das ihn verstoßen hat. Kaisers Geburtstag ist einer von den Tagen, an denen die Kinder sich auch nach der Familienfeier würdig zu betragen haben, also keine Albernheiten, keine leichte Musik, kein Gelächter. Wenn sie sich vergessen, genügt ein bekümmerter Blick, um ihr Gewissen zu wecken.

Im Februar beginnt das große Warten auf Antwort, die Hoffnung, daß diesmal etwas anderes käme als all die Jahre vorher, aber es ist dann doch immer wieder das gleiche: ein weißer ungefütterter Umschlag mit dem Absender Berlin W 8 Unter den Linden 11 (alte Nummer 26). Warum nicht Doorn? Danach wird nicht gefragt. Eines Tages wird S. M. in sein Schloß Unter den Linden zurückkehren. Vorläufig unterhält er dort ein Büro, das die anfallenden Arbeiten erledigt wie zum Beispiel die Beantwortung der Geburtstagswünsche. „Derer gibt es unendlich viele!“ sagt der Vater, während er den Umschlag vorsichtig mit dem Federmesser öffnet, „ganze Berge, so daß S. M. mit bestem Willen nicht auf jeden persönlich antworten kann.“ Das sagt er sehr rasch, noch bevor er das Blatt entfaltet, um seinen Kaiser vorsorglich zu entschuldigen für die magere getippte Zeile, die beim Auffalten erscheint:

HERZLICHEN DANK FÜR DIE GUTEN WÜNSCHE ZU MEINEM GEBURTSTAGE

unter einem gewaltigen Briefkopf mit gekröntem Adlerwappen mit angehängtem Pour le mérite, drunter steht, pompös verschnörkelt:

BRIEFTELEGRAMM SEINER MAJESTÄT DES KAISERS UND KÖNIGS

aber auf dem Umschlag klebt nur eine Hindenburgmarke für 12 Reichspfennige. Das IR in der dritten Unterschriftsschleife bedeutet nicht etwa „in Ruhe“, sondern „Imperator Rex“, werden die Kinder belehrt. Lange betrachtet er das Blatt, auf dem so wenig zu sehen ist, dann reicht er es der Mutter, und das Kind weiß genau, was sie denkt, wenn sie es rasch überfliegt, dann zusammenfaltet und zurückgibt. Sie denkt: einmal hätte Majestät ihm schon persönlich antworten können nach all den Jahren. Soviel Zeit hätte er schon finden können zwischen dem Holzhacken . . .

Sie sagt es aber nicht, keiner sagt was, und der Vater trägt Bogen und Umschlag hinauf ins Studierzimmer. Dort setzt er sich an den Schreibtisch und betrachtet den Brief noch einmal ganz genau, durch Brille, Kneifer, Lupe, mit einem Funken Hoffnung im Hinterkopf, wie ein Kind, das am Schluß von Heiligabend unter dem Weihnachtsbaum und den Gabentischen immer noch nach dem Geschenk sucht, das es sich am heißesten gewünscht und nicht bekommen hat, heimlich natürlich, um nur ja niemanden zu kränken.

Nur einmal läßt er einen Hauch Enttäuschung heraus. „Der alte Kaiser . . .“, beginnt er, hält inne, hebt die Schultern und läßt sie mit einer Geste der Erschöpfung niederfallen: „das waren auch andere Zeiten . . .“

Reinhold war eben dreizehn geworden, als der alte Kaiser, einundneunzigjährig, starb. In diesem schwarzen März 1888 schreibt der Junge in sein Poesiealbum:

Kaiser Wilhelm ging in Frieden
Ein zu seiner Väter Ruh,
Schloß die treuen, nimmermüden,
Milden Vateraugen zu.
Ihren Blick, den lichten klaren,
Laßt uns tief im Herzen wahren,
Weil ein Vater daraus spricht.

An manchen Stellen sind die Schriftzüge verwischt, als wäre Wasser darüber gekommen. Möglich, daß er weinte, während er schrieb.

Der Großvater soll den alten Kaiser noch König genannt haben. Es heißt, daß er es lieber gesehen hätte, wenn Bismarck seinen Herrn hätte König von Preußen und alles beim alten bleiben lassen. Die Tränen, die Wilhelm I. vor seiner Kaiserkrönung im Spiegelsaal von Versailles vergoß, seien ihm gradewegs ins Herz geflossen. So habe er seinen König geliebt: bieder, bescheiden, treu, von „schlichtem, graden Geist" (keine Rede mehr vom „Kartätschenprinzen"), guter Hausvater, aufmerksamer Gatte, fürsorglicher Gastgeber, sparsam: ehe er eine neue Flasche Champagner anbricht, erkundigt er sich nach dem Rest der gestrigen. Hummeressen, sagt er, das hat er bei sich zu Hause nicht lernen können, das hätte ihm erst der Zar beibringen müssen. Im Hausrock fühlt er sich am wohlsten, Hausmannskost schmeckt ihm am besten. Intrigen kommen an ihn nicht heran. Er ist schwerhörig wie der Großvater.

Vom Hausvater in St. Goar zum Landesvater in Berlin gehen Gefühle von interfamiliärer Wärme.

Das ist die „alte Zeit", die hinten bleibt, als Reinhold zum einjährigen Militärdienst in die Kaserne von Diez an der Lahn einrückt.

Es gibt ein Foto aus seiner Dienstzeit. Die flache Mütze sitzt völlig grade auf seinem Kopf, der Schirm verdeckt die Stirn bis zur Nasenwurzel. Der Schädel wirkt flach. Es sieht aus, als hätte ihm einer auf die Mütze gehauen. Über einem verlegenen Lächeln sträubt sich martialisch der an den Enden hochgebürstete Schnurrbart.

Das Brustbild – Waffenrock mit Goldknöpfen, Stehkragen, Epauletten – steht inmitten eines Hufeisens, das mit einem Arrangement von Veilchen und Anemonen verziert ist. Oberhalb gigantisches Wolkengebrodel, drunter eine winzige Landschaft mit Kirchlein und Häuslein vor Alpenkulisse. Solche Poster hätten sie sich an die Wand gehängt, wenn es damals schon Poster gegeben hätte.

In den dreißiger Jahren sind die Eltern mit dem Kind einmal von St. Goar aus nach Diez an der Lahn gefahren, um den Ort zu sehen, wo der Vater 1899 gedient hatte.

Es sei eine schwere, aber schöne Zeit gewesen, sagt er, als sie im Zug das Lahntal hinauffahren, eine Zeit unter Männern, nicht irgendwelche Männer, sondern Soldaten, nicht irgendwelche Soldaten, sondern Einjährige, Offiziersaspiranten, Elite des Kaisers, den sie den „jungen Kaiser" nannten, obwohl er damals schon einundvierzig war. Den jungen Leuten von heute sähe man doch auf den ersten Blick an, daß sie nicht gedient hätten. Es fehle ihnen an Haltung, Schliff, Disziplin, an Autorität und Gehorsam. So was könne man eben nicht auf der Universität lernen, in Parteilokalen schon gar nicht. Nicht, daß er gerade glänzend gewesen wäre, als Rekrut. Mit der Ordnung und den „manuellen Dingen" habe er sich schwer getan. Beim Appell sei er oft aufgefallen. Auch mit der Ausdauer sei es nicht weit her gewesen. Er sei nun mal nicht der Durchhaltetyp. Aber mit den Vorgesetzten und Kameraden sei er glänzend zurechtgekommen, und Begeisterung habe er für zwei gehabt.

Während die liebliche Landschaft ungesehen durch seine Augen fliegt, versucht er mitzuteilen, wie ihm zumute gewesen ist beim Marschieren durch die engen Straßen von Diez, wenn Lied und Marschtritt von den Häuserwänden widerhallten und alle die gewichsten, geglänzten Stiefel gleichzeitig hochflogen und mit einem einzigen Krachen aufs Kopfsteinpflaster niedergingen, dazu ein Brausen im Kopf, manchmal sogar Tränenreiz von einem Hochgefühl, das er nur mangelhaft beschreiben kann als ein Gefühl von klein und groß zugleich, klein als einzelner, der in der Menge der gleichen untergeht, groß als Teil der geschlossenen Formation, die, dem jungen Kaiser nach, in die Zukunft marschiert.

Die Zivilisten am Straßenrand hätten ihm gradezu leid getan, so klein wirkten sie, so grau, irgendwie trostlos . . .

Beim Erzählen erhitzen sich seine Wangen. Die Mutter findet ihn „aufgedreht". Sie sagt es in rügendem Ton, als wäre Alkohol im Spiel. Auch dem Kind ist er fremd, weniger lieb, weniger

Vater. Es wirft sich über seinen Schoß, wird ungeduldig zurückgeschoben: nun sitz mal schön grade!

Hier, nicht beim Studium in Halle, Tübingen, Bonn, sondern in der Kaserne von Diez an der Lahn, sei ihm zum erstenmal zum Bewußtsein gekommen, daß er dem Elternhaus entwachsen, daß er erwachsen war. Bei aller Liebe sei das Pfarrhaus am Rhein ihm gestrig vorgekommen mit den alten Eltern und ihrem Mißtrauen gegen das aufstrebende Reich. Sein Kaiser saß nicht im Hausrock am Familientisch, sondern zu Pferde, in ordenschimmernder Uniform, den Säbel zum Himmel geschwungen: Vorwärts! Mir nach! Erst im Gefolge des jungen Kaisers sei er so richtig zum Manne geworden, das könnten Frauen wohl nicht verstehen.

Als sie dann aussteigen und durch die Straßen gehen, wird er stiller. Es ist wohl nicht mehr viel übrig von damals, oder er findet es nicht der Mühe wert, auf dieses und jenes hinzuweisen, weil er wohl merkt, daß Frau und Tochter das Wesentliche nicht verstanden haben: das brausende, tränentreibende Gefühl beim Marschieren zwischen engen Häuserwänden und trostlosen Zivilisten.

Das Kind findet das Nest öde und will zurück nach St. Goar, wo es ein Schwimmbad und Tischtennis gibt. Aber er will noch bleiben, obwohl er nicht sagen kann, warum, läßt den Mittagszug fahren, drängt sie in eine Straußenwirtschaft, in der er mehr als gewöhnlich vom gefährlichen Federweißen trinkt. Er hat sich mit dem Gesicht zum Fenster gesetzt und blickt durch den schmuddligen Vorhang nach draußen, als erwarte er jemanden.

„Denk an deinen Magen", sagt die Mutter, und das Kind fragt: „Wann geht der nächste Zug?" Es spürt und grollt ihm dafür, daß er Mutter und Kind am liebsten abschieben würde, um im Dämmrigen allein zu bleiben mit seinen Gedanken an Männer, Soldaten, Kameraden. Die gönnt es ihm nicht. Unvermittelt gibt er nach. Sie sind eine Stunde zu früh am Bahnhof, sitzen herum, haben sich nichts zu sagen. Auf der Rückfahrt tut er, als schliefe er.

Um dem Vater zu Gefallen zu sein, erfindet das Kind ein neues Spiel: „Soldaten". Es setzt Vaters schwarzen Helm mit Messingspitz und Messingadler auf den bezopften Kopf, dem Knaben von nebenan das schirmlose Krätzchen. Mit dem Luftgewehr läßt es ihn exerzieren: Gewehr auf! Gewehr ab! Präsentiert das Geweeehr! Im hinteren Teil des Aueler Pfarrgartens graben sie einen Schützengraben und vernebeln sich gegen den Feind, indem sie in einem Pottöfchen nasses Laub verheizen. Zum Zapfenstreich pflanzen sie eine Bohnenstange mit schwarz-weiß-roter Fahne in das Abflußloch unter dem Küchenfenster und bringen ein dreifaches Hurra auf Seine Majestät aus.

„Schrei nur", sagt das Dienstmädchen, eine Rothaarige mit fortschrittlichem Herrenschnitt. „Der hört dich nicht dahinten in Holland, der hat sein Schäfchen im trockenen."

Wütend stürmt das Kind in die Küche, stellt Gertrud zur Rede, erpreßt sie, bis sie flüsternd preisgibt, was sie vom Kaiser hält: Ein Feigling sei er. Erst habe er Krieg angefangen, und als dieser verloren war, sei er geflohen, habe sein Volk im Dreck sitzenlassen.

Einen Augenblick bleibt das Kind starr und stumm, dann schreit es los: „Der Kaiser ist kein Feigling! Der Kaiser ist nicht geflohen! Ich sag's dem Vater!" Dabei schlägt es mit Fäusten auf Gertrud ein, bis die es an den Handgelenken fängt, es fest- und von sich fernhält, so daß es sie auch mit den Füßen nicht mehr erreichen kann. Schreiend und spuckend tanzt es in ihrem Griff, bis die Mutter eintritt. Es wirft sich an ihre Brust und wiederholt schluchzend, was das Mädchen gesagt hat. Der vernichtende Blick trifft Gertrud nicht, weil diese den roten Kopf tief über ihre Handarbeit gebeugt hat: Tischdecke für die Aussteuer, rote Blumen, braune Stengel, grüne Blätter, den Rand mit Kreuzstich ...

Das Kind wartet im Kinderzimmer, bohrt Löcher in das hölzerne Pültchen, während die Eltern im Vaterzimmer ein langes Gespräch führen. Dann kommt der Vater allein herunter und nimmt es mit auf seinem Weg zum Konfirmandenunterricht.

Eine Weile gehen sie schweigend, ohne die üblichen Späße mit Stockspringen und Wettgehen. Er hat den Arm um die Schultern des Kindes gelegt und drückt es fest an sich. „Hör nicht drauf", sagt er endlich. „Sie wissen nicht, was sie reden. Die gleichen

Leute, die heute jammern, er hätte sie im Stich gelassen, haben ihn 18 weggeschickt."

„Kann man einen Kaiser wegschicken?" fragt das Kind. „Muß ein Kaiser gehen, wenn man ihn wegschickt?"

„Er muß nicht", sagt er. „Nur Gott, der ihn gesalbt hat, kann ihn von seinem Auftrag entbinden. Gott wird wissen, was diese Leute nicht begreifen: daß sein Weggehen ein Opfer war, das letzte und schwerste, das er seinem Volk gebracht hat. Auch Opfer können Heldentaten sein, aber das sehen nur wenige, weil kein Glanz dabei ist. Die wirklich Getreuen erkennt man daran, daß sie auch im Unglück die Treue halten, wie es im Lied heißt: Wenn alle untreu werden, so bleiben wir doch treu . . . Ratten verlassen das sinkende Schiff!"

„Du bist ein Getreuer", sagt das Kind. „Ich will auch treu sein."

Was nun mit Gertrud wäre, fragt das Kind auf dem Heimweg. Ob sie gehen müßte, oder ob er ihr wenigstens gründlich den Marsch blasen würde.

Aber davon will er nichts hören. Der Umgang mit den Dienstmädchen sei Sache der Mutter. Auch sei mit Reden nicht viel ausgerichtet. Es gäbe Menschen, die das Große und Edle nicht wahrnehmen könnten, weil sie in ihrem kleinen Leben nie Großes und Edles erfahren hätten. („Du kannst Gott danken, daß dein Elternhaus dir solches vermittelt.") Man müsse ihnen das Große und Edle vorleben, damit sie etwas davon begriffen. Bei Gertrud hätte er allerdings wenig Hoffnung. Sie sei verhetzt, stehe unter schlechtem Einfluß. Ihr Freund, mit dem sie sonntags mit dem Motorrad wegfährt, sei ein Roter wie fast alle Proleten, und die Roten seien es, die den Kaiser verraten hätten . . .

Die Roten wohnen in Auel „hinter der Bahn". Der Stadtteil heißt Zange. Dort darf das Kind nicht spielen, will auch nicht, hat Angst, durchschreitet die Unterführung, in der es nach Pinkel riecht, nur an der Hand des Vaters. Drüben ist alles mieser, das Licht grauer, die Menschen schäbiger, die Häuser weniger zu Hause.

So muß es in Rußland aussehen.

Rote sind Leute, die mit kleinen Mädchen Unaussprechliches tun. Der Arbeitslose, der manchmal im Garten hilft, zieht das Kind hinterm Kompost auf sein Knie und fährt ihm blitzschnell mit der Hand zwischen die Beine. Es rennt weg, spricht mit keinem darüber, vergißt es nie: das muß ein Roter gewesen sein!

In der Volksschule gibt es ein Mädchen, das Sonja heißt. Der Bruder, eine Klasse höher, heißt Dimitri. Der Vater sei rot, ein Russenknecht, sagen die Kinder. Auf der Straße singen sie hinter den beiden her:

Sonja Sonja und Dimitrijewski
wohnen auf der Po-ost-stra-a-ßee

Die Eltern beschweren sich bei der Mutter, und sie weist das Kind zurecht. „Die Kinder können doch nichts dafür", sagt sie.

Den Russen kennt das Kind aus dem Kriegsbilderbuch. Durch Moräste stapft er heran, wilder, von Bart überwucherter Kerl, Schlitzaugen, Säufernase, Maul voller Hauer. Mit der einen Pranke hält er den Sack offen, die andere streckt er nach Willi, dem tapferen kleinen Soldaten aus:

Gleich kommt auch schon der Russe her,
Gar wild und zottig wie ein Bär.
Der Russe grunzte fürchterlich:
Wart, kleiner Kerl, gleich hab ich dich!

Auf dem nächsten Bild feuert Willi, und der Unhold versinkt brüllend im Morast. Dabei wirft er den Kopf zurück, so daß man in sein Maul und die haarigen Nasenlöcher hineinschauen kann.

Schnell an die Wange das Gewehr!
Piff paff, der Russe lebt nicht mehr.
Klein Willi aber fröhlich lacht
Und denkt: das hab ich schlau gemacht!

Ein einziges Mal im Leben hat der Vater seinen Kaiser „von Angesicht zu Angesicht" gesehen, in einem französischen Dorf namens Maure. Er zeigt ihn dem Kind auf einem Stück Generalstabskarte, auf der der Ortsname nicht mehr zu lesen ist, so abgegriffen ist die Stelle. Dieses Maure muß irgendwo in der Champagne liegen, südlich von Vouziers, wo der Vater ab Dezember 14 seinen Dienst als freiwilliger Feldgeistlicher versah. „Da war's", sagt er, „da stand ich plötzlich vor ihm und habe ihn nicht mal erkannt . . ."

Es war Reinholds erste Fahrt in dem Pferdewagen, den man ihm für Dienstfahrten zugeteilt hatte, weil es mit dem Reiten noch nicht so recht klappte. In die Vorbereitung einer Ansprache versunken, fiel er fast vom Sitz, als der Bursche mitten im Ort am Zügel riß und auf eine Gruppe Offiziere am Straßenrand wies. Reinhold erkannte den Kommandeur und grüßte. Der winkte ihn heran.

Widerwillig, weil er es eilig hatte, kletterte er vom Wagen. Erst als er ganz nah gekommen war, öffnete sich die Gruppe und gab den Mann in der Mitte frei.

„Ich muß völlig vernagelt gewesen sein", erzählt er dem Kind, „mit Blindheit geschlagen, daß ich nicht gleich wußte, wen ich vor mir hatte – das edle Hohenzollerngesicht, der unvergleichliche Blick –, daß ich sogar noch ärgerlich über den Aufenthalt war, bis einer das Wort Majestät aussprach." Da war es schon fast vorüber: Händedruck, Gemurmel von aufopfernder Arbeit und Dank des Vaterlandes, militärischer Gruß, und Reinhold, stumm wie ein Fisch, hat in diesem Augenblick tatsächlich gar nichts empfunden, nichts von der Ehre, der unermeßlichen Freude, sondern Schwindel und Übelkeit vom Magen herauf, war wohl einfach zu viel, zu groß, zu schnell vorbei. Schon wandten die Herren sich ab und gingen, der Kaiser voraus, zu dem offenen Feldwagen, der ein Stück weiter auf dem Kirchplatz stand, stiegen ein, fuhren die verschlammte Dorfstraße entlang, und der Bursche räusperte sich hinter ihm und sagte: „Die fahren sich was spazieren, die Herren!"

Er will nicht gerade sagen, daß er enttäuscht gewesen sei, aber es hat doch sehr lange gedauert, bis die Freude ihm kam, eigentlich erst, als er das Telegramm für die Familie aufsetzte. Zwischen Ansichtskarten und Kriegsbriefen sucht er das vergilbte

Formular der deutschen Feldpost heraus. Es trägt das Datum 17. März 1915. Der Text lautet:
ICH BIN MEINEM KAISER BEGEGNET. ÜBERGLÜCKLICH VATER

Mitte der zwanziger Jahre, als der Weimarstaat sein Wirtschaftswunder erlebte, hat Reinhold mit seinen beiden älteren Brüdern eine Schiffsreise entlang der Fjordküste Norwegens unternommen. Sie nannten es NORDLANDFAHRT und gedachten dabei des Kaisers, seiner Fahrten auf der SMS-Hohenzollern „entlang dieser wunderreichen Küste, die S. M. nach harter Arbeit für sein geliebtes Volk so oft Ruhe und Erholung geschenkt hat", schreibt er an Bord der Sierra Cordoba an die Familie daheim.

Auch der einzigen Seeschlacht des ersten Weltkriegs wollten sie gedenken und hatten bei Antritt der Reise mit dem Kapitän eine Gedenkfeier verabredet, für die Reinhold, als der militärischste der Brüder, eine Rede vorbereitet hatte.

Im Skagerak ließ der Kapitän die Maschinen stoppen und die Mannschaft antreten. Auch die Passagiere fanden sich, angemessen gekleidet, auf Deck ein. Während er die militärisch kurze Ansprache in den Wind sprach, vermißte er schmerzlich seine Uniform. Nur die Bändchen der beiden Eisernen Kreuze zeichneten ihn als Kriegsteilnehmer aus. Die Stimmung, die ihm aus der zusammengewürfelten Gemeinde entgegenkam, empfand er als „bewegt". Störend wirkte nur eine Gruppe junger Leute, die an der Feier nicht teilnahmen. Statt, wie es der Takt erfordert hätte, mindestens in den unteren Räumen zu verschwinden, saßen sie am anderen Ende des Decks und unterhielten sich, nicht gerade laut, aber in der Stille zwischen dem Schlußgebet und dem Einsatz der Bordkapelle mit „Ich hatt' einen Kameraden" trug der Wind ein Frauenlachen herüber, das nicht nur Reinhold in seinen Gefühlen verletzte. Ein Raunen von der Ehrfurchtslosigkeit der jungen Generation ging durch die Reihen, während auf den Wellen der Kranz tanzte, den die Brüder gemeinsam über die Reling befördert hatten.

Die „traurige Erfahrung", von der in einem von Vansges abgesandten Brief die Rede ist, wurde Reinhold wenige Tage später zuteil, bei einem Aufenthalt im Sognefjord.

Am Nachmittag waren die Reisenden an Land gegangen, um die ungeheure Fritjofstatue zu bewundern, die S. M. dem norwegischen Volk 1913 geschenkt hatte. Zum Abendessen kehrten sie an Bord zurück, aber später wollten die Brüder noch einmal nach Vansges hinüber, um sich unter das „kernige Volk" zu mischen, „das dem Herzen unseres Kaisers so nahe war". Dazu ist es dann nicht mehr gekommen, nicht für Reinhold jedenfalls.

Die traurige Erfahrung begann, zu Anfang der Mahlzeit, mit Ausbrüchen von Gelächter am Nebentisch. Ein gewisser „hämischer Ton" drang in sein Ohr und hinderte ihn, ein informatives Gespräch über die Mitternachtssonne fortzusetzen. Wohl oder übel mußte er mitanhören, was ein „junger Schnösel" aus angeblich intimer Kenntnis vom Tageslauf auf der SMS-Hohenzollern berichtete. Um den kaiserlichen Frühsport ging es, zu dem S. M. seine Begleiter um 9 Uhr morgens antreten ließ. Keiner durfte sich ausschließen, wie schwer ihm auch Menu und Getränke vom Vorabend im Magen lagen. S. M. in Admiralsuniform machte den Vorturner: Brust raus! Bauch rein! alle mal runter mit dem Steiß und hüpfen eins zwei drei ... Und wenn eine von den knickebeinigen Exzellenzen sich eben noch mühsam in der Hocke hielt, ging S. M. durch die Reihen und trat ihn in den Hintern, daß er nach vorn über die Planken fiel. Und alle lachten, der Umgefallene auch, wenn auch etwas sauer.

Er erzähle hier keine Märchen, behauptete der „Schnösel". Sein leiblicher Onkel, damals schon um die Sechzig, sei ein bevorzugtes Objekt solcher Tritte gewesen und hätte sich bei seinem Bruder, dem Vater des „Schnösels", auf das heftigste über die kaiserlichen Hand- beziehungsweise Fußgreiflichkeiten beschwert.

Schon hier wollte Reinhold „eingreifen". Was ihn darin hinderte, war die Erscheinung des Erzählers, der nicht so aussah, wie er hätte aussehen sollen: nicht mickrig, bebrillt, mit der dreisten Visage eines aus der Hefe des Volkes stammenden Journaille-Lümmels, von der Natur benachteiligt, daher giftig, hinterhältig, infam, möglicherweise jüdisch, sondern, im Gegenteil, groß, schlank, blond, offenbar guter Stall, ein Onkel im kaiserlichen Gefolge war ihm nicht ohne weiteres abzusprechen, auch die Stimme verfügte über den scharfen hellen Ton, die knappe Diktion der kaiserlichen Offiziere. Um so mehr war das, was aus seinem Munde kam, „ein Schlag ins Gesicht". Das Blut stieg ihm in den Kopf, jeder Bissen „quoll ihm im Munde", als der Schnösel anschließend über die Schiffsgottesdienste herzog, in denen S. M. als Prediger auftrat, und über die Bordfeste mit ihren Vorführungen „auf Hilfsschulniveau". Schließlich konnte er es nicht mehr mit seinem Gewissen vereinbaren, dieser Schmach zuzuhören, ließ den Löffel klirrend in den Teller zurückfallen, stand auf, trat hinter den Schnösel, fühlte unter der Hose seine Knie zittern, weil nichts auf der Welt ihm so zuwider war, wie Streiten „coram publico", und sagte: „Schämen Sie sich!"

Die Tischgespräche verstummten. Köpfe wandten sich ihm zu. Der Schnösel wies seine lautlos kichernde Begleiterin (die angeblich nicht mit ihm verheiratet war) zur Ruhe, wandte sich um und musterte Reinhold mit einem geraden Blick, den dieser als „frech" empfand. Der Kaiser sei ja kein schlechter Kerl gewesen, sagte er lässig, und für „Kerl" und „gewesen" hätte ihm eine Ohrfeige gehört, aber die auszuteilen gelang Reinhold nicht, trotz der übergroßen Wut. Schlagen, mit der Hand ein Gesicht, einen Körper schmerzhaft treffen, war bei ihm einfach nicht drin, physisch unmöglich, eine unüberwindliche Sperre, die er als „Schwäche", als „Defekt" empfand. Er fühlte sich als „Memme", als er sich mit einem tonlosen „Pfui!" abwandte und den langen Weg zur Tür unter aller Augen ging, immer mit dieser Angst, das Zittern seiner Knie sei von außen wahrnehmbar, während die freche Stimme ihm nachfuhr und sich, trotz des Trommelfeuers, das sein Herz in den Schläfen veranstaltete, in seine Ohren hängte: „Sie haben doch bei der Skagerak-Feier so schön gepredigt, Herr Pfarrer. Haben Sie sich noch nie gefragt, ob das Volk nicht allzu teuer bezahlt hat für dieses kaiserliche Spielzeug, die Flotte, die zum richtigen Zeitpunkt nicht kämpfen durfte und zum falschen Zeitpunkt gegen den Feind geschickt und mitten im Kampf zurückgepfiffen wurde, nachdem sie für nichts und wieder nichts 61 000 t und einige tausend Mann verloren hatte?"

Das hing ihm noch im Ohr, als er sich in der Kabine auf sein Bett warf und liegenblieb, bis die Brüder kamen und sofort anfingen, auf ihn einzureden: sein Abgang sei ein würdiger gewesen. Alle hätten ihm recht gegeben und die freche Gesellschaft mit Verachtung gestraft. Die Brüder wären ihm – Hand aufs Herz – unverzüglich gefolgt, wenn sie nicht auf eine Gelegenheit gehofft hätten, dem Nestbeschmutzer noch einmal gründlich den Marsch zu blasen. Dazu sei es leider nicht mehr gekommen. Als sie anfingen zu sagen, was sie hatten sagen wollen, ist er aufgestanden und wortlos hinausgegangen.

Was in ihm vorging, während er in den ausgestorbenen Schiffsgängen herumwanderte – die Gesellschaft war inzwischen nach Vansges hinübergefahren –, hätte er den Brüdern doch nicht sagen können, auch im Brief finden sich nur Andeutungen über das Wissen, das in ihm wuchs wie ekelhaftes Geschwür: daß an dem, was der Schnösel gesagt hatte, etwas Wahres sein könnte, „jene moderne, eiskalte Art von Wahrheit ohne Scham, Ehrfurcht und Liebe", gegen die er sich jahrelang erfolgreich verteidigt hatte, nun zum ersten Mal – vielleicht weil er allein war, ohne Familie, ohne Gemeinde, ohne die erhöhenden Stufen von Kanzel und Altar – ging es ihm unter die Haut und wie Säure über das Kaiserbild vom schimmernd vorausreitenden Helden, das er seit Diez in sich festgehalten hatte gegen allen Schmutz, mit dem es „von unten" beworfen wurde.

Alt hätte er sich plötzlich gefühlt, schreibt er, „so alt, wie ich eben bin, fünfzig". Darüber hat er sonst scherzen können – alter Mann ist kein D-Zug –, auch staunen, daß das Altern ihm gar nichts ausmachte, weder körperlich noch geistig: „wenn man so in der Arbeit steht, hat man keine Zeit, ans Altern zu denken."

Nun war es auf einmal da, nicht nur innen, mit einem Frieren, einer Schwere in den Gliedern, die ihm das Gehen in den Gängen mühsam und freudlos machte, sondern auch außen, als sei alles, was das Auge wahrnahm, von einem rasanten Schwund befallen: abgetretene Teppiche, öde Durchblicke, schäbige Sessel, glanzlose Beschläge, verbrauchte Luft. Sogar die „große nordische Nacht“ schrumpfte ihm unter den Augen. Kein noch so tiefer Atemzug spülte die Beklemmung aus seiner Brust.

Als er endlich, todmüde mit einer Müdigkeit, von der er genau wußte, daß sie nicht zum Schlafen war, den Salon betrat, war das große Licht bereits gelöscht, nur die kleinen, mit grüner Seide bespannten Leselampen brannten noch.

Auf das in Mappen ausgelegte Schiffpapier mit dem Kopf: Norddeutscher Lloyd, Sierra Cordoba, An Bord . . . schrieb er einen Brief an S. M., um ihm mitzuteilen, wie hart und einsam das Leben eines Getreuen in diesem neuen Deutschland war, wo die Menschen nicht mehr zum Hohen, Wahren und Schönen strebten, sondern zum Rinnstein, um im Schmutz zu wühlen, mit Schmutz zu werfen, sogar sogenannte Kunst aus Schmutz zu machen . . . Dann las er das Geschriebene durch und zerriß es: „Wer bin ich, daß ich mir anmaßen dürfte, das kaiserliche Herz mit meinen Nöten zu belasten.“ Nur der Brief an die Frau blieb heil.

Später ist er noch einmal an Deck gegangen. Auf die Reling gestützt, hat er lange dagestanden und seinen Schmerz in die Nacht geatmet, bis ihm endlich die Vorstellung gelang, die ihn für die Ängste der Nacht entschädigte: Dieses Schiff sei nicht irgendein zufälliger Passagierdampfer auf Vergnügungs-Tour, sondern seines Kaisers Schiff, und er, der übernächtig an der Reling lehnte, sei nicht irgendein Tourist, sondern der letzte Getreue, der alle Anfechtung auf sich nahm und verschwieg, damit sein Fürst ruhig schlafen konnte. Als ein Mitglied der Mannschaft auf leisen Sohlen an ihm vorübertrabte, sei er wie aus Träumen erwacht, schreibt er. Rasch sei er davongegangen und in die Kabine hinuntergeklettert, in der die Brüder in verschiedenen Tonlagen dem Frühstück entgegenschnarchten. Fast heiter sei ihm zumute gewesen, „geheimnisvoll getröstet“. So hat ihm die traurige Erfahrung am Ende doch eine Möglichkeit offengelassen, seinen Kaiser in Ehren zu halten, wenn auch nicht als strahlend vorausreitenden Helden, sondern als „ein edles junges Blut“, bedroht, wehrlos, schutzbedürftig, einer, für den man eine fast väterliche Verantwortung trägt, den man verteidigen muß, auch wenn die Angriffe ein Körnchen Wahrheit enthalten sollten.

„Unbesonnen“, „unerfahren“, hat er ihn später nennen können, ohne es als Verrat zu empfinden, „allzu vielseitig begabt, deshalb sprunghaft, schwankend, oft mißdeutet und irregeleitet, umgetrieben von hoher Begeisterung für Ideen und Menschen, einsam mit einem brennenden Durst nach Freundschaft, Heißsporn, genialer Überflieger, allzu groß denkend für das niedrige Geschäft der Politik, allzu leichtgläubig, vertrauensvoll, freimütig für die böse Welt, die ihm den hohen Flug mißgönnt.“ Alle Mißgunst der Welt und des Schicksals hat sich verbündet, um dem Aar die Schwingen zu brechen: der verkrüppelte Arm, die intrigante Mutter, der böse alte Bismarck, falsche Freunde, Gier und Ehrgeiz der Hofkamarilla, Neid des Auslandes, die Internationalisten, das ungetreue Volk, die Roten . . . In dem einzigen Brief an S. M., den er am nächsten Morgen schrieb und gleich abschickte von Vansges aus, schreibt er: „Drei Brüder, Pfarrer aus dem Rheinland, standen vor dem herrlichen Fritjofsdenkmal und gedachten Ew. Majestät in unveränderter Liebe mit dem Gelöbnis, getreu dem Vorbild Ew. Majestät unsere ganze Kraft rastlos und restlos in den Dienst des heißgeliebten Vaterlandes zu stellen.“

Die Antwort kam mit Foto und Namenszug und einem etwas längeren Text als gewöhnlich:

WIR NEHMEN DAS GELÖBNIS UNWANDELBARER TREUE GERN ENTGEGEN UND VERTRAUEN FEST DARAUF, DASS IM SINNE ANLIEGENDER RICHTLINIEN AUCH VON ALTAR UND KANZEL AN DER WIEDERAUFRICHTUNG UNSERES DARNIEDERLIEGENDEN VATERLANDES FÜR KAISER UND REICH UNENTWEGT GEARBEITET WIRD . . .

Die anliegenden Richtlinien sind leider verlorengegangen.

Vierzehn Jahre später, kurz vor dem Ausbruch des zweiten Weltkrieges, war zum Manöver ein norddeutscher Major im Pfarrhaus von Auel einquartiert, der gern am Abend mit der Familie zusammensaß, „weil die Atmosphäre ihn an sein Zuhause erinnerte“.

Schon bei der ersten Vorstellung hatte er behauptet, das Gesicht des Pfarrers sei ihm bekannt, mein Vater, trotz seines glänzenden Personengedächtnisses, erinnerte sich nicht. Als sie eines Abends auf Reisen zu sprechen kamen und der Pfarrer von seiner Nordlandfahrt erzählte, sprang der Major auf, ergriff ihn bei den Schultern und rief aus: „Sie sind der Pastor, den ich damals so schwer gekränkt habe."

Er sei glücklich, sagte er, daß ihm endlich Gelegenheit gegeben sei, sich für den Fauxpas von damals zu entschuldigen. Schon auf der Reise sei er dem Pfarrer deswegen nachgegangen, aber dieser habe ihn auf eine Weise übersehen, daß ein Kontakt nicht möglich gewesen sei.

Als der Pfarrer irritiert zurückwich, zog er seinen Stuhl näher und sprach bewegt von der Wandlung, die er inzwischen durchgemacht hätte. Er sei nicht gerade Monarchist geworden, die Zeiten seien ja wohl vorbei, aber im Lauf der Jahre und angesichts des kläglichen Schauspiels der Republik sei es ihm immer klarer geworden, daß dieses Volk weder Neigung noch Begabung für die sogenannte Demokratie besitze. Schon Bismarck habe gesagt: „Die deutsche Vaterlandsliebe bedarf eines Fürsten, auf den sich ihre Anhänglichkeit konzentriert!" Nur die von Gott legitimierte Herrschergestalt könne das Beste aus dem deutschen Menschen herausholen. Nun sei er glücklich, seinem Führer dienen zu können.

Auf das Wiedersehen müsse mit Champagner angestoßen werden, sagte er, und da es im Keller nur Wein gab, keinen Sekt, geschweige denn Champagner, mußte der Bursche noch einmal von seinem Strohsack in der Bodenkammer aufstehen und auf Champagnersuche gehen.

Der Pfarrer ließ sich bewegen, vom Krieg zu erzählen, und der Major geriet mehr und mehr in Verzückung. Wie schal sei doch das Leben in Friedenszeiten, wie kleinlich, krämerhaft, eigensüchtig die Menschen. Nur in Todesnähe könnten die großen Gefühle gedeihen: Vaterlandsliebe, Todesmut, Männerkameradschaft...

Er beneide den Pfarrer um sein Weltkriegserlebnis. Nur fünfzehn Jahre hätte er früher geboren sein wollen, dann wäre er auch dabeigewesen. Aber was nicht ist, kann noch werden.

Irgendwann ist der Pfarrer hinausgegangen und länger fortgeblieben.

Der Major kam auf seine Kindheit zu sprechen. Auch er sei in einem solch aufrechten, vaterländischen Elternhaus aufgewachsen. Im Streit sei er von zu Hause fortgegangen, habe sich in Berliner Großstadttrubel und billige Vergnügungen gestürzt und die Ideale seiner Kindheit vergessen. Bis ihm bei einer Rede des Führers die Augen aufgegangen seien und er zurückgefunden habe zu den alten heiligen Werten.

Das ging sogar der Mutter zu Herzen.

Plötzlich ging die Tür auf und der Pfarrer stand da, ganz in feldgrau, hatte seine alte Uniform angezogen, die Jacke, die er Litewka nannte, die enge Hose mit violetten Streifen, auf dem Kopf den Südwester mit violettem Band.

Der Major brach in Beifall aus, brüllte bravo, goß Gläser voll, ging mit dem Glas auf den Pfarrer zu, wollte ihn am Arm ins Zimmer hineinziehen, Toaste auf den Kaiser und den Führer ausbringen. Aber der wollte auf einmal nicht mehr. Verwirrt, als sei er aus einem Traum hochgefahren, betrachtete er das Glas und die Hand auf seinem Arm. Dann schüttelte er sie ab und trat in den Flur zurück.

Kaum hatte sich die Tür hinter ihm geschlossen, stand die Mutter auf und sagte: „Jetzt ist es aber Zeit, schlafen zu gehen."

So habe der Vater es nicht gemeint, sagte sie beim Gutenachtsagen zu dem Kind, nicht die Maskerade, die der Major durch seinen Beifall daraus gemacht habe. Dazu sei die Sache zu heilig, die Uniform zu ehrwürdig.

Der Vater kam nicht mehr. Er war schon zu Bett gegangen.

6

Acht Jahre Landpastor auf dem Hunsrück, meines Vaters erstes Amt von 1906 bis Ende 1914 – ich weiß davon nichts, war nicht dabei, bin zu dieser Zeit noch mit den Mücken geflogen oder mit den lieben Engeln.

Simmern gehört den früher geborenen Geschwistern. Ihre Erinnerungen kann ich nicht miterinnern. Die Hunsrückeinladungen, die ländlichen Freßpakete gelten nicht mir, die Namen von Freunden sagen mir nichts. Es gibt keine Briefe aus dieser Zeit. Die Mutter schweigt sich aus. Auf dem einzigen Foto ist sie allein mit den „vier Kleinen" auf der Treppe eines ländlichen Hauses. Es muß im Frühjahr 1915 aufgenommen sein. Der Vater war schon im Krieg. Mit einer Liste von Fragen, nicht nur über Simmern, besuche ich den älteren meiner Brüder, Gerhard, Landpfarrer, Fortsetzer der Familientradition, aus der die anderen mehr oder weniger herausgefallen sind; am weitesten das Nachgeborene, von den Geschwistern „das Kind" genannt oder „das Gör", „das Blaach", bei dem, wie Gerhard immer schon gesagt hat, nicht hart genug durchgegriffen worden ist, dem Dinge erlaubt wurden, von denen die Älteren nicht mal träumen durften, das Jüngste, bei dem die Eltern von Anfang an „in den goldnen Pott" geschaut haben und noch mal „ihr blaues Wunder erleben werden".

Obwohl inzwischen Jahrzehnte vergangen sind, rastet blitzschnell die alte Konstellation wieder ein, sobald ich das Pfarrhaus betrete, in dem die Relikte des väterlichen Amtes verwahrt sind: Marmorkreuz, Luther-Holzschnitt, Großvaterbild.

Die Mitteilung fließt unterschiedlich, glatt, was das Privat-Anekdotische betrifft, zögernd bis stockend bei der Beantwortung grundsätzlicher Fragen: Wie stand der Vater zu Krieg, zur Obrigkeit, zur Republik, zur dialektischen Theologie.

Ich habe mich auf das Gespräch vorbereitet, indem ich allerhand Historisches und Theologisches gelesen habe, mit besonderer Aufmerksamkeit für die Lehrer und Leitbilder des Vaters, Martin Kähler, Adolf Schlatter.

Gerhard schätzt meine Bemühung gering. Zum rechten Verständnis werde ich durch Lesen kaum gelangen, da ich das, was diesen Schriften zugrunde liegt, nicht teile. Er meint das, was die Theologen „Vorverständnis" nennen, die unerläßliche Voraussetzung ihrer Wissenschaft: daß Gott ist! Mir fehlt dazu, setzt er voraus, die „persönliche Gotteserfahrung". Das theologische Lächeln auf seinen Lippen ist mir vertraut. Es schiebt mich „in aller Liebe" ins Abseits, auf die „Bank, wo die Spötter sitzen", zu den Unbefugten. Ihm gegenüber befinde ich mich in der Situation des dreisten Bettlers, der an der Haustür des Aueler Pfarrhauses nie etwas bekam im Gegensatz zu dem „bescheidenen", „verschämten", „dankbaren", der reichlich beschenkt wurde. Ich verdiene die im Familienvokabular für solche Fälle vorgesehenen Attribute „frech", „lästig", „anmaßend". Es fehlt mir an „Scheu", an „Distanz", an „natürlichem Takt". Ich „schnüffle herum", „mische mich in Dinge, die mich nichts angehen", „reiße etwas aus dem Zusammenhang", „maße mir ein Urteil an". Ob mir meine Journalisten-Neugier nicht selbst zuwider sei? fragt er, wohl wissend, daß unsere Sympathien und Antipathien aus der gleichen Quelle fließen. Ob ich nicht in einem anderen Geiste erzogen sei und so unendlich geliebt, länger, zärtlicher, nachsichtiger als meine älteren Geschwister?

Das alles ist mir aus der Kindheit bekannt und erzeugt kindische Reaktionen und ein trauriges Gefühl von Vergeblichkeit, das ich nicht sagen kann. Keß, arrogant schwinge ich ein Bein in Jeans über die Ecke seines Amtsschreibtischs und lese ihm vor, was ich mir im Institut für evangelische Theologie aus Kirchenzeitungen von damals herausgeschrieben habe. Mein Bruder hat sich abgewandt, ist zum Fenster getreten. Ich sehe seinen Rücken, der mit schmalen abfallenden Schultern an den unseres Vaters erinnert. Wütend unterdrücke ich den kindischen Wunsch, er möchte mich einmal gut und richtig finden, einmal mich loben wie der Vater mich gelobt hat. Das fällt ihm natürlich nicht ein. Durch Nicken, Zuruf, Handheben begrüßt er vorübergehende Gemeindeglieder, demonstriert mir, daß er ein beliebter und erfolgreicher Landpfarrer ist, erfahren, im Gegensatz zu unserem Vater, in den Angelegenheiten der Bauern, Handwerker, Arbeiter und Kleinunternehmer. Der Nachfolger wird es schwer haben in seiner Gemeinde. Ihm wird es schwerfallen, einen anderen in seinem Weinberg arbeiten zu sehen. Auch mir zuzuhören fällt ihm schwer. Ich lese es aus seinem gespannten Nacken. Wir kennen einander, lassen uns nichts vormachen, ich nicht von ihm, er nicht von mir. Wie alt muß man werden, um in dem Bruder den Menschen zu erkennen.

Ganz lässig, schön unterkühlt lese ich vor, was auch mein Vater damals gelesen haben muß (überflogen? hingenommen? für richtig gehalten?): „Wie die Kirche sich in Christus, so offenbart sich der Staat in der Person des Herrschers" ... „Das Königtum in Preußen ist uns Evangelischen tausendmal mehr als eine politische Frage, es ist uns Glaubensfrage" ... „Demokratie ist Auflehnung gegen Gottes Gebot" ... „Parteiwesen verträgt sich nicht mit dem Geist der evangelischen Kirche" ... „Nichts kann oberflächlicher sein, als die Garantien der Freiheit immer nur in Formen und Einrichtungen oder in der politischen Einsicht suchen zu wollen, statt nur allein in der auf Religion gegründeten Sittlichkeit, in dem durch Glauben geschärften Gewissen" ...

Ob unser Vater auch so gedacht hätte? Ob Bibelversenkung und persönliche Gotteserfahrung ihm solche Gedanken bestätigt hätten? Ob der Bruch in der evangelischen Theologie, begonnen mit Barths Auslegung des Römerbriefes, für ihn keine Folgen gehabt hätte?

„Ihr müßt doch darüber geredet haben", sage ich, „du, ab 1929 Theologiestudent und Barth-Hörer in Bonn, mit deinem Vater, dem Pfarrer." Gerhard erinnert sich nur, daß unser Vater einmal gesagt hätte, Barth sei eben ein Schweizer. Das habe nicht abwertend geklungen, eher traurig. Als sei damit nicht einfach die andere Nationalität gemeint, sondern ein anderes, vielleicht sogar beneidenswertes Verhältnis zur Nationalität. Als erschiene es ihm weniger schicksalshaft tief, weniger emotional-beglückend und belastend, ein Schweizer mit Calvin zu sein als ein Deutscher mit Luther und der heiligen Verpflichtung lutherischer Entscheidung zum Gottesauftrag des Staates, gleichgültig wie dieser Staat entstanden und beschaffen sei.

Über die politischen Implikationen der Barth-Theologie habe er mit dem Vater nicht gesprochen. „Ist das denn wirklich so wichtig?" In der Fixierung auf Politik sieht er etwas Zwanghaftes. Zur Kaiserzeit hätten sich die von mir angedeuteten Fragen noch gar nicht gestellt. Es gab keinen Widerspruch zwischen Kaiser- und Vaterlandskult und Christi Nachfolge. Der Staat ist von Gott als irdische Ordnungsmacht eingesetzt. Der Christ hat ihm Gehorsam zu leisten, sofern er ihn nicht an der Ausübung seiner Christenpflicht hindert. Dieser Fall war nicht vorgesehen, trat auch nicht ein. Der König und Kaiser war praktizierender Protestant.

„Es gab Leute, die sich verhindert fühlten", sage ich. „Zum Beispiel der jüngere Blumhardt."

„Der war rot", sagt Gerhard. „Mit Roten konnte es natürlich keine Verständigung geben."

„Wieso natürlich? Wo steht das geschrieben?"

Gerhard meint, daß ich von Thomas beeinflußt bin – meinem marxistisch verseuchten Sohn. „Seid ihr mal wieder bei der Vergangenheitsbewältigung? Kommt euch das nicht allmählich bei den Ohren heraus?" Schuldbewußtsein, wenn ich das meine, das hat der Christ sowieso: Wir sind allzumal Sünder.

„So habe ich es nicht gemeint, nicht pauschal, sondern speziell, persönlich . . ."

„Bitte keine Psychologie!" Psychologie ist ihm suspekt, „Freudsche Seelenfieselei". Der Christ hat so etwas nicht nötig. Er hat sein Gewissen, Gottes Wort und die Vergebung der Sünden.

Meine Erregung stimmt ihn heiter. Großbrüderlich zeigt er mir die Stellung über den Dingen, die ich – meinem Alter und meiner Herkunft entsprechend – einzunehmen hätte. „Wenn du nur einmal wüßtest, wohin du gehörst!" Diese jungen Fanatiker, verrannt in längst überholte Theorien, seien dem Leben, sowohl dem Vergangenen als auch dem Gegenwärtigen, völlig entfremdet. Die tiefsten und höchsten Dinge im gläubigen Menschen, seine Gewissensnöte und -kämpfe müßten ihnen ewig verschlossen bleiben.

„Deshalb bin ich hier", sage ich, „um mit dir über Gewissensnöte und -kämpfe zu reden."

„Reden!" sagt er abfällig. „Worte!"

Wir verständigen uns nicht. Am Ende bleibt von diesem Gespräch nur das im Familiengedächtnis aufbewahrte Private, ohne Bezug auf das Zeitgeschehen, das ich mir „ehrfurchtslos" angelesen habe vom „Flottenzirkus" bis zum „biologisch gerecht entscheidenden Krieg" – alles unwesentlich, unseren Vater „letztlich nicht betreffend". Offenbar ist er ganz unangefochten hindurchgegangen, „trockenen Fußes" wie die Kinder Israel durch das Rote Meer, „und das Wasser war ihnen für Mauern zur Rechten und zur Linken". „Eine schwere aber glückliche Zeit" heißen die Hunsrückjahre im Familiengedächtnis, der Ort Simmern „ein warmes Nest", anders als Auel, das in diesem Sinne nie ein warmes Nest gewesen ist.

Unser Vater sei von Anfang an gut angekommen mit seiner „persönlichen, herzlichen, schlichten Art". Kurze Predigten, auch dem „einfachen Gemüt" verständlich, ohne literarisches und philosophisches „Beiwerk". Handfeste Bilder zum Mitnehmen: Wein und Korn, Ochs und Esel, Sämann, Hirte, Fischer. Persönliches Engagement für „jung und alt, hoch und niedrig", „fröhlich mit den Fröhlichen, traurig mit den Traurigen", sitzt nicht „auf dem hohen Roß", verschanzt sich nicht hinter dem Amtsschreibtisch, hat noch keine Routine entwickelt, noch nicht gelernt, daß der Pfarrer Distanz halten muß, um „allen etwas zu sein", ist ständig in der Gemeinde unterwegs, sucht seine Schafe. Man sieht ihn mit dem Fahrrad über Land fahren, zu den Filialorten, auf die Höfe. Er liebt seine Arbeit, seine „Pfarrkinder". Keine Trennung zwischen Beruf und Privatleben. Alles aus einem Guß. Mit Landpfarrers Hobbys – Bienen und Rosen – hat er nichts im Sinn. Seine Sache sind Menschen, einzelne Menschen, das Wesentliche im einzelnen Menschen, das, was Gott meint, wenn er sagt: „Ich habe dich bei deinem Namen gerufen, du bist mein.“ Von körperlicher Arbeit, von Landwirtschaft und Handwerk versteht er nichts. Das tut seiner Beliebtheit keinen Abbruch, im Gegenteil, betont Gerhard, seine unpraktische Art, seine Ahnungslosigkeit, was Geiz, Gewinnstreben, Erbstreit, Nachbarhaß betrifft, bewegt die Herzen. Die böse Welt ist ihm fremd. Bei jedem setzt er das Gute voraus, vergißt Pannen und Rückschläge im unverdrossenen Vertrauen auf den „neuen Menschen“, der mit Gottes Hilfe in jedem Augenblick zu ergreifen ist: Umkehren, Seine Hand fassen, Ihm nachfolgen, Auffahren mit Flügeln wie Adler. Seine Pfarrkinder möchten ihm gern den Gefallen tun. Sie mögen ihn. Ihre Sympathie ist sein Werkzeug. Wenn sie auch nicht grade ihr Leben ändern, haben sie doch Lust zum Guten, ihm zuliebe, möchten es ihm gern zeigen, möglichst persönlich. Dazu bekommen sie bald Gelegenheit.

Nach dem zweiten Kind erkrankt die junge Frau an Tbc. Monatelang kämpft sie in Krankenhäusern und Sanatorien um das dritte Kind, das sie im Delirium zur Welt bringt. Freunde aus der Gemeinde nehmen die älteren Kinder auf und versorgen den Pfarrer mit Schlachtschüssel, Feiertagskuchen, Hilfe in Haus und Garten. So wird er mit Haut und Haaren ihr Pfarrer, seine Kinder ihre Kinder. Liebe, sagt Gerhard, seine Liebe, ihre Liebe, gespeist aus der unerschöpflichen Gottesliebe, sei das Geheimnis seines Erfolges als Seelsorger gewesen. Und wenn ich nun doch wieder mit meinem Thema Nr. 1 anfange, so zeigt das nur, wie böswillig ich bin, wie negativ, wie zwanghaft fixiert.

Hätten die Männer von Simmern nicht ohnehin in den Krieg gehen müssen? War es nicht Liebespflicht, ihnen den notwendigen Kampf als einen gottgefälligen und sinnvollen darzustellen? Ihnen das Sterben leichter, den Angehörigen den Verlust tragbar zu machen? Wäre es nicht unnötige Grausamkeit gewesen, ihnen vom schmutzigen Tod, vom sinnlosen Opfer zu sprechen? Und was hätte das bewirkt außer Verzweiflung und trostlosem Jammer? Vielleicht, daß ein paar Hansel die Knarre weggeworfen hätten? Daß sie den Feind nicht mehr als Feind gesehen hätten?

Das wäre unserem Vater gegen die innerste Überzeugung gegangen.

„Das meine ich eben", sage ich. „Diese gefährliche ‚innerste' Mischung von Glauben und Patriotismus, die für meine Begriffe mit Christentum nichts zu tun hat."

„Du, ausgerechnet du, willst mir erzählen, was christlich ist!"

Wir trennen uns kühl, trotz geschwisterlicher Umarmung, die mir zum ersten Mal als Farce erscheint. Es wirkt etwas nach aus diesem intakten, liebreichen Elternhaus, das sowohl Streit als Verständigung verhindert: zuviel „Rücksicht", zuwenig Mut, die Dinge beim Namen zu nennen, ein Harmoniebedürfnis, das Gegensätze verkleistert und Feindseligkeiten mit ihren heimlichen Ursachen im dunkeln schwelen läßt.

Auf der Heimfahrt lenke ich meine Gedanken mit Gewalt auf den Vater zurück. Was hat er sich vorgestellt, wenn er vom Krieg reden hörte, der in seinen Kirchenblättern als „notwendig" bezeichnet wurde, als „Retter aus Gotteshand", „Reformator mit furchtbarem Antlitz", „Volkserzieher von Gottes Gnaden"? Fiel ihm der Sedanstag seiner Kindheit ein, Glocken und Böller, Heldentaten weit weg von der heiligen Heimaterde, siegreich? Tränentreibendes Hochgefühl von klein und groß beim Marschieren durch die Straßen von Diez an der Lahn? Empfand er in seinem Herzen, was ein Herr von Heymel 1910 im Gedicht ausdrückte:

> Im Friedensreichtum wird uns tödlich bang.
> Wir kennen Müssen nicht noch Können oder Sollen.
> Wir sehnen uns, wir schreien nach dem Kriege.

Fühlte er sich als „Volk ohne Raum"? Verlangte er nach einem „Platz an der Sonne"? Wollte er auch „ein Stück vom großen Kuchen"? Wie kam er mit dem 5. Gebot zurecht? Mit der Mahnung: „Stecke dein Schwert in die Scheide!"?

Wie unterschied er beim Bibellesen die „direkten" Weisungen (Jedermann sei untertan der Obrigkeit) von denen, die nur „im übertragenen Sinne" Gültigkeit haben sollten (Verkaufe was du hast und gib es den Armen!)?

Hatte er keine Schwierigkeiten bei der Vorstellung von Christen und „Gott mit uns" auf beiden Seiten?

Als im August 1914 der Krieg endlich ausbricht und die „Gottesoffenbarung der Volksgemeinschaft" über schwarze, violette und rote „deutsche Brüder" kommt, findet er unter dem „Manifest der Intellektuellen" auch den Namen des verehrten Lehrers, Adolf Schlatter. Karl Barth hat beim Lesen dieser Namen (Harnack!) den Schock gekriegt, der ihn seinen Lehrern für immer entfremdete. Mein Vater hat offenbar keinen Schock gekriegt.

Er meldet sich freiwillig und wird Anfang Dezember 1914 „bei schrecklichem Schlackerwetter" in Koblenz verladen, Richtung Westen.

7

Die Sonntagnachmittage riechen nach Buchs, Immergrün, faulenden Blumenstengeln. Über den Mittelweg des Aueler Friedhofs schreitet die Familie dem Standbild Glaube-Hoffnung-Liebe zu: drei weiße Frauenfiguren, zwei von ihnen in verschiedenen Stufen hinsinkend, die dritte richtet sie auf: aber die Liebe ist die Größte unter ihnen . . . Kurz davor gehen sie rechts ab und durch die Gräberreihen aufwärts zu Hannelis Grab. Der Trauerdruck verlangsamt die Schritte, dämpft die Stimmen. Die Toten mögen es nicht, wenn die Lebenden sich allzu lebendig zeigen.

Nachdem Unkraut gezupft, welke Blumen entfernt, frische mit Wasser versorgt sind, stehen sie lange mit gesenktem Kopf und gefalteten Händen am Grabrand, frierend in dem Wind, der über den Hügel heranstreicht. Das Kind bemüht sich um Tränen. Es möchte, daß die Mutter denkt: was für ein liebes Kind! Es weint um die Schwester, die es nicht gekannt hat!

Der Rückweg ist leichter. Sie trennen sich, nehmen verschiedene Wege. Das Kind bleibt beim Vater, der es hinter der Wegbiegung hüpfen und schwätzen läßt. Während die anderen dem Mittelweg zustreben, gehen sie über den Heldenfriedhof.

Das Karree der in regelmäßigen Abständen gesetzten grauen Steine ist von den zivilen Gräbern durch einen Zaun aus überkreuzten Latten getrennt. Beim Vorübergehen öffnet es strahlige Durchblicke, die sich mit der Bewegung verschieben. Sie treten zwischen die Reihen, lesen Namen und Daten, rechnen Lebensalter aus. Der Vater erzählt vom Krieg – Champagne, Verdun, Galizien . . .

Beim Lüften der Wintersachen zeigt die Mutter dem Kind ein sorgfältig gestopftes Loch im Wintermantel des Vaters, der von den Söhnen aufgetragen wird. Es stammt von einem Geschoß, das zwischen Tuch und Pelzwerk steckengeblieben ist. Unser Vater sei keiner von den „Etappenhengsten" gewesen, sagt sie, sondern immer vorn dran, wo die Kugeln pfiffen. Seines eigenen Lebens habe er nicht geachtet, aber der Herr habe ihn wunderbar bewahrt.

In einem der Feldpostbriefe, die sie im Luftschutzkoffer über den zweiten Weltkrieg gebracht hat, schreibt er: „Ich habe so viel zu tun, daß ich gar keine Zeit habe zu denken, es könnte mich treffen. Außerdem wissen wir ja, daß Gottes Gnade über den Tod hinausreicht. Leben wir, so leben wir dem Herrn, sterben wir, so sterben wir dem Herrn. Ob wir leben oder sterben, so sind wir des Herrn . . ."

Um etwas über seine militärische Karriere zu erfahren, habe ich meine beiden Brüder befragt. In Gerhards Erinnerung hat er nichts dergleichen gehabt oder gemacht. Wie er in den Krieg hineingegangen sei, ohne Rang und Titel, nur „freiwilliger Feldgeistlicher", so sei er im Frühjahr 18 wieder herausgekommen. Divisionspfarrer habe er nicht werden wollen, weil er es für angemessener hielt, frei zwischen den Rängen zu zirkulieren und zu jedem als ein gleicher zu reden. Obwohl er das Militärische verehrt habe, sei er selbst zivil aufgetreten, freimütig, herzlich, menschlich, wie es seine Art war, unberührt von den Zwängen der militärischen Hierarchie, von Karrieresorgen und Kompetenzängsten. Ob General oder Soldat, immer sei ihm der, der ihn brauchte, der Nächste gewesen. Die Kameraden hätten es ihm mit Liebe und Vertrauen gedankt. Er sei „der gute Geist des Regiments" genannt worden.

Gerhard neigt dazu, den „persönlichen Mut", von dem in den aufbewahrten Kameraden-Briefen die Rede ist, herunterzuspielen. Ein Kriegsheld sei unser Vater (trotz EK 2 und EK 1) bestimmt nicht gewesen, eher gedankenlos der Gefahr gegenüber. Er vergleicht ihn mit dem Pfleger in der Typhusbaracke, der vor lauter Arbeit mit den Kranken gar nicht auf die Idee kommt, er könnte sich selbst infizieren, und tatsächlich verschont bleibt. Nie vorher und nie nachher habe unser Vater so stark das Gefühl gehabt, gebraucht zu sein. Er durfte einfach nicht ausfallen! Er war der Tröster vom Dienst.

Herbert (zwei Jahre jünger) erinnert sich anders. Nach seiner Meinung ist unser Vater rasant befördert worden. Zu den Offizieren „bis in die allerhöchsten Ränge hinauf" habe er ein besonders nahes, freundschaftliches Verhältnis gehabt. Gegen Kriegsende habe man ihn als Hofprediger vorgeschlagen. Leider sei es nicht dazu gekommen.

Herbert legt großen Wert auf den „Offiziersrang". In diesem Punkt fühlt er sich dem Vater näher als Gerhard, der für das Militärische nichts übrig hat. Im stillen wünscht er, der Vater könnte vom Himmel aus zusehen, wie er als einziger von vieren die Offizierstradition der Familie in Ehren hält. Eine solche hat es, nach Gerhard, nie gegeben.

Ich frage nicht weiter, vertiefe mich in die Briefe.

Gleich nach der Ankunft in Aure am 16. 12. 14 (Datum des Briefes) – die Kiste ist noch nicht ausgepackt, Kontakt mit dem Kommandeur noch nicht aufgenommen – wird der Feldgeistliche zu einem Verwundeten gerufen, der angeblich nach geistlichem Beistand verlangt hat. Die Krankenschwester führt ihn durch die endlose Bettreihe zu einem der aussieht „wie das blühende Leben": runde Backen, kein Haar im Gesicht, ist aber schon neunzehn, Bäckergeselle aus Kreuznach. Hat einen Granatsplitter im Leib. „Der macht nicht mehr lange", sagt die Schwester so laut, daß der Pfarrer erschrocken den Finger auf den Mund legt.

Weil der Verwundete die Augen geschlossen hat, nimmt er an, daß er schläft, aber als er sich über ihn beugt, fühlt er sich plötzlich an der Kette gepackt, die er mit dem Kreuz um den Hals trägt, und hinabgezogen, näher an das Gesicht, in dem die geschwollenen Lippen zu reden anfangen, in einer wahnsinnigen Hast, leise, undeutlich, er versteht kein Wort, braucht qualvoll lange, bis er allmählich dahinterkommt, daß der Mann sich beklagt, über die Ärzte, die Schwestern. Sie täten nichts für ihn. Sie ließen ihn einfach krepieren. Der Splitter sei immer noch drin. Er spüre ihn beim Atmen. Schmerzen zum Wahnsinnigwerden. Er müsse hier raus, sonst sei es aus und vorbei mit ihm.

Während er flüstert, folgen seine Augen der Schwester, die sich an den hinteren Betten zu tun macht. Der entsetzte, mißtrauische Blick erinnert Reinhold an den Blick der Pferde in dem Güterwagen, in dem er die letzte Nacht verbracht hat.

Unauffällig versucht er, die Finger aus der Kette zu lösen, dabei spricht er leise auf den Verwundeten ein: er sei hier gut aufgehoben, Ärzte und Schwestern täten ihr Bestes. Ob er nicht versuchen wolle, mit ihm, dem Pfarrer, gemeinsam, den Sprung ins Vertrauen zu wagen.

Der Verwundete hat nicht zugehört. Er will etwas, läßt den Pfarrer nicht los, bis er begriffen und versprochen hat. Er soll an die Mutter schreiben, sofort, so dringlich wie möglich. Sie soll den Sohn hier rausholen. Zu Hause kann er gesund werden. Hier muß er sterben.

Endlich läßt er die Kette fahren, aber der entsetzte mißtrauische Blick hält den Pfarrer weiterhin fest, seine Hände, die in der Tasche nach Papier und Bleistift kramen, die Bibel als Unterlage auf die Knie legen, das Blatt darauf ausbreiten, den Stift ansetzen: Liebe Mutter ...

Bis dahin hat der Soldat die zitternde Unterlippe mit den Zähnen festgehalten, nun fängt er wieder das hastige, undeutliche Flüstern an. Reinhold bittet ihn mehrmals, langsamer, deutlicher zu sprechen, aber das bringt er nicht fertig. Todesangst hetzt ihn, Zeit ist knapp.

Von einem Karl ist die Rede, Bruder oder Freund, er soll sich auf keinen Fall freiwillig melden, die Mutter soll ihm das ausreden. Es ist alles ganz anders.

Er versucht zu sagen, was anders ist, aber es kommt kein Ton mehr, nur Wispern, Sprudeln, Hauchen. Reinhold hat längst den Faden verloren, möchte zur Sache kommen, zum Beten, zu den großen, guten, ruhigen Gefühlen: Glauben, Vertrauen, Frieden mit Gott. Mehrmals versucht er zu unterbrechen, aber der Blick ist stärker, treibt die Hand weiter übers Papier, Zeile für Zeile sinnloses Zeug, nur damit der Junge sieht, daß geschrieben wird.

Weil ihm nichts anderes einfällt, schreibt Reinhold das Vaterunser nieder, das er eigentlich beten möchte, schreibt es in fortlaufenden Zeilen wie einen Brief, und wenn er fertig ist, fängt er von vorn an: Vater unser . . . Irgendwann hört das Wispern auf.

„Der ist hinüber“, sagt der Armamputierte im Bett nebenan.

An diesem Krankenbett habe er erfahren, daß er noch viel zu lernen habe, um ein „rechter Tröster“ zu werden, schreibt Reinhold im Brief. Es genüge eben nicht, mit den Traurigen traurig, mit den Ängstlichen bang zu sein. Irgendwann müsse man die Kraft aufbringen, sich aus dem Elend zu erheben und sichtbar die Macht zu offenbaren, die auch in dem Schwachen mächtig ist. Die auf den Herrn harren, kriegen neue Kraft, daß sie auffahren mit Flügeln wie Adler – darüber dürfe man nicht nur reden, das müsse der Schwache sehen und spüren, um wirklich Trost zu empfangen. Es ginge also darum, niedrigster Diener und gleichzeitig würdiger Statthalter des mächtigsten Herrn zu sein. Und zu scheinen! Das sei sein Problem. Mit dem Dienen käme er schon zurecht, aber von der Macht Gottes sei ihm offenbar nicht viel anzumerken. Das müsse anders werden.

Auf der Treppe der zum Lazarett umfunktionierten Villa erwischt ihn der Arzt, der eben vom Essen kommt. Der Tisch sei schon abgeräumt, sagt er, aber man habe eine Portion für den Pfarrer warmstellen lassen. Als dieser sich entziehen will – ihm stünde der Sinn nicht nach Essen –, sagt er: „Wenn wir bei jedem, der hier ins Gras beißt, das Essen auslassen, können wir uns bald selbst dazulegen.“

Über den weiteren Verlauf des Abends schreibt Reinhold mit Zurückhaltung. Offenbar hat ihn der „flachsige Ton“ schockiert. Er vermißt Ernst und Würde, die hohe Stimmung des Todesmutes, fügt aber gleich hinzu, er sei ganz sicher, daß diese „wackeren Männer“ in ihrer verantwortungsvollen Arbeit ihr Bestes gäben. Übrigens vermute man einen Durchbruchversuch der Franzosen zu Weihnachten, man wünsche ihn fast herbei, damit die erstarrte Front wieder in Bewegung geriete.

Von Osten sickere Erstaunliches durch: die russische Armee sei vernichtet, 200 000 Gefangene (Gott geb's, daß es wahr ist). Die Russen hätten um Frieden gebeten.

„Wir haben uns ausgerechnet: wenn Rußland erledigt ist, kann es hier nicht mehr lange dauern. Einer der Ärzte sprach die Hoffnung aus, bis Ostern wieder bei seinen Lieben zu sein."

Darauf stoßen sie an. Der Pfarrer ergreift die Gelegenheit, sich zu verabschieden. Im Weggehen fragt er, welche Zeit wohl die günstigste sei, sich dem Kommandeur vorzustellen. Er wolle nun endlich an die Arbeit gehen. Die Herren amüsieren sich über seinen Eifer. Morgen sei ein schlechter Tag für die Vorstellung. Eine Treibjagd sei angesetzt. Exzellenz würden zeitig aufbrechen.

Es paßt ihm nicht, daß sein Quartier so weit von der Front entfernt ist. Als niemand sich interessiert zeigt, ihn „zu meinen Leuten in der vordersten Linie" zu führen, macht er sich selbständig auf den Weg auf dem „Teufelsgaul", begleitet von seinem Burschen, der Extratouren für unnötig hält.

„In der Nacht ist die Front unruhig gewesen", schreibt er. „Sicher hat es Tote und Verwundete gegeben. Die Stimmung soll dort ernster und würdiger sein als in der Etappe. Dorthin verlangt es mich, zu meiner neuen Gemeinde . . ."

Vom Beobachtungsstand eines Hauptmanns aus sieht er zum ersten Mal durchs Scherenglas „das Feld, das soviel Hunsrücker Blut getrunken. Alles totenstill, kein Mensch, keine Helmspitze, nur Artilleriegeschütze, Rauch- und Staubwolken. Sieht so der Krieg aus?"

Der Hauptmann empfiehlt ihm, zurückzugehen. Solange er ihnen nachblickt, reiten sie in die angegebene Richtung, aber „jeder Schritt ging mir gegen das Gefühl, das mächtig nach vorn drängte. Es schien mir ganz und gar unerträglich, nach Aure zurückzukehren und einen Tag länger auf die Vorstellung zu warten. Nur der Bursche tat mir leid, der den ganzen Tag gemütlich im Quartier hätte liegen können, wenn er mir nicht so treu gefolgt wäre. Mehrmals war ich drauf und dran, ihn zu bitten, er solle umkehren und mich allein weiterreiten lassen, dann nahm ein plötzlicher Beschuß mir die Entscheidung ab. Bei der ersten Detonation ging mein Pferd durch und raste in wahnwitzigem Galopp davon. Ich konnte nur noch versuchen, oben zu bleiben, was mir zu meiner eigenen Verwunderung auch gelang."

Beim Weiterreiten – „naß vom Nieselregen, verdreckt bis zum Bauch" – geraten sie in den Ort, der soeben beschossen worden ist. In der Dorfstraße klafft ein Granatloch, daneben eine Blutlache. An einem Haus in der Nähe ist eine Leiter angesetzt. Soldaten machen sich auf dem Dach zu schaffen. Einer hebt etwas hoch und zeigt es den andern: eine abgerissene Menschenhand.

„Drei Landwehrleute aus Dortmund hatten auf der Dorfstraße zusammengestanden, um sich eine Pfeife anzuzünden, als der Beschuß einsetzte. Einen hat die Granate schwer verwundet, die anderen beiden buchstäblich in Stücke gerissen."

Hinter der Zeltbahn mit den Leichenteilen reitet er zum Dorffriedhof hinauf. In einer halben Stunde ist das Grab fertig.

„Ich dankte Gott, daß er mir die Kraft gab, Worte des Trostes zu sprechen, obwohl mir die Tränen übers Gesicht strömten. Auch von den Männern wandten sich einige ab, um die Tränen zu verbergen. Ich ließ mir die Adressen der Gefallenen geben, um den Frauen ein Trostwort zu schreiben. Als ich ihnen zum Abschied die Hand gab, war mir so weh, als müsse ich mich von Brüdern trennen. Sie sollen noch heute abend in Feuerstellung."

Dann reiten sie weiter Richtung Front.

Nach mühsamen Kilometern auf dem verschlammten Weg hält eine Streife sie auf und fragt nach den Papieren. Der Bursche hat seine natürlich dabei, der Pfarrer nicht („typisch"). Dann müsse er ihn verhaften, sagt der Posten.

Der Pfarrer findet das lächerlich, absurd, zeigt sein Kreuz, das den Posten nicht beeindruckt, fängt an, seine Tasche nach etwas Ausweisähnlichem zu durchsuchen, zuerst den Mantel, dann knöpft er ihn mit steifen Fingern auf, sucht in den Jackentaschen, knöpft wieder auf, um in die Brusttasche zu greifen, ständig kommt ihm der Umhang in den Weg, oder er muß sich festhalten, weil „der Teufelsgaul" unter ihm unruhig wird, „kein würdiges Bild", gibt er zu, und ausgerechnet in dieser Situation muß ein

Fahrzeug aus der Dämmerung auftauchen, ein offener Feldwagen ohne Licht, offenbar höhere Ränge darin, denn der Posten springt wie gestochen zur Seite und erstarrt im militärischen Salut.

Auch der Bursche trollt sich zum Wegrand, nur der Teufelsgaul bleibt mitten im Weg stehen „wie ein Denkmal", läßt sich trotz Zügelreißen und Fersendreschen nicht von der Stelle bewegen. Wagen und Roß stehen einander so dicht gegenüber, daß der Schaum aus den Pferdenüstern auf den verdreckten Kühler tropft.

„Was ist denn hier los?" brüllt einer der Offiziere im Wagen, dann sieht er das Kreuz, unterdrückt einen Fluch und steigt aus.

„Was machen *Sie* denn hier, Herr Pfarrer?" fragt er und schnippt dem Burschen, daß er das Pferd aus dem Weg führt.

Sie palavern ein wenig, dann schicken sie ihn zurück. Vorn rüste man sich auf einen Durchbruch der Franzmänner. Für einen Pfarrer sei dort kein Platz, er würde nur stören. Verwundete und Gefallene würden ohnehin nach hinten transportiert. Die seelsorgerliche Betreuung der Truppe fände in der Ruhestellung statt, nicht im Graben. In Aure gäbe es eine Masse zu tun, man habe ihn schon erwartet: Weihnachtsgottesdienste in drei Orten müßten organisiert werden, Absprache mit dem katholischen Kollegen (Jesuit, etwas diffizil!) müßte getroffen werden. Auch Feldandachten seien geplant, eventuell, wenn es wider Erwarten ruhig bliebe, Feiern im Graben, aber natürlich nur in Begleitung. „Allein reiten, das schlagen Sie sich mal gleich aus dem Kopf, Herr Pfarrer." Man wird ihm einen Pferdewagen zur Verfügung stellen. Mit dem Reiten geht es wohl noch nicht so recht!

Nach anfänglichem Ärger sind sie doch noch recht freundlich geworden, wohlwollend, fürsorglich, eine Spur gönnerhaft: alte Fronthasen, er das Greenhorn („das ich in manchen Dingen wohl immer bleiben werde").

Sie beschließen das Gespräch mit einer Einladung zum Stabsessen, das zum Abschluß der Treibjagd angesetzt sei. Wenn er dazu noch zurechtkommen wolle, müsse er zu ihnen in den Wagen steigen. Der Bursche könne das Pferd zurückführen.

„Das Angebot lockte, da ich keinen trockenen Faden mehr am Leib hatte, aber um des Burschen willen lehnte ich ab."

Gegen Mitternacht kommen sie „völlig zerschlagen" nach Aure zurück. Er legt sich sofort ins Bett, kann aber nicht schlafen. „Die Erschütterung ließ mich nicht zur Ruhe kommen", steht wieder auf, versucht die Glut im Pottofen anzublasen, was ihm nicht gelingt („was wäre ich ohne den Burschen, der mir in den praktischen Dingen des Lebens weit überlegen ist"), steht eine Weile an seinem Bett, hört ihn schnarchen, „brachte es nicht über mich, ihn aus dem verdienten Schlaf zu reißen", verkriecht sich im Pelzmantel, entzündet eine Kerze („Strom ist mal wieder ausgefallen") und schreibt einen Brief an die Frau, den er mit den Worten beschließt: „So hat der liebe Gott mich unpraktischen Menschen, wenn nicht ans Ziel, so doch heil ins Quartier zurückgeführt. Nach Seinem heiligen Willen, nicht nach eigenen Wünschen und Eitelkeiten, will ich dort, wo Er mich hinstellt, meinen Dienst versehen."

Die Briefe reichen bis März 15. Danach kommen nur noch Karten, die außer Ortsansichten, Datum, „dem Glauben an den Endsieg", „der Liebe, die uns verbindet" wenig Information enthalten. Erzählen kann er jetzt nicht, vielleicht später, „wenn wir wieder vereint um den Familientisch sitzen".

Zu seinen Aufgaben gehört es, den Angehörigen in der Heimat Todesnachrichten zu übermitteln. Nach den Antworten zu urteilen hat er solche Mitteilungen in Form von langen, handgeschriebenen Briefen gemacht, die den Eindruck erwecken, als sei er ein naher Bekannter des Gefallenen gewesen. Fast alle Hinterbliebenen äußern den Wunsch, ihn persönlich kennenzulernen, „im nächsten Urlaub" oder „nach dem Sieg". Sie möchten Näheres über den Sohn oder Gatten erfahren; letzte Worte; die genaue Lage des Grabes (möglichst mit Skizze); eine Abschrift der Grabrede, „wenn es Ihnen nicht zuviel Mühe macht". Mütter schreiben: „. . . nur minutenweise erfasse ich, was geschehen ist, und in diesen Minuten klammere ich mich an die Worte, die Sie unserem Kurt und uns zum Abschied und Trost weihten. Aus ihnen schöpfe ich die Kraft, das Unvorstellbare zu ertragen . . ."

„. . . habt viel Dank für Ihre 2 Throstreichen Briefe ja, es tat mir wohl: daß Sie mein liebs Kind noch Besuchen und auch Beerdichen konnten und auch meiner gedacht im Gebet ich empfehle mich auch weiter Ihrer Fürbitte bin froh: daß Sie mir auch die 2 Throstlieder und den Tekst geschrieben hatten ach: wie hätt sich mein lieb Kind gefreut wenn er noch bei besinnung gewesen als Sie ihn Besuchten er war ja immer froh wenn Sie Feldgottesdienst hatten das schrieb er mir jedsmal: unser lieber Herr Pfarrer hat gepredicht und dann wär es ihm immer so das er meinte wieder in der Heimaht zu sein: vorbereitet hat er sich zu seinem Tode das konnte man in allen Briefen lesen und mein Wunsch und Gebet für mein Kind: Seelig nur Seelig das ist auch mein einziger Throst jetzt das er durch Christi Blut erlöst ist wie Sie geschrieben war ja mein Jüngster der Sohn im Alter . . ."

„Es ist ein köstlich Ding", sagt er an Gräbern.

„Niemand hat größere Liebe als die, daß er sein Leben läßt für seine Freunde . . ."

„Sei getreu bis in den Tod, so will ich dir die Krone des Lebens geben."

„Ihm ist das Los aufs Lieblichste gefallen."

„Je größer die Lücken werden, die der Tod in unsere Reihen reißt, je größer die Lasten und Aufgaben, die der Krieg an unser Volk hier draußen und daheim stellt, um so mehr tut es not, daß wir uns mit ganzem Herzen dem Vaterland weihen, unsere Seele hineinlegen und hingeben an unseren Dienst. Das geschieht, wenn wir in der schwersten Pflicht unser höchstes Recht erkennen und begreifen. Der, der den Paulus so froh und stark, so reich und frei gemacht, ist heute noch derselbe, ist dein und mein Heiland, bereit, auch an jedem unter uns seine Herrlichkeit zu offenbaren. Ihn braucht unser Volk. Ihn brauchen wir alle. Möchten wir ihm uns alle selbst zu eigen geben. Amen."

Nicht weit weg, vor Verdun, hat ein anderer Feldgeistlicher die gleiche Arbeit getan. Er war auch Pfarrerssohn, hatte auch in Tübingen und Halle studiert, hatte sich auch freiwillig an die

Front gemeldet. Als er eine Nacht unter Sterbenden im Trommelfeuer zugebracht hatte, erwachte er mit dem Gedanken: „Das ist das Ende der idealistischen Seite meines Denkens!" Ein Abgrund hätte sich in ihm aufgetan, schreibt Paul Tillich, „ein Abgrund, in den zu blicken nur der Mutigste wagt: der Abgrund der Sinnlosigkeit . . ."

Hat mein Vater je Sinnlosigkeit empfunden?

„Wie hat er es denn genommen?" habe ich die Mutter gefragt, „Niederlage, Zusammenbruch, Kaiserflucht."

„Wir haben nicht darüber gesprochen", sagt sie. „Es tat ihm zu weh."

8

Die neue Gemeinde ist eine Art Kriegsvermächtnis. Einer der Kameraden, Reserveoffizier, hat sie Reinhold ans Herz gelegt: Er sei der richtige Mann, um diesen verwahrlosten Haufen wieder auf Vordermann zu bringen. Der Kamerad ist in Auel Unternehmer und ein wichtiger Mann. Möglich, daß ihm ein konservativer Pfarrer im kommunalen Schachspiel gelegen kommt. Davon ist nicht die Rede.

Reinhold fühlt sich von Gott gerufen. Während eines kurzen Heimaturlaubs im Januar 1918 hält er die Probepredigt. Er ist nicht der erste. Ein anderer Unternehmer, Inhaber des größten Baugeschäftes am Ort, hat bereits einen anderen Kandidaten ins Spiel geworfen, der schon so gut wie gewählt ist. Nun kommt dieser Neue, wahrscheinlich in Uniform, die beiden EK an der Brust, Frontgeist im Blick, im Auftreten eher unmilitärisch, spontan, herzlich, bescheiden – ein gewinnender Typ. Gegen Ende der Versammlung stellt sich heraus, daß alle Presbyter „umgefallen" sind. Plötzlich wollen sie diesen und keinen anderen. Grollend setzt der Bauunternehmer als letzter seine Unterschrift auf die Liste.

Im April verläßt Reinhold die Front – „schweren Herzens, was mich betraf, nicht ohne Tränen": Auf Wiedersehen nach dem Sieg! Die Familie ist bereits in Auel, der Umzug vollzogen. Als er in Uniform erscheint, ergreift Dorothea, fünf Jahre, die Flucht und versteckt sich im Kohlenkeller.

Mit Schwung wird er tätig, ein großartiger Anfänger neuer Arbeiten, ein Morgenmensch. Der Morgen ist seine große Zeit, kein Dämmern, kein Zögern, kein Trödeln beim Frühstück. Nachdem er mit Gott gesprochen und die Losung der Herrnhuter Brüdergemeine gelesen hat, macht er den Arbeitsplan für den

Tag: morgens Schreibtisch, nachmittags Außendienst. Ein kurzer Tiefschlaf dazwischen. Nach dem Abendessen „fällt er ab“. Keine Nachtarbeit. Ausklingen lassen. Ab zehn lockt das Bett.

Das Tempo seines Tagesablaufs drängt die schmerzlichen Gefühle ins Abseits. In Arbeitspausen dringen sie auf ihn ein. Dann leidet er. Aber die Pausen sind kurz. Nachts schläft er, damit hat er keine Schwierigkeiten. Er kann „unaussprechlich traurig“ sein, aber nicht lange. „Denen, die Gott lieben, müssen alle Dinge zum Besten dienen.“ Das Kernstück seiner Arbeit ist die Predigt. Am Donnerstag beginnt er mit der Textauswahl, arbeitet am Urtext, dann mit Kompendien, orientiert sich über die historische und geographische Situation. Im „Heiligen Land“ kennt er sich besser aus als in der Rheinprovinz. Freitags schreibt er das Konzept – wörtlich. Die Länge ist festgelegt (über alles darf ein Pfarrer predigen, aber nicht über 20 Minuten). Das Geschriebene liest er der Mutter zur Kritik vor. Dann memoriert er, indem er murmelnd im Studierzimmer auf und ab geht.

Die Abende sind mit Bibelstunde, Frauenverein, Presbytersitzung, Kindergottesdienst-Vorbereitung ausgefüllt. Montags macht er frei wie die Friseure.

Er hat im ersten Jahr die ganze Gemeinde zu Fuß durchwandert, jeden der im Register aufgeführten Namen abgeklappert, sich vorgestellt und eingeführt als einen, der von jetzt an einen persönlichen Platz in diesem persönlichen Leben einnehmen will. Später legt er die Runden fest: Jede Woche einmal Krankenhaus und einmal ein fester Kreis von besonders Bedürftigen, Alten und Kranken. Wenn Zeit bleibt, Fortsetzung der allgemeinen Besuchstour. Im Lauf eines Jahres will er die ganze Gemeinde „durch“ haben. Neuzugänge schiebt er dazwischen, sobald sie im Register erscheinen.

Er gewöhnt seine Leute daran, ihm nicht nur geistliche, sondern auch leibliche Sorgen vorzutragen. Beim Zuhören sortiert er in solche, die in Geduld und Demut ertragen werden müssen und solche, die man „angehen“ kann. Bei den ersteren betet er um Gottes Hilfe beim Tragen des auferlegten Kreuzes, bei den zweiten macht er sich selbst an die Arbeit, spricht für, vermittelt, redet ins Gewissen, läßt Beziehungen arbeiten, übt gelegentlich auch Druck aus, sanft beginnend, notfalls „massiv", redet „Tacheles".

Was ihm wesentlich ist, vergißt er nie, kennt sich aus in der Topographie der ihm anvertrauten Seelen. Da gibt es keinen quer durch die Hierarchie, den er nicht irgendwo „packen" kann: alte Versprechen, gute Vorsätze, Dankesschuld, wunde Punkte: eine fromme Mutter, der er so was nicht antun kann, eine Frau, der er keinen Kummer machen möchte, Kinder, denen er ein Vorbild sein will, Freunde, die er nicht enttäuschen möchte, Mitbürger, an deren Achtung ihm gelegen ist.

Ich rede mit ihm (ihr), sagt der Pfarrer, wenn ihm Streitigkeiten, Beschwerden vorgetragen werden, hinterläßt Erleichterung, Hoffnung, erntet Dankbarkeit, die gelegentlich als Hebel zum Guten zu benutzen ist. Zu Fürsprachen, Vermittlungen, Bittgängen meldet er sich nie an. Heiter nach allen Seiten grüßend marschiert er in gesperrte Fabrikgelände, Chefetagen, mauerumhegte Villen, so sicher, daß sein Besuch Freude bereitet, daß den Besuchten nichts übrigbleibt, als Freude zu zeigen. Unbefugt fühlt er sich nirgends. Diese Gemeinde ist sein Reich, sein Weinberg. Ohne Präliminarien außer der bewährten „menschlichen Wärme" knöpft er sich seine Pappenheimer vor. Auch Institutionen geht er persönlich an, verschmäht den Instanzenweg, wartet nicht lange, dafür ist ihm seine Zeit zu schade. Papierkrieg ist ihm „in der Seele zuwider". Das Finanzielle besorgt der Kirchenrechner.

Gegen Verhältnisse zu kämpfen kommt ihm nicht in den Sinn. Sie gehören zu der ersten Sorte der Lasten, die in Geduld und Demut zu tragen sind.

Sein Ruf als Tröster, Ratgeber, Friedensstifter hat seine Amtszeit um Jahrzehnte überdauert. Heute noch weckt sein Name freundliche Gefühle. Er habe eine besondere Gabe gehabt, mit Menschen umzugehen, heißt es. Manchmal habe so ein harter Brocken selbst nicht gewußt, wie der Herr Pfarrer ihn weichgemacht hätte.

„Man muß auf die Leute zugehen“, sagt er. „Immer gleich in medias res. Den Rest besorgt der liebe Gott.“ (Ihn, ihn laß tun und walten, er ist ein treuer Fürst, und wird sich so verhalten, daß du dich wundern wirst . . .)

Es war die Zeit, als Proleten an die Kirchentür schrieben: GOTT IST TOT! GEBT UNS LIEBER BUTTERBROT! – und einmal ist einer namens Schmitz Gustav, ein Roter natürlich, ins Haus gekommen – wüst, dreist, angetrunken. Hat den Fuß in die Tür gestellt, als die Mutter sie ins Schloß drücken wollte („der Herr Pfarrer hat jetzt keine Zeit!“), hat im unteren Flur herumgeschrien, mit den Armen gefuchtelt, die bis zu den Ellenbogen in dreckige Binden gewickelt waren. Die Mutter wollte schon den Küster zur Hilfe rufen, der im Keller Wein aus dem St. Goarer Fäßchen in Flaschen abfüllte, da rief der Vater von oben herunter: „Laß ihn raufkommen!“

Das ist ihr gar nicht recht gewesen, sagt die Mutter. Solchen Typen war unser sanfter Vater nicht gewachsen. Aus lauter Sorge hat sie auf der Treppe gestanden und gehorcht, was sie sonst nie getan hat, weil es unter ihrer Würde ist.

Anfangs ganz zahm hat Schmitz Gustav sich über seine Entlassung aus der Farbenfabrik beschwert, angeblich wegen eines Ekzems, das er sich bei der giftigen Arbeit geholt hätte („wird schon andere Gründe gehabt haben“, sagt die Mutter).

„So machen sie es mit uns“, hat er gesagt (auf Auelsch-Platt natürlich, das kann sie nicht nachmachen, ist ihr auch zu ordinär), „erst machen sie uns kaputt, dann schmeißen sie uns auf die Straße wie einen . . . wie einen . . .“ Der Vergleich ist ihm nicht eingefallen, und der Vater hat die Pause benützt, um ihm gut zuzureden („viel zu freundlich, diese Leute sind andere Töne gewöhnt“).

Er werde sich erkundigen. Wenn das stimmt, was der Herr Schmitz sagt, dann wird er ein gutes Wort einlegen. Er könne jetzt nichts versprechen, aber der Chef sei eigentlich kein übler Mensch, wahrscheinlich wisse er gar nicht . . .

Plötzlich ist der Mann wieder laut geworden: kein übler Typ? Ein Blutsauger sei er, ein Halsabschneider. Das wüßten alle, bloß der Herr Pfarrer nicht. Schließlich sei er, Schmitz Gustav, nicht der einzige, der ausgequetscht und wie ein ... wie ein ... herausgeschmissen worden sei, das müßte mal an die große Kirchenglocke gehängt werden, da sollte der Pfarrer mal reinstechen. Immer weiter schimpfend ist Schmitz Gustav dem Vater auf den Leib gerückt mit seinem Schnapsatem und den entzündeten Armen, von denen der loddrige Verband sich löste („vielleicht wollte er mir nur sein Ekzem zeigen", wiegelt der Vater ab, wenn die Mutter von tätlichem Angriff spricht).

Der Pfarrer ist hinter den Tisch zurückgewichen, immerfort murmelnd: „Beruhigen Sie sich doch, lieber Herr Schmitz, beruhigen Sie sich doch!", der Mann hinterher, bis der Vater nicht mehr weiter konnte, weil der Schreibtisch im Weg war. Plötzlich hat Schmitz Gustav sich umgedreht. „Ach Sie ... Sie ...!" hat er gerufen und ist im Laufschritt aus dem Zimmer und die Treppe hinunter. Die Mutter konnte gerade noch ins Klo auf der halben Treppe zurückweichen, schon polterte er in seinem Suff die letzten Stufen hinunter und schlug lang hin, in den unteren Flur.

Beim Fallen muß er sich den Fußknöchel verletzt haben, denn als er auf und weiterrennen wollte, kam er nicht hoch und blieb stöhnend in einer unmöglichen Stellung hocken.

Die Mutter und das Mädchen haben ihn zur Couch im Eßzimmer geschleift und den riesig aufschwellenden Knöchel mit essigsaurer Tonerde behandelt. Auch das Ekzem haben sie ihm frisch verbunden, und die ganze Zeit hat der Vater daneben gestanden und gesagt: „Beruhigen Sie sich doch!", obwohl Schmitz Gustav ganz ruhig lag, mit geschlossenen Augen und leise knirschenden Zähnen. Irgendwann, nachdem sie ihn alleingelassen hatten („soll er seinen Rausch ausschlafen!" hat die Mutter gesagt, obwohl es ihr leid war um die neue Couchdecke), irgendwann muß er durch die Gartentür entwischt sein, ohne Dank oder Entschuldigung, und in der Kirche hat man ihn auch danach nicht gesehen, obwohl der Vater tatsächlich seine Wiedereinstellung durchgesetzt hat.

„So undankbar sind diese Leute. Gibt man ihnen den kleinen Finger, so wollen sie gleich die ganze Hand."

Danach hat die Mutter niemand von dieser Sorte mehr zu ihm gelassen, sondern sich gleich an der Tür die Adresse geben lassen: „Der Herr Pfarrer kommt in den nächsten Tagen vorbei."

„Das hat er auch getan", sagt sie, „immer unterwegs, unser Vater, immer auf dem Sprung, den Menschen zu helfen, sein Leben lang für andere gelaufen, und du, sein Schätzchen, hinterher, sobald du laufen konntest ..."

Das Kind ging rechts. In der Linken hält der Vater den Spazierstock, mit dem er es von Zeit zu Zeit hinterrücks antippt. Das Kind weist ihn mit gespielter Empörung zurecht. Er tut ahnungslos, Unschuldsblicke in die Runde: wer kann denn das gewesen sein?

An den Haustüren hört der Spaß auf. Schweigend dringen sie in die Flure, Treppen hinauf. Manchmal öffnen sich Türen, ehe sie geklingelt haben. Der Vater wird erwartet. Er ist ein pünktlicher Mensch. Man kann nicht grade die Uhr nach ihm stellen, aber im Stich läßt er keinen.

In Krankenzimmern, guten Stuben, Wohnküchen steht er nicht lang herum. Mit einem Blick entdeckt er den richtigen Platz, seinen Platz, läßt sich nieder, fühlt sich zu Haus, wirkt auch so. Keine Umstände! Er ist keiner, der Staub und Unordnung bemerkt. Was haben Sie für herrliche Blumen! Wer hat die schöne Decke gehäkelt? Ist das ein Foto des Sohnes? – Ein prächtiger Kerl. Sie dürfen stolz auf ihn sein. So macht er „seine Atmosphäre".

Das Kind wird in die Ecke verfrachtet, mit einem Glas Saft, einem Stück vom Sonntagskuchen. Man setzt ihm Katze oder Sofapuppe auf den Schoß. Es muß jetzt still sein, ihn anzureden hätte auch keinen Sinn. Er hat jetzt nur diesen Mann, diese Frau im Kopf, alles andere vergessen, sogar das eigene Kind. Beklommen sitzt es in seiner Ecke, schnüffelt Krankheits- und Küchengerüche, fest entschlossen, sich nicht zu ekeln. Jesus hat ander Leuts dreckige Füße gewaschen, und im Grab des Lazarus hat es bestimmt nicht nach Veilchen gerochen. Was ihr tut dem Geringsten unter meinen Brüdern, das habt ihr mir getan!

Anfangs hört es zu, dann gehen die Stimmen an seinem Ohr vorüber. Endlose Krankengeschichten, Klagen über Kinder, Verwandte, Hausbesitzer, Behörden, Arbeitgeber, Tränen. Der Vater nimmt den winzigen Lederkalender aus der Westentasche und macht sich Notizen. Er wird sich kümmern!

Seine Haltung drückt Zuhören, Aufnehmen aus. Bequem zurückgelehnt sitzt er, Beine übereinandergeschlagen, Hände ruhig auf Armlehne oder im Schoß, läßt kommen, hineinlaufen. Bei Hemmungen hilft er durch Zwischenfragen oder Bemerkungen, die durchblicken lassen, daß er sich grade mit diesem Problem besonders gut auskennt, es vielleicht schon am eigenen Leibe erfahren hat. Er knüpft aber keine Geschichten daran. Obwohl er den Eindruck erweckt, als hätte er massenhaft Zeit, bleibt er nie lang. Das Ende des Gesprächs ergibt sich von selbst. Er ordnet das Gehörte zu einem Gebet, indem er es zur gemeinsamen Sache macht. „Wir“, sagt er, „wir bitten Dich, erleichtere die Schmerzen. Lege uns nicht mehr auf, als wir tragen können. Laß uns nie vergessen, daß Du es gut mit uns meinst.“ Ehe er das Vaterunser beginnt, schaut er zu dem Kind hinüber. Es darf wieder in Erscheinung treten, mitbeten. Manchmal wollen die Leute einen Choral singen: So nimm denn meine Hände . . . Jesu geht voran auf der Lebensbahn . . . Dann schämt sich das Kind. Der Klang der Stimmen ohne Begleitung kommt ihm trostlos vor. Ob es beim nächsten Mal die Geige oder die Ziehharmonika mitbringen soll? fragt es den Vater. Er findet die Geige piepsig, die Harmonika nicht passend.

Wenn zum Abschied der Segen erbeten wird, gibt er ihn nicht mit erhobenen Händen wie in der Kirche, sagt auch nicht „euch“, „der Herr segne euch und behüte euch“, sondern „uns“. „Er erhebe sein Antlitz auf uns und schenke uns Frieden.“

Er mag die „kleinen Leute“, besonders wenn sie schlicht, offen, geduldig und treu sind. Die Aufsässigen, Dreisten, Unverschämten mag er weniger. Zwar startet er auch für sie Kleidersammlungen und die Aktion mit den Lebensmittelgutscheinen, macht Spenden locker, bemüht sich um Arbeitsstellen, erhebt Einspruch bei Entlassungen, aber näher seinem Herzen sind die Verschämten, deren Elend erst durch die Bezirksfrauen, die er zum Aufspüren heimlicher Nöte organisiert hat, zur Sprache gebracht werden muß. Wie die Kleinen bescheiden und dankbar, so sollen die Großen bescheiden, gütig und fürsorglich sein. Wenn sie ihren Reichtum heraushängen lassen, nennt er sie „Pinkel", „Graf Koks von der Gasfabrik", die Frauen „eingebildete Ziegen" und „aufgetakelte Wracks", die Kinder „verwöhnte Gören, denen mal richtig eins hinter die Ohren gehört". Er schimpft über Extrawünsche wie Einzelkelch beim Abendmahl: „Hygiene-Getue", über Haustaufe, Haustrauung, Haustrauerfeier mit Blumenarrangement und Kammermusik: „Kinkerlitzchen"! Überhaupt der Kulturanspruch! Mehr Musik in der Kirche! „Ich bin doch kein Konzertunternehmen!" „Mätzchen", „intellektuelles Geschwätz", „Kulturfimmel!" „Höhere Ansprüche? Da pfeif' ich doch drauf. Meinen, wenn sie was spenden, müßte der Pfarrer nach ihrer Pfeife tanzen. Da haben sie sich aber geschnitten. Gott läßt sich nicht imponieren, ich mir auch nicht!" Am gesellschaftlichen Leben der Kleinstadt nimmt er nicht teil. Prominenteneinladungen folgt er nur, wenn eine Mission zu erfüllen ist: Rat und Trost spenden, Spenden lockermachen, Fürsprache leisten, Beschwerden vorbringen.

Auf der Fahrt zu „Grafens" im Maybach mit Chauffeur witzelt er bei zurückgeschobener Glasscheibe über das feine Getue bei den gräflichen Mahlzeiten: „Hoffentlich hast du was zu essen zu Hause, damit wir nicht hungrig ins Bett müssen!" sagt er zu seiner Frau, die jetzt schon in Ängsten schwebt: Als Besucher müsse man sich dem „Stil des Hauses" anpassen.

Er findet das nicht. Mit Bismarck teilt er die Überzeugung: Wo ich sitze ist oben!

Beim feierlich-stummen Diner bringt er es fertig, dem Diener, der mit weißen Handschuhen serviert, ein Lächeln zu entlocken: Was denn das schon wieder sei (Artischocken)? Ob man das essen könne? Wenn ja, mit welcher der vier Gabeln, von denen nach seiner Meinung mindestens drei überflüssig sind. Dem entsetzten Blick der Mutter begegnet er mit sonnigem Lächeln: „Meinst du nicht auch, Mutter?" – „Du bringst den

Mann in Verlegenheit", flüstert sie in dem dunklen Gang zwischen Speisesaal und „Hall", wo der Kaffee serviert wird.

Das Kind kann sich nicht verkneifen zu fragen, warum es sich nicht so benehmen darf wie der Vater. Dann kommt, wie es vorher gewußt hat: „Quod licet Jovi, non licet bovi!", wobei das Kind der bovi und er der jovi ist.

Wenn es tun und sagen würde, was der Vater tut und sagt, würde es sich danebenbenehmen, er jedoch „steht über den Dingen", oder „setzt sich über sie hinweg".

Die mäßig modernen Gemälde, zu deren Besichtigung man durch die Räume wandert – die Mutter qualvoll schweigend, weil ihr dazu nichts einfällt –, findet er „gesucht". Er macht sich nicht viel aus Kunst. Wenn er Bilder mag, dann sind es solche, wo man sich was bei vorstellen kann: Ludwig Richter, Spitzweg, Moritz von Schwind, ein Mann namens Rudolf Schäfer, der Bibeln illustriert, und „Das Kreuz im Gebirge" von Caspar David Friedrich.

Aber am allerliebsten mag er jetzt eine gute Zigarre.

Seine Mission nimmt er in Angriff, wenn der „rechte Augenblick" gekommen ist. Beim Wandelgang durch den englischen Park nimmt er die gnädige Frau am Schlafitt, entführt sie auf Seitenwegen nach Happy Home oder Mon Repos, wo Sessel zum Ausruhen und Aussichtgenießen bereitstehen. Wenn sie zurückkommen, tief im Gespräch, das sie beim Näherkommen abbrechen, haben die Wangen der gnädigen Frau sich rosig verfärbt. Wer ihn nicht kennt, könnte meinen, er hätte ihre Hand gehalten. Mutter und Kind wissen es besser. Er hat ihr eine gute Tat ermöglicht, das belebt Herzschlag und Kreislauf. Nun nimmt er den Arm seiner Frau, das Kind bei der Hand. Mit ihm kehrt das Leben in die verödete Gruppe zurück.

Wenn er auf seinen Gemeindegängen ein Geschäft betritt, gelingt es selten, vor der Theke zu bleiben. Durch Signale herbeigerufen, erscheint der Inhaber oder die Inhaberin und nötigt Vater und Kind ins Hinterzimmer, das normale Kunden nie zu sehen bekommen. Ein Tee wird herbeigezaubert, ein Gläschen Wermut: „Bitte nur halb, am Tage vertrage ich nichts!"

Mit gedämpfter Stimme beklagt sich der Inhaber über die Angestellten. Wenn er kurz hinaus muß, schlüpfen die Angestellten hinein und beklagen sich über den Inhaber. Der Pfarrer verspricht, ein Wort einzulegen. Jedesmal gibt es Schwierigkeiten beim Bezahlen der Ware, die ihm „nach hinten“ gebracht wird. Eine Spende für die Armenkasse läuft unerwähnt mit.

Er kauft nur wenige, immer die gleichen Dinge: Wybert-Tabletten für den strapazierten Hals, Borwasser für die überanstrengten Augen, eine bestimmte Sorte winziger Rasier-Pflästerchen, Kölnischwasser, beim Bäcker frische Hörnchen, für das Kind Russisch Brot, Schokoladenplätzchen, Cremehütchen, beim alten Peters Scheren zum Schneiden von Schnurrbart und Fingernägeln. Davon hat er längst die Schublade voll, aber er kauft immer neue, um dem alten Peters eine Freude zu machen.

Die Besuche bei diesem Kranken, der seit sechzehn Jahren gelähmt im Rollstuhl sitzt, sind ihm selbst, dem Gesunden, „Trost und Stärkung“ – nur zu sehen, wie der sich freuen kann, sobald die Stimme des Pfarrers ertönt. Das weiße, haarlose Petersgesicht verzieht sich zu einem Lachen, „als ginge die Sonne auf“. Er hat schon seit Stunden gewartet, obwohl der Pfarrer immer um die gleiche Zeit den Messer- & Scherenladen betritt und mit Winken zu der bedienenden Gattin hin nach hinten durchgeht.

Vorsichtig nimmt erst der Vater, dann das Kind die Hand auf der buntbezogenen Decke – nach hinten gebogene fleischlose Finger, deren Haut sich zart anfaßt, wie das Häutchen im Inneren des Eies. Ob er etwas Schlaf gefunden habe in der Nacht, fragt der Pfarrer. Ob die Schmerzen erträglich waren. Er findet, Herr Peters hat heute etwas Farbe.

Das Hinterzimmer ist klein, quadratisch, hoch, immer dämmrig. Die Sonne sieht Herr Peters nie. Nur durch die offene Tür zum Laden kommt etwas Tageslicht. In Regalen bis zur Decke hinauf sind graue Kartons gestapelt.

Nachdem Herr Peters mit seiner hohen Kinderstimme die Nöte der vergangenen Woche geklagt hat, zwischendurch lautlos zu weinen anfängt (das Kind sieht gespannt zu, wie seine Augen sich füllen und an den Winkeln überlaufen, langsame Tropfen die Nase entlang, zwischen Schläfe und Wange hinunter), nachdem sie zusammen gebetet haben, nachdem Herr Peters dem Pfarrer zum hundertsten Mal das Versprechen abgenommen hat, er werde ihn beerdigen, ganz egal, wo er sich dann aufhielte – nachdem das alles vorüber ist, kommt die Frage: „Brauchen Sie nichts?“ Der Pfarrer tut, als ob er nachdächte, dann kommt die Erleuchtung: Eine Schneiderschere für seine Frau, die alte schneidet nicht mehr (als ob er je eine Ahnung vom Zustand ihrer Scheren und Messer gehabt hätte!).

Für ein paar glückliche Minuten ist Herrn Peters Leiden behoben. Sein Gesicht zuckt unter dem Andrang von Aktivität, die nirgends als dort in Bewegung umgesetzt werden kann. Bei dem Versuch, laut zu rufen: komm, Mutter! gerät seine Stimme ins Fisteln.

„Ich hab's nicht eilig!“ sagt der Pfarrer, aber die Frau kommt sofort, auch wenn Kunden im Laden sind.

„Dritte Reihe von oben, der siebte Karton von links“, sagt Herr Peters. Die Frau setzt die Leiter an, klettert mühselig hinauf, verzählt sich in ihrem fuseligen alten Kopf, ergreift das sechste oder das achte, er merkt es sofort, weist sie quengelnd zurecht, läßt den Blick nicht von ihr, bis sie endlich den richtigen Karton herauszieht und damit hinuntersteigt, ihn auf seiner Bettdecke niederstellt, den Deckel lüftet.

Tatsächlich, da liegt die von ihm gewählte Schneiderschere, echt Solingen, das beste, was zur Zeit auf dem Markt ist, „mit einem schönen Gruß an die Frau Gemahlin!“

Der Pfarrer bricht in Staunen aus. Er findet es ganz unfaßlich, ans Wunderbare grenzend, wie Herr Peters unter seinen unzähligen gleichförmigen Kartons Bescheid weiß, besser als der Pfarrer in seiner eigenen Rocktasche. Was täte Ihre Frau ohne Sie? Was würde aus dem Geschäft? Der beste Angestellte könnte Herrn Peters' Unfehlbarkeit nicht ersetzen.

Herr Peters lächelt, todmüde jetzt, erlaubt sich aber nicht, die Augen zu schließen. Der Kampf ums Bezahlen steht noch bevor. Die Frau wäre nicht abgeneigt, aber er paßt auf wie ein Luchs.

„Halt!“ zischt er, wenn der Pfarrer versucht, das Geld unauffällig in ihre Schürzentasche zu stecken. „Untersteh dich und nimm Geld von unserem Herrn Pfarrer!“

Draußen im Laden nimmt sie es manchmal doch. Dankeschön kann sie nicht riskieren, er hört alles.

„Nächsten Donnerstag um halb vier!“ ruft der Pfarrer ins Hinterzimmer zurück.

Zu Hause nimmt die Mutter die Schere mit verstohlenem Seufzen in Empfang und verstaut sie in der Schachtel für Geschenke, die unten im Wäscheschrank auf das nächste Weihnachtsfest wartet.

Am Sonntag geht die Familie geschlossen zur Kirche. Lang schlafen, zu Hause bleiben kommt nicht in Frage. Schon die Andeutung von Lustlosigkeit löst den gefürchteten „traurigen Blick“ der Mutter aus. Gäste, die nicht mithalten, werden als taktlos empfunden. Wenn an der Ecke Tierbungert der Klang „unserer Glocken“ entgegenhallt, fühlen sie sich vom Wohlgefallen des Vaters im Himmel erhoben und getragen, eine Art Rausch aus Glockendröhnen, Familiengleichschritt und den respektvollen Grüßen der Gemeindeglieder am Kirchtor: Pfarrers kommen!

Ich und mein Haus wollen dem Herrn dienen! sagt der Schritt des Vaters auf dem Pflaster.

Wenn sie durch den Kies des Vorgartens stampfen, trennt er sich von der Familie und geht rascher voraus. Die Kinder folgen und warten im kellrigen Schatten neben der Seitentreppe zur Sakristei. Die Mutter darf hineingehen, manchmal auch das Kind.

Er ist bereits im Talar, das Beffchen fehlt noch. Die Mutter bindet es ihm und versteckt die gestärkten Bänder unter dem Umlegekragen. Reden darf man jetzt nicht mehr mit ihm. Seine Gedanken sind „ganz woanders“, der Talar entrückt seine Gestalt, noch ehe er die Altarstufen bestiegen hat.

Er legt sich die schwarzen Bücher zurecht, gibt dem Küster die Liednummern und den Zettel für den Organisten.

Der Abschied ist feierlich, ein Kuß auf die Stirn: „Gott behüte dich!“

Wenn Orgelspiel das Geläut ablöst, betritt die jetzt vaterlose Familie die Kirche durch den Haupteingang. Grüße nur andeutend (auch ihre Gedanken haben jetzt „ganz woanders" zu sein), geht sie im Gänsemarsch, Mutter voraus, den rechten Seitengang entlang und schiebt sich in eine der vorderen (aber nicht in die erste) Reihen. Die Kinder verweilen stehend, mit gesenkten Köpfen, bis die Mutter sich niederläßt. Dann setzen sie sich auch. Sie schlagen das erste Lied im Gesangbuch auf. Einen Schlag früher als die übrige Gemeinde legen sie los. Nur Herbert macht den Mund nicht auf. Er behauptet, keine Stimme zu haben.

„Du willst nur nicht!" sagt die Mutter.

„Warum hast du nicht gesungen?" habe ich Herbert vor kurzem gefragt. „Ich kann nicht", sagt er. „Es kommt einfach nichts."

Das nehme ich ihm nicht ab. Ich bin überzeugt, daß in Herbert eine Singstimme steckt. Manchmal, wenn er getrunken hat, meine ich, sie in seiner Kehle summen zu hören. Ich nehme die Gitarre und locke sie mit Akkorden. Aber es kommt tatsächlich nichts. Als hätte Herbert einen Knebel im Hals.

Irgendwann, bilde ich mir ein, an einem schönen Tag, wenn der Druck innen zu groß ist, wird der Knebel herausfliegen wie der Korken aus der Sektflasche. Dann wird man meinen Bruder Herbert singen hören . . .

9

„Waren sie glücklich verheiratet?“ fragen meine Töchter.

„Ich glaube schon“, sage ich.

„Das mußt du doch wissen!“

„So haben wir nie gefragt“, sage ich. Das verstehen sie nicht. Wenn bei uns über Ehen gesprochen wurde, dann hieß es: sie leben, arbeiten, passen gut zusammen; einer trägt des andern Last; sie gehen gemeinsam durch dick und dünn, Freud und Leid, gute und schwere Zeiten. Von „glücklich“ war nicht die Rede, nicht in diesem Zusammenhang. Der Vater, wurde gesagt, sei eine „glückliche Natur“, die Mutter „nähme alles zu schwer“. „Etwas Dunkles“ sei um sie gewesen, erinnern sich die Geschwister, vielleicht wegen der schweren Kindheit, oder weil sie den Tod der Ältesten nicht verwinden konnte. Daß Gott ihr das antat!

Hanneli starb als sie sechzehn war. Kurz darauf kam ich auf die Welt.

„Du solltest ein Trost sein“, sagt Gerhard und läßt vorwurfsvoll offen, ob ich's gewesen bin.

Sie tauften mich Auguste nach der letzten Kaiserin und Ruth nach der Moabitin, die ein Trost Naemis war: „Wo du hingehst, da will ich auch hingehn. Wo du bleibst, da bleibe ich auch. Dein Land ist mein Land, und wo du stirbst, da will ich auch begraben sein.“

„Ein neues Kind, eine neue Hoffnung! Wir dürfen uns wieder freuen“, hat der Vater in der Taufrede gesagt. Hat die Mutter sich auch gefreut? Hat sie jemals gelacht, richtig frei heraus, mit offenem Mund und glucksendem Hals? Wir erinnern uns nicht.

Am Abend beugt sie sich über das Gitterbett, in dem das Kind tief unten liegt wie Moses im Nilschilf. Flüsternd spricht sie von der Verstorbenen, die jetzt ein Engel ist, Flügelschlag in der Dunkelheit, Lichtschein, der beim Hinschauen vergeht.

Wie liebreizend sie war, sagt sie, wie weich ihr Haar, wie lauter ihr Sinn, wie klar ihr Verstand. Unfaßlich, daß sie nicht mehr bei uns ist!

An das Nachtgebet schließt sie die Bitte, Gott möge ein Wiedersehen im Himmel bescheren. „Wären wir doch schon da!" sagt das Kind. „Warum bittest du IHN nicht, daß ER uns bald zu sich holt?"

Sie wendet sich ab.

Wenn der Vater kommt, stellt das Kind die gleiche Frage noch einmal: „Warum bittest du ihn nicht?"

„Unsinn", sagt er. „Ist es nicht schön auf Gottes Welt? Leben wir nicht gern?"

Sie gingen gut zusammen, obwohl sie eine ganz verschiedene Art zu gehen hatten – sie mit ihrem schnellen straffen Schritt, der aus steilem Rücken heftig nach vorn griff, er eher lässig, scheinbar gemächlich. Daß er schnell war, merkte man nur, wenn man versuchte, Schritt zu halten. Ausdauernd waren sie beide, nur daß sie am Ende von Ferienwanderungen erschöpfter war als er.

Nach seinem Tode wurde das schnelle Gehen für sie zu einer Art Zwang. Sie rannte ihren Kindern voraus, als könnte sie gar nicht schnell genug bei ihm im Himmelreich ankommen.

Sie sind aber auch langsam gegangen, sogar Arm in Arm, aber nur in den Ferien oder an Sommerabenden, auf ihrem Gang durch den Garten. Dann bewegte sie sich sanfter, wirkte auch kleiner, rundlicher wegen der Neigung des Rückens zu ihm hin. Es sah tatsächlich so aus, als führe er sie, obwohl doch der Garten „ihr Reich" war. Sie wandelten dahin wie Leute aus den Wahlverwandtschaften oder Stifters Rosenhaus, bückten sich nach den Blumen, die den Aschenweg entlang gepflanzt waren: Akelei, Pfingstrosen, Tränendes Herz, Kornblumen (die Lieblingsblume der Königin Luise), Rosen, später im Jahr Goldlack und Astern. Nie hätte sie es fertiggebracht, ihre Zeit so lässig zu verbringen, wenn es nicht ihm zuliebe gewesen wäre.

Beide sind sie musikalisch, in Gesang ausgebildet, er Bariton, sie Alt. Um ihn begleiten zu können, hat sie Klavier spielen gelernt. Auch die Kinder sind musikalisch, sogar Herbert, dem man es eigentlich nicht zugetraut hat. Aus Wut, weil er keine Musikstunden bekommt wie die Geschwister, hat er sich ohne Anleitung den „Fröhlichen Landmann", „An Elise" und den Walzer von Brahms beigebracht. „Ganz nett, aber zuviel Pedal", sagt die Mutter.

Manchmal abends gibt es Hausmusik. Der Vikar kratzt auf der Geige. Mit gottergebener Miene hält der Vater es aus: „Der arme Kerl, gibt sich Mühe. Leider völlig unmusikalisch."

Wenn der Vikar ausgekratzt hat, kann man endlich mit dem Singen anfangen, bis dahin ist es für den Vater „eine ziemliche Tortur". Um die am Klavier begleitende Mutter gedrängt singt die Familie Schubert, Schumann, Loewe, Brahms, von Beethoven nur das eine: „Kennst du das Land . . .", in dem der Vater eine gewaltige Steigerung bis: „Es stürzt der Fels und über ihn die Flut . . ." aufbaut, die Mutter ihre heimlichen Sehnsüchte im „Dahin, dahin . . ." verströmt, um sie im letzten „Dahin" leise klagend wieder in sich hineinzunehmen.

In der Advents- und Weihnachtszeit sind die Weihnachtslieder von Peter Cornelius an der Reihe.

Immer zu schnell beginnt der Vater das Simeonslied: „Das Knäblein nach acht Tagen ward gen Jerusalem . . .", fängt sich bei den Worten: „Da kommt ein Greis geschritten . . .", retardiert gewaltig in: „Weissagungsvoll er spricht . . .", um nach einer bedeutungsvollen Pause sein ganzes Herz in die Worte des Simeon zu legen: „Nun lässest du in Frieden, Herr, deinen Diener gehn . . .", und so fort bis zu der Klippe: „Des Lichtes Fackel sende . . .", wo wegen harmonischer Komplikationen seine Hingabe in Ärger über falsche Töne umschlägt. Erst in der letzten Zeile erholt er sich und kehrt zum munteren Anfangstempo zurück: „Dann tragen sie von hinnen das Knäblein wunderbar."

Bei dem Dreikönigslied versucht er die unterlegte Choralmelodie von „Wie schön leuchtet der Morgenstern" durchzuhalten, das geht meistens schief. Die Mutter seufzt. Er versucht es wieder und wieder, wirft triumphierende Blicke, wenn es gelingt, bis „O Menschenkind" zusammenzubleiben. Danach gibt es keine Probleme mehr. Die Stimmen dürfen sich vereinigen. „Nicht so laut, Vater!" mahnt die Mutter, „nicht so schnell!" Aber er ist nicht mehr zu halten, treibt crescendo, accelerando, weil es jetzt, dem Text nach, vorangehen muß: „Halte treulich Schritt, die Könige wandern, o wandre mit!" Mühsam folgt die Begleitung, und wenn sie endlich in Schwung gekommen ist, macht er bereits wieder ritardando mit einem zärtlich ausgesungenen Schnörkel bei: „Schenke dein Herz dem Knäblein hold!" Und noch einmal ritardando, diminiendo, smorzando bis zum allerletzten, aus fernsten Lungenspitzen emporgepumpten Atemhauch: „Schenk ihm dein Herz . . ."

Unter den Volksliedern bevorzugt sie die schlichten, er die tragischen wie: „Morgenrot", „Schwesterlein", „Es ritt ein Herr und auch sein Knecht . . ."

Zum Schluß, ehe die Kinder ins Bett müssen, die Erwachsenen sich zu einem Schluck Wein zusammensetzen, gibt es noch etwas Markiges: „Es braust ein Ruf wie Donnerhall . . .", „Der Gott der Eisen wachsen ließ . . .", „Wohlauf Kameraden aufs Pferd aufs Pferd, in das Feld, in die Freiheit gezogen . . ."

Im Bett singen die Mädchen weiter, Dorothea und Ruth: „Siegreich wolln wir, dürfen wir ja nich sagen, sterben als ein tapfrer He-e-e-eld . . ."

Am Tag sieht man die Eltern selten zusammen. Das Zentrum der Mutter ist das Kinderzimmer, Korbsessel auf einem Podest am Fenster, Nähtisch, Nähmaschine. Dort laufen die Fäden der häuslichen Ordnung zusammen. War sie gern Hausfrau? Später, in der Dreizimmerwohnung, in der sie nach seinem Tod allein war, ließ sie an schönen Tagen das Geschirr ungespült, setzte sich auf den Balkon, las, sah den Tomaten beim Reifen zu. „Meine Tomaten", sagte sie, „meine Nachmittage auf meinem Balkon." Im Pfarrhaus von Auel hat sie nichts „mein" genannt. Das Zimmer, das eigentlich ihr Zimmer sein sollte, mit dem Schreibtisch und den Büchern, die sie mit in die Ehe gebracht hatte (Storm, Raabe, Gottfried Keller, Fritz Reuter, Conrad Ferdinand Meyer), wurde im Lauf der Jahre zum „Empfangszimmer“ umfunktioniert.

Sie legt keinen Wert auf ein eigenes Zimmer, hieß es in der Familie.

Sein Zentrum ist das Studierzimmer. Es ist auch der einzige Raum, in dem er sich wirklich auskennt. So genau er die Topographie der ihm anvertrauten Seelen im Kopf hat, so nebelhaft ist seine Vorstellung von dem Haus, das er bewohnt.

Wenn die Kinder sich einen Spaß machen wollen, stellen sie ihm Fangfragen: Wie viele Räume enthält das Dachgeschoß? Nach welcher Seite gehen die Fenster heraus? Sie lassen ihn raten, wo im Keller sich das Kabäuschen zur Aufbewahrung der Gartengeräte befindet, links, rechts oder gradeaus?

„Laßt ihn doch“, sagt die Mutter, „warum soll er das wissen?“ Er tut ganz sicher: Natürlich weiß er das, schließlich wohnt er hier. Aber eine genaue Antwort bekommen sie nie. Wie sie schon vorher gewußt haben: Er hat keinen blassen Dunst.

Tatsächlich benutzt er alles, was nicht Studierzimmer ist, nur flüchtig. Nie spielt er den Hausherrn. Die Ordnung, die zuallererst seiner Arbeit, seiner Ruhe, seinem Wohlsein dient, nimmt er nicht wahr. Er nörgelt nie, lobt, wenn Lob erwartet wird, aber ohne Verstand. Die Anordnung seiner Dinge in den Schränken und Schubladen bleibt ihm über Jahrzehnte verborgen. Müßig, ihn Schlips oder Unterhose suchen zu lassen. Er hat das System nie begriffen.

Den Speicher betritt er nie. Unter den Kellern kennt er nur den mit den Weinregalen. Sooft er auch hinuntergeht, nie bemerkt er, daß die erste Tür rechts in den Hühnerstall führt und die zweite in den Heizungskeller. Er weiß nicht, wie die Heizung funktioniert. Müßte er sie bedienen, so würde die Familie dauernd im Kalten sitzen. Beim besten Willen könnte er der Mutter keine Arbeit abnehmen, obwohl er seine Hilfe freigebig anbietet. Lieb gemeint, aber laß nur, sagt sie.

Die Kinder sehen ihm zu vom Fenster des Wintergartens aus, wenn er, von großen Entschlüssen angespornt, das Kartoffelfeld umgräbt. Wie ein Berserker geht er ans Werk, stampft die Schaufel tief ins Erdreich, schleudert die Brocken hinter sich. Aber bald verzögern sich seine Bewegungen, der Spaten sticht flacher. In immer kürzeren Abständen hält er inne, wischt sich den Schweiß, schaut auf das Geschaffte und vergleicht es mit dem, was noch zu tun ist, während in seinem Kopf das Pensum sich unmerklich reduziert.

Morgen ist auch noch ein Tag!

Er weiß nicht, was die Kinder wissen: Daß er morgen keine Zeit haben wird. Auch übermorgen wird etwas Dringendes dazwischenkommen. Bis es ihm wieder einfällt, wird die Mutter es getan haben.

Wenn dann die Kartoffeln stehen, wird er sagen: „Schau mal, wie gut sie geraten! Da habe ich umgegraben!"

Von Zeit zu Zeit hat die Mutter einen Zusammenbruch. Flach, kaum daß die Decke sich über ihr wölbt, liegt sie im rechten der Ehebetten und will nur Ruhe, nichts als Ruhe. Mit geschlossenen Augen treibt sie den Schlaffluß hinab, tagelang, während der Haushalt ohne sie läuft; aber die Ordnung hinter den Dingen, das Muster des Zusammenlebens, zerfällt.

Obwohl niemand stört, kann der Vater nicht arbeiten. Rauchblasend rennt er die Länge des Studierzimmers auf und ab, klopft schließlich die Pfeife aus und schaut, mit schlechtem Gewissen, zu ihr hinein. „Schläfst du?"

Wenn sie mühsam die Augen aufschlägt, hat er eine Menge guter Ratschläge bereit, die ihm auf den Wegen durch die Gemeinde zugeflogen sind: Medikamente, Ärzte, Heilpraktiker, Diäten ...

Ein Hauch Ungeduld ist in seiner Stimme, ein verstohlenes Bohren: Nun tu was dagegen! Nun werd mal wieder!

Er ist nie krank, höchstens die Zähne, die Stimmbänder, Durchfall bei Aufregung. Bei Zahnschmerzen darf die ganze Familie teilnehmen. Sein Husten ist eine Orgie von Ächzen und Stöhnen. Es ängstigt ihn, daß sie so still ist. Es stört sie, daß er sich ängstigt.

Viel zu früh steigt sie wieder ins Geschirr. Während die Familie aufatmet, entfernt sich das bange Intermezzo ihrer Abwesenheit. Die Mutter ist wieder da. Man kann sie vergessen.

In der Gemeinde heißt es, daß sie die Strenge, Verbietende sei, er dagegen der gütig Gewährende. Die Kinder wissen es besser. Problematische Bitten machen ihn ungeduldig. Ein kräftiges Nein, meint er, kann auf keinen Fall verkehrt sein. Dann gehen sie zur Mutter. Sie ist es, die sich mit Für und Wider herumquält. Während sie mit sich ringt, schleichen die Kinder um sie herum und versuchen, an ihrer Miene abzulesen, auf welche Seite das Blatt sich wendet, aber sie erlaubt sich nicht das geringste Zeichen, ehe sie nicht mit dem Vater gesprochen hat. Er hat in dieser Familie das letzte Wort, sie jedoch die allerletzte Verantwortung. Das Unangenehme ist jedenfalls ihr Ressort.

Schwierigkeiten gibt es, wenn er „anders" ist, etwa montags, pastorensonntags, wenn er mit einem winzigen Schwips von zwei Schoppen Rheinwein nach Hause kommt, fröhlich, redselig, voll guter Laune und Zärtlichkeit. Das sieht sie gar nicht, sieht nur den Glanz in seinen Augen, hört nur den winzigen Zungenschlag, erstarrt unter dem Ansturm böser Kindheitserinnerungen.

Die kleinen, sorgfältig ausgesuchten Geschenke läßt sie unbeachtet auf der Tischecke liegen, blickt stur an ihm vorbei, wenn er, um ein Lächeln werbend, das sie um keinen Preis gewähren wird, von seinem Ausflug berichtet.

Nach und nach wird seine Heiterkeit flackrig und erlischt. An solchen Abenden zieht er sich früh zurück, während sie noch lange im Haus herumräumt, seufzend, daß er's bis ins Bett hinein hören könnte, wenn er nicht längst eingeschlafen wäre.

Mit der Sündenvergebung hat sie es schwerer als er. Ihr Gewissen ist nachtragend wie ihr Gedächtnis. Wenn sie auch glauben will, daß Gott vergeben hat, so spürt sie es doch nicht. Die Leichtigkeit der Erlösten will sich nicht einstellen. Da bleibt immer ein

Rest, für den man nichts tun kann, nicht wollen, nicht schaffen, nicht hinter sich bringen. Bei biblischen Gesprächen verteidigt sie die undankbare Rolle der schaffenden Martha gegen die der lauschend zu Füßen sitzenden Maria. In den „wesentlichen Dingen", meint sie, sei der Vater ihr immer vorausgewesen. Im praktischen Leben hält sie ihn für gefährdet und ist ständig bemüht, vor Gefahren zu warnen, Steine aus dem Weg zu räumen, obwohl ihm nie etwas Schlimmes passiert. Das sagt er auch: „Mir passiert nichts!" oder „Lieber Vertrauen schenken und hereinfallen als mißtrauen und recht behalten."

Sie findet seine Lebensweise ungesund. Er ißt „nicht richtig", nimmt keine Vitamine zu sich, keinen Salat, kein rohes Obst, kaum Gemüse, von allem zuwenig – Vogelportionen. „Ohne Vitamine kann der Mensch nicht leben", sagt sie. Er legt Gabel und Messer hin, hebt die Schultern, breitet die Hände zur Nebbich-Geste: „Lebe ich nun oder lebe ich nicht?"

„Ach Vater!" seufzt sie.

An heißen Tagen sitzt er stundenlang auf dem Südbalkon, arbeitet, schmort. „Das ist doch nicht normal", sagt sie, „schau doch mal in den Spiegel, dir platzt noch der Kopf."

Er kriegt nur Durst dabei, trinkt literweise ein Gebräu aus Tee und Obstsaft, das durch einen schleimigen Pilz in Gärung versetzt wird.

„Soviel Flüssigkeit, das kann doch nicht gesund sein", sagt sie. Die „ewige Trinkerei" in dieser Familie ist ihr unheimlich. Sie hat nie Durst. Als sie klein war, hat sie sich zu Tode geängstigt, wenn ihre Brüder sich im Rausch verprügelten. Seitdem hat Durst für sie etwas Unanständiges. Wer trinkt, wenn er durstig ist, „gibt Gelüsten nach, läßt sich gehen".

Als letzte betritt sie den Balkon, auf dem sich die Familie an Sommerabenden versammelt. Todmüde vom Hetzen durch den Tag lehnt sie sich mit beiden Armen auf die Brüstung und schaut den Schwalben nach, wie leicht sie ihre Bogen fliegen, wie elegant. Wenn sie noch einmal auf die Welt kommt, dann möchte sie eine Schwalbe sein.

„Gefällt es dir nicht bei uns?“ sagt der Vater.

Sie geht nicht gern auf Einladungen und bekommt nicht gern Besuch. Die unbeliebtesten Gäste sind die, die ohne Aufforderung Zimmer betreten, Stühle besetzen, sich aufdrängen, einnisten, breitmachen, einem auf die Pelle rücken, vertraulich, dreist, andusig, lästig werden.

Die Erlaubnis, Feste zu besuchen, gibt sie den Kindern nur unter Vorbehalt. Sie sollen sich als erste verabschieden, spätestens, „wenn es am schönsten ist“, keinesfalls unter den letzten sein, wenn Feste „ausarten“, „Barrieren fallen“, überhaupt sollen sie „Abstand wahren“, „Zurückhaltung üben“, „sich nicht gemein machen“.

In den Wechseljahren bekommt sie Anfälle von Menschenscheu. Sie verkriecht sich im Haus, will niemanden sehen.

In der Stille des verdunkelten Schlafzimmers wuchern schwarze Gedanken, die sie nicht aussprechen kann: daß sie ihm zu schwer werden könnte, daß er sich leichteren, fröhlicheren Beziehungen zuwenden könnte, beliebt wie er ist, überall willkommen, mit Sympathie verwöhnt. Es gelingt ihm nicht, sie zu beruhigen. Um ihrer Ängste willen verzichtet er auf privaten Verkehr, obwohl er es anders gewöhnt ist. Das Pfarrhaus in St. Goar war ein offenes Haus. In Simmern gab es Freunde und Helfer. In Auel nur Gemeindeglieder, Nächste, Verehrer, Bewunderer, Geliebte in Christo. Keine Freunde!

Nur einmal, am Strand von Juist, ist er einem begegnet, der fast ein Freund geworden wäre, wenn die böse Politik ihn nicht vertrieben hätte. Und daß er „ohne ein Wort“ fortging, zeigte, daß es eben doch keine richtige Freundschaft gewesen war.

Allein, in Leinenjacke, heller Hose, Tennisschuhen geht der Vater von der Strandburg fort und kommt nach Stunden zu zweit wieder. Die Mutter, die auf der Höhe der Strandburg im Liegestuhl liegt und „Am grauen Strand am grauen Meer“ liest, spürt eine leichte Irritation und blickt auf. Der Vater winkt herüber, der rundliche Herr neben ihm zieht den Strohhut: Herr Jacobi, Rechtsanwalt aus Essen, Weltkriegsteilnehmer, national eingestellt, skeptisch gegen die Republik.

Abends auf der Promenade macht man sich mit der Familie bekannt: Frau, halbwüchsiger Sohn, fast erwachsene Tochter, die die schwarzen Haare über die Ohren zu Schnecken aufgesteckt trägt.

Von nun an gibt es gemeinsame Unternehmungen, Promenadenbummel, Abendschoppen, von der Mutter schweigend mißbilligt: „Wenn die Jacobis nichts vorhaben, sind sie nicht glücklich!“

An einem schwülen windlosen Tag unternehmen die beiden Herren eine Wanderung rund um die Insel. Obwohl kein Wölkchen am Himmel ist, sagt die Mutter beim Aufbruch: „Das geht nicht gut!“ Tatsächlich zieht am Nachmittag ein Gewitter auf. Während ein Wolkenbruch niedergeht, warten Mutter und Tochter am Fenster des Ferienquartiers, seufzend bei dem Gedanken, was dem Vater zustoßen könnte: Erkältung, Rheuma, Lungenentzündung . . . Endlich kommen sie die Straße herauf, barfuß, die Hosen bis zum Knie hochgekrempelt, die Tennisschuhe an den Schnürsenkeln aneinandergeknüpft, über die Schulter geworfen, der Vater mit seinem an vier Ecken geknoteten Taschentuch auf dem Kopf, Augen blitzend im kupferroten Gesicht, Herr Jacobi mit deformiertem triefendem Strohhut, den er mit ausladender Gebärde vom Kopf reißt und bis zum Boden hinunterschwingt, wenn einer der unter Vordächern unterstehenden Badegäste sich durch Gruß oder Gelächter bemerkbar macht. In übermütigster Laune kapriolen sie über Pfützen und Gossenströme. Der Vater wringt seine Socken aus und läßt sie über dem Kopf kreisen.

Die Mutter wendet sich nicht einmal um, als er eintritt. Mit eisiger Miene starrt sie aus dem Fenster, aber diesmal läßt er sich den Spaß nicht verderben, packt sie, zieht sie vom Stuhl hoch, dreht sie, die sich stocksteif hält, rundherum, nimmt ihr Gesicht am Kinn hoch und küßt sie auf den Mund.

Später auf der Promenade treffen sie die Jacobis, wie es offenbar verabredet ist. In einer großen lockeren Gruppe ziehen die beiden Familien am Kai entlang, die Väter in lebhaftem Gespräch voraus, dann die Damen, still, überwältigt die Mutter in ihrem einzigen Sommerkleid neben der eleganten Frau Jacobi, die wortreich über die Männer herzieht: „Kindsköpfe! Keinen Augenblick kann man sie aus den Augen lassen!“ Mit Abstand dahinter das „junge Volk“, Gerhard immer in der Nähe der schönen Jacobi-Tochter, die ihm gnädig ihre Strickjacke zu tragen gibt.

Noch nie hat das Kind die Eltern so locker und vergnügt mit anderen Leuten zusammen gesehen, so jung, hübsch und leicht, mit Wind in den Kleidern und Abendsonne auf den gebräunten Gesichtern, fast wie die Eltern von anderen Kindern, fast wie normale Menschen.

Glückselig rennt es auf die Deichmauer voraus, hüpft, dreht sich, wirft Sand in den Wind. Als die andern herankommen, springt es dem Vater an die Brust, umschlingt seinen Kopf und den von Herrn Jacobi, zieht sie zueinander. „Ihr seid Kindsköpfe!“ sagt es, wie es von Frau Jacobi gehört hat. „Nicht dreist werden!“ sagt die Mutter, aber Frau Jacobi lacht nur. „Sind doch Ferien“, sagt sie, „da darf man auch mal über die Stränge schlagen.“

An dem letzten Abendschoppen im Strandhotel nimmt die Mutter nicht teil. Sie muß das Kind ins Bett bringen.

Schweigend beaufsichtigt sie Halswaschen und Zähneputzen. Später legt sie sich auch aufs Bett, schläft aber nicht, wirft sich herum, seufzt, hustet.

Irgendwann in der Nacht kommt der Vater zurück. „Ein köstlicher Abend“, sagt er. Seit Ewigkeiten hat er sich nicht so gut unterhalten. „Warum bist du nicht wiedergekommen?“ fragt er die Mutter. „Frau Jacobi ist bis zum Schluß dabeigewesen, eine gescheite Person, und lustig. Das braucht man einfach: Leute, mit denen man ‚einfach so‘ reden kann, von Mensch zu Mensch, andere Ansichten, andere Interessen, frischer Wind, übrigens“, er zögert, „übrigens: Herr Jacobi ist Jude, hätte ich nie gedacht.“

Eilig fügt er hinzu: „Natürlich getauft. Ein besserer Christ und Patriot als mancher Deutsche, weit herumgekommen, mit offenen Augen durch die Welt, da kann man noch was lernen, Gesichtskreis erweitern . . ." Ja, getrunken haben sie auch, ein wenig, zwei Schöppchen oder drei. Zum ersten Mal ist die Stimme der Mutter zu hören: „Ihr habt euch doch nicht etwa geduzt?"

„Nein", sagt er, „aber warum eigentlich nicht?"

„Was ist eigentlich aus den Jacobis geworden?" habe ich Gerhard gefragt. „Was für Jacobis?" fragt er zurück.

„Na, die von Juist, du weißt doch!"

„Ach die, keine Ahnung, warum?"

„Du warst schließlich in die Tochter verliebt."

„Hast du noch nie jemanden aus den Augen verloren, in den du verliebt warst?"

„Sie waren jüdisch, wußtest du das?" Schärfe in der Stimme, Argwohn. Man ist auf der Hut.

Ein paar Sätze gehen noch hin und her. So habe ich es nicht gemeint. Er auch nicht. Dann ist es ja gut.

Es ist aber nicht gut. Wieder sind wir in eine Zone eingetreten, in der Erklären nichts klärt.

10

Republik ist im Aueler Pfarrhaus ein unangenehmes Wort, verbunden mit anderen unangenehmen Worten wie Affentheater, Quatschbude, Klugschwätzer, Schleimscheißer, Krämerseelen, Speichellecker, Schlappschwänze, Profitgeier, Verzichtler, Verräter, Konkursvollstrecker, Erfüllungspolitiker, internationales Gesindel, vaterlandslose Gesellen . . .

Schon wieder die Roten! Da stecken bestimmt die Schwarzen dahinter! Braunes Pack! Überall haben die Jidden die Finger drin! Locarno, wenn ich das schon höre! Reichsbananen schwarz-rot-senf!

Ekel in der Stimme. So reagiert der Vater auf Zwiebeln, die nur unter dem Schutz eines darübergestülpten Schüsselchens auf den Tisch kommen: Zwiebeln sind der Juden Speise!

Politik gehört zu den Themen, die einem den Appetit verderben wie Sexualität, Verbrechen, Geld.

Die Republik ist ihm lästig.

Wenn sie ein bißchen unauffälliger wäre, nicht so laut, geschwätzig, aufdringlich, massenhaft, ordinär.

Keine Diskretion, keine Bescheidenheit, keine Würde.

Nichts geht ohne Geschrei: Wahlkampf, Propagandareden, Regierungswechsel, Parlamentssitzungen, Aufmärsche, Demonstrationen, Straßenkämpfe . . . Mißvergnügt geht er zur Wahl: Ich kenne die Leute doch gar nicht. Will sie auch nicht kennenlernen. Will mit denen überhaupt nichts zu tun haben. Von Mehrheit hält er nichts. Die vielen sind die Dummen. Was sind das für Leute, die sich von Mehrheiten erheben und stürzen lassen. Masse, Pöbel, Gesocks, Gesindel, Pack, die „Straße“ . .

Armes Deutschland, dein Schicksal wird auf der Straße entschieden! Stell den Kasten ab! ruft er, wenn in dem neuerworbenen Radio Redner ihre Stimme erheben. Einer namens Hitler schreit besonders laut. Kann nicht mal richtig deutsch. Ein Österreicher! Das hat uns grade noch gefehlt.

Wenn sie auf der Straße vorbeimarschieren – egal ob rot, braun, schwarzrotgold –, sagt er: „Mach das Fenster zu! Es zieht!“

Als Auel noch von Franzosen besetzt war, ist er einmal vom Haus weggegangen, wie üblich sich umschauend, der Mutter zuwinkend, die ihm vom Fenster aus ängstliche Zeichen machte, weil sie auf dem schmalen Trottoir einen französischen Soldaten kommen sah. Der Vater hätte in die Gosse treten und seinen Hut ziehen müssen, aber er sah den Soldaten nicht und nahm die Zeichen seiner Frau für Abschiedswinken.

Der Soldat ließ den winkenden, sich umschauenden Vater nahe herankommen, dann stieß er ihn mit dem Gewehrkolben in die Gosse. Er fiel so unglücklich, daß die Mutter hinaus mußte, um ihm aufzuhelfen.

Von Zeit zu Zeit empfängt er ältere Herren, deren Besuch ihn mit glückseliger Aufregung erfüllt. Sie sind in Zivil, aber ihre Stimmen verraten den ehemaligen kaiserlichen Offizier. Wenn sie an den Familienmahlzeiten teilnehmen, müssen die Kinder den Mund halten. Der Vater will die Gäste ganz für sich haben. Nicht einmal die Mutter geht mit, wenn er sich mit ihnen ins Studierzimmer zurückzieht. Er holt Wein aus dem Keller, nicht von dem Ordinären, der jedes Jahr im Fäßchen von St. Goar geschickt wird, sondern vom Allerfeinsten, der für besondere Gelegenheit beiseite gestellt ist. Der Duft nach exquisiten Zigarren durchzieht fremd und feierlich das Haus.

Die Herren seien so schlicht, so bescheiden, sagt die Mutter. Der am allerhöchsten steht, ein Herr von, mindestens General, kommt statt mit dem Koffer mit einem Pappkarton, der mit Kordel verschnürt ist. „Das ist Adel“, sagt die Mutter, „echte, von Äußerlichkeiten unabhängige Vornehmheit.“

Von ihnen stammen die Briefe, die mit einem Umschlag mit Aufschrift „Kriegskameraden“ aufbewahrt sind.

„Lieber Pfarrer“, schreibt ein Hauptmann im November 1918 von der Westfront, „ich bitte Sie, helfen Sie daheim. Öffnen Sie, der Sie den Krieg so gut kennen, dem armen Volk die Augen. Zeigen Sie den Leuten, wie sie in Schmach, Abhängigkeit, Hunger geraten auf diesem Weg des Winselns und Kriechens. Zum Teufel noch mal: der Deutsche ist frei geboren. Vorn stehen wir wie immer und sind bereit zum Kampf. Warum läßt man uns zurückgehen? Wer sich auf Wilson, den Schuft, verläßt, der ist verlassen. Möchten doch alle diese Verräter, Verzichtspolitiker, Kriegsgewinnler am eigenen Gift ersticken ...“

Zehn Jahre später schreibt ein Herr von D. aus Pommern: „Liberalismus und Marxismus gehen mit dem Kampf gegen den § 218 gegen die Wurzeln der christlich-nationalen Staatsidee. Das Zentrum weicht jeder Entscheidung aus. Um so mehr haben wir von der evangelischen Seite die Pflicht, an die Front zu eilen, um im Kampf gegen das Derzeitige das steckengebliebene Werk Luthers zur Vollendung zu führen ...“

Wie hielt mein Vater es mit der Republik?

Auf solche Fragen schweigt das Familiengedächtnis.

Noch einmal fahre ich nach Auel, diesmal allein und im Winter. Die Rosenstöcke im Limbach-Garten sind in Reisig gehüllt, die Beete sauber abgedeckt. Das hat der Lehrer noch selbst gemacht, jetzt verläßt er das Haus nicht mehr. „Hoffentlich erlebt er den Frühling noch“, sagt die Tochter im Vorraum.

Ich finde ihn im gleichen Sessel, sorgfältig gekleidet, etwas mühsamer aufrecht, weniger rasch als beim ersten Besuch mit Aufstehen und Herumgehen. Ich bin angemeldet. Auf dem Tisch liegt ein Leitzordner mit Unterlagen über den Kirchenkampf.

Wir sprechen über die christlich-deutsche Bewegung, Vorläufer der Glaubensbewegung Deutsche Christen der Nazizeit, damals, in den zwanziger Jahren noch national-konservativ, um die Wiederherstellung der Monarchie bemüht, antidemokratisch, Antivölkerbund, Antifriedenspolitik à la Stresemann.

Zweifellos habe mein Vater mit diesen Leuten sympathisiert, sagt der Lehrer. Hetze, Wühlarbeit gegen die Republik schließt er aus. Kein Wort in den Predigten – dafür kann er die Hand ins Feuer legen. Römer 13 steht im Wege: „Seid untertan der Obrigkeit, die Gewalt über euch hat!" Mit Obrigkeit ist, nach Schlatter, „irgendeine" gemeint, „die besteht und vorhanden ist", „durch Gottes Ordnung über uns gesetzt". Der Christ ist Gehorsam schuldig „allen, denen die Vollmacht zur Regierung gegeben ist, einerlei, in welcher Weise diese geordnet und bemessen ist". Da nun die Obrigkeit („Gott sei's geklagt", würde Ihr Herr Vater sagen) republikanisch ist, hat der Christenmensch ihr Loyalität zu erweisen. Natürlich nicht Liebe. Das kann kein Mensch verlangen, Jesus hat auch nicht von den Juden verlangt, daß sie den römischen Kaiser lieben sollten, als er ihnen empfahl: „Gebet dem Kaiser was des Kaisers ist . . ."

Zum Lehrer Limbach hat der Pfarrer einmal gesagt: „Können Sie sich vielleicht vorstellen, daß Gott Lust hätte, einen dieser mediokren Glatzköpfe mit dem Salböl der Herrschaft zu salben?" Er, der Pfarrer, kann sich das jedenfalls nicht vorstellen. Eine „rechte Ordnung" kann er sich nur hierarchisch vorstellen: ein hervorragender Kopf, von Gott auserwählt und gesalbt, darunter (vor Gott alle gleich, aber „jeder an dem Platz, auf den der Herr ihn gestellt hat") das Volk, das nur in dieser Ordnung als tapferes, ehrliches, fleißiges, gehorsames usw. deutsches Volk erscheint. Alles andere ist Unordnung, formlose Masse, Pöbel.

Er kämpft nicht gegen die Republik, sagt der Lehrer, daß hieße ja auf sie losgehen, sich einlassen, sich herumschlagen. Er ekelt sich. Ekel weicht aus, schaut nicht hin, faßt nicht an, hält sich das Ekelhafte vom Leib.

Im Vom-Leib-Halten sei mein Vater sehr geschickt gewesen, ob es nun die „leidigen Finanzen" waren oder „unpersönliche Behörden" oder die Jugendarbeit oder die Republik.

Beim Wegschauen hilft ihm die Pflicht, so wie er seine Pflicht versteht: als Walten des Amtes, Hüten der Herde, Arbeit im Weinberg, Wahren des Friedens, Ringen um die Seelen. Hier ist auch Platz für die Liebe, die seit dem „Versagen des deutschen

Volkes“ ohne Gegenstand ist bis auf den Rest, der beim Kaiser verbleibt: Treue, Trauer, Hoffnung auf seine Wiederkehr. Die nicht stattfindet; nicht einmal der alte Hindenburg als Reichspräsident bringt dieses Kunststück fertig, sondern schwört auf die Verfassung „diesen Fetzen Papier“, und gibt 33 auf der Treppe der Garnisonkirche zu Potsdam dem Proleten die Hand. Wird schon wissen, der Held von Tannenberg, was er tut, und wenn er's nicht weiß, so weiß es der „Herr der Geschichte“, der es „über all unser Wissen und Verstehen recht machen wird“, ein kleiner Gemeindepfarrer braucht es jedenfalls nicht zu wissen!

„Wissen bläht auf, aber die Liebe bessert“, schreibt Paulus an die Korinther. Gottgefälliger als Thomas, der nicht glauben konnte, ohne den Finger in Christi Wundmale zu legen, ist der, der nicht siehet und doch glaubet.

„Es liegt am Geschichtsverständnis“, sagt der Lehrer. „Wenn einer an die direkte Mitwirkung Gottes an der Geschichte glaubt und Dinge wahrnimmt, die nach seiner Meinung mit dem Willen Gottes nicht zu vereinbaren sind, dann zieht er sich auf den unerforschlichen Ratschluß zurück. Was bleibt ihm anderes übrig?“

„Er kann doch nicht einfach abschalten“, sage ich. „Er hat ein Amt, eine Stellung. Er geht mit lebendigen Menschen um.“

„Er kann abschalten, weil er eine Trennung vollzieht“, sagt der Lehrer. „Er trennt den Menschen in Wesentliches und Äußerliches. ‚Wesentlich‘ ist er als Gotteskind, Nächster, Bruder in Christo, ‚äußerlich‘ ist er Bürger, Angehöriger von Nationen, Klassen, Parteien, Konfessionen, Gegenstand von Verhältnissen. Diesen Teil schaltet er ab.“

In der Praxis sieht das so aus: Er hat was gegen „die Schwarzen“, aber der kohlschwarze Dechant von St. Servatius ist ein „idealer Kollege“ und „feiner Kopf“. Die Juden vergiften das Volk, aber der Rabbi Selig von der Aueler Synagoge ist „eine Seele von einem Menschen“.

Er fürchtet die Roten, aber der rote Schmitz Gustav von der Zange ist „ein grundbraver Kerl, schuldlos ins Unglück geraten, man muß ihm unter die Arme greifen“.

Als 33 ein SA-Mann Bürgermeister von Auel wurde, hat der Lehrer gewarnt: „Vor dem müssen Sie sich in acht nehmen, Herr Pfarrer." Da hat er ihn ganz erstaunt angeschaut: „Wieso denn, den kenne ich doch persönlich, kein übler Kerl, ein bißchen beschränkt, tut keiner Fliege was zuleide. Mit dem kommen wir schon zurecht, keine Sorge, ich rede mit ihm . . ."

Tatsächlich muß dieser Bürgermeister ihm die Stange gehalten haben, daß er von gelegentlichen Verhören ungeschoren davonkam, triumphierend: Man müsse nur mit den Leuten reden. Solle doch keiner behaupten, daß die Nazis nicht auch Menschen seien und ein offenes Wort vertragen können. Man müsse nur die richtige Art haben und auf das Gute im Menschen vertrauen.

„So ein Narr!" sage ich und halte erschrocken inne, als der Lehrer mir einen zornigen Blick zuwirft.

„Reden Sie nicht!" fährt er mich an. Nach einer Pause bemerkt er verlegen: „Ich habe Ihren Herrn Vater sehr gern gehabt. Wie alle", fügt er hinzu.

Auch er kennt die Geschichte von dem Besatzungssoldaten, der den Herrn Pfarrer in die Gosse gestoßen hat. Er selbst hat sich zu diesem Problem geschickter verhalten. Da sein Schulweg von französischem Militär frequentiert war, suchte er sich einen anderen, hintenherum, durch Nebenwege und Gärten. Zwar mußte er eine halbe Stunde früher von zu Hause weggehen, aber seinen Hut hat er nicht ziehen müssen. „Ihr Herr Vater war ein argloser Mensch", sagt er. „Er glaubte an das Gute, Wahre und Schöne, auch wenn keine Spur davon zu erblicken war."

11

Beim dritten und letzten Besuch spricht der Lehrer über den Kirchenkampf. Die Art, wie er mich über die Hornbrille hinweg mustert, verrät mir, daß eine neue Situation eingetreten ist: kein Gespräch mehr, keine Erinnerungsplauderei, kein Gedankenaustausch, sondern Belehrung, eine Art Colloquium von der altmodischen Art, in dem einer redet, der andere hört, zu Zwischenfragen berechtigt, aber nicht zu Folgerung oder Kritik.

Gehorsam nehme ich Notizblock und Bleistift und schreibe mit, wie eine eifrige Studentin im ersten Semester. Er sieht es mit Befriedigung. Wenn ich nicht mitkomme, wartet er, folgt meinen Schriftzügen, bis ich aufschaue.

Seine Ausführungen reichen bis Frühjahr 34, nicht weiter, weil, wie er sagt, mein Vater nur in dieser Zeit Kirchenpolitik zur Kenntnis genommen, sogar „in seinen Grenzen" sich dazu verhalten habe. Die Grenzen definiert er historisch als das besondere, von Luther geprägte Verhältnis der deutschen evangelischen Kirche zum Staat: Sumepiskopat, Vereinigung weltlicher und geistlicher Gewalt in der Person des Landesfürsten, in jüngerer Zeit wieder auferstanden als preußische Thron-Altar-Tradition.

Nur, wenn die weltliche Gewalt gegen das Recht verstößt, darf der Luther-Christ „um Christi willen" leiden, jedoch nicht Widerstand leisten. (Daß Luther später, nach 1530, eine „Widerstandspflicht des Christen als Bürger" gefordert hat, ist dem deutschen Kirchengedächtnis im Lauf der Jahrhunderte entfallen.)

Die geschichtstheologischen Positivisten, deren Stimme in der deutschen evangelischen Kirche des ausgehenden 19. und beginnenden 20. Jahrhunderts am lautesten zu hören ist, verstehen die Kirche als Diener des Staates und des deutschen Volkes. Gott als „der Herr der Geschichte" verlangte Patriotismus „als Gehorsam gegen seine Schöpfungsordnung in Volk,

Nation, Vaterland", „Protestantismus und Deutschtum gehören zusammen". „Der Christenmensch steht rechts." Dagegen schreibt Barth, Theologe des Widerstandes aus der schweizerisch-demokratisch-calvinistischen Tradition: „Die Kirche hat überhaupt nicht den Menschen, also auch nicht dem deutschen Volke zu dienen ... sie dient allein dem Worte Gottes."

Die Positivisten werfen ihm „Aushöhlungssystem", „geschichtslose Diastase" vor. Dieser Streit ist älter als das Dritte Reich.

Im Weimarstaat sind 70 bis 80% der protestantischen Geistlichkeit konservativ-deutschnational eingestellt und zum großen Teil in Hugenbergs deutschnationaler Volkspartei organisiert. Der Rest verteilt sich auf die Sozialisten, die demokratisch-Liberalen, die völkisch-Deutschgläubigen. In der Weimar-Verfassung wird zwar Schluß gemacht mit der Staatskirche, aber in den Verträgen mit den einzelnen Landeskirchen bleibt ein staatliches Aufsichtsrecht verankert, das Hitler für eine legale „Gleichschaltung der Kirche" benutzen kann. Seine Taktik: betont religiöse Anfangshaltung („positives Christentum"), scheinbare Neutralität in kirchenpolitischen Fragen, sobald Widerstand sich rührt, Eingreifen „um des nationalen und kirchlichen Friedens willen", sobald Ziele erreicht sind, Rückzug in die Neutralität, Zugeständnisse, Zuckerbrot.

„Möge der allmächtige Gott unsere Arbeit in seine Gnade nehmen, unseren Willen recht gestalten, unsere Einsicht segnen und uns mit dem Vertrauen unseres Volkes beglücken!" (Aufruf der Reichsregierung an das Deutsche Volk vom 1. 2. 1933.) Jubel in der evangelischen Kirche über „den guten Anfang" (und das Ende des ungeliebten Weimarstaates).

Und noch einmal Jubel über das Wahlergebnis vom 5. März: Schluß mit dem „Parteienhader", „Niederschlagung der Kommunisten".

„Ein Staat, der wieder anfängt, nach Gottes Gebot zu regieren, darf in diesem Tun nicht nur des Beifalls, sondern auch der freudigen und tätigen Mitarbeit der Kirche sicher sein." (Kundgebung des bayerischen Landeskirchenrates vom 16. 3. 33.)

Jahrelang hält sich die Täuschung, Hitler „persönlich" hielte es mit den Protestanten, die sich ja im Gegensatz zu den „romhörigen" Katholiken (Kulturkampf) immer als Nationalkirche verstanden haben. Er scheint sich sogar, mit seiner Berufung auf „positives Christentum", im innerkirchlichen Gerangel auf die Seite der Orthodoxen zu schlagen, die Wort und Bekenntnis gegen die Liberalen verteidigen. Der gleichen Täuschung verfallen in der Anfangszeit auch die Leute vom Pfarrernotbund, auch Niemöller, auch die Bekenntnisgemeinden. Ihr Widerstand entzündet sich keineswegs an den politischen Entwicklungen, die auch für Barth nur nebensächliche, vorübergehende Erscheinungen sind, sondern an theologischen Kontroversen mit der Glaubensbewegung Deutsche Christen, die zwar die Ziele der NSDAP zu ihren eigenen gemacht hat, aber von Hitler nie eindeutig favorisiert wird. Gegen die Deutschen Christen wehrt sich auch die offizielle Kirche, aber ihr Widerstand zerbricht an der Übereinstimmung in wesentlichen Punkten: Verherrlichung der Nation, Abneigung gegen die Demokratie, Verteufelung des Marxismus. „Wer 33 nicht an Hitlers Mission glaubte, der war ein verfemter Mann, auch in den Reihen der Bekennenden Kirche", sagt Barth in einem Vortrag 1936 in Schaffhausen.

In der Kirche, nicht von außen diktiert, wächst der Wunsch nach strafferer Organisation nach dem Vorbild der NSDAP, nach „Reichskirche". Ein Dreimännerkollegium bereitet die Kirchenreform vor, ein nach Barth „innerlich nicht notwendiger, sondern der politischen Begeisterung oder auch der politischen Klugheit entsprungener, also, obwohl in der Kirche und von der Kirche gefaßt, ein wesentlich unkirchlicher Entschluß".

Immerhin, bei der Wahl des ersten Reichsbischofs setzt sich zur Überraschung der Regierung nicht der Hitlerfavorit Wehrkreispfarrer Ludwig Müller, sondern der Kandidat der Jungreformatoren, Pfarrer Bodelschwingh, durch.

Zum ersten Mal schlägt die Partei aus dem neutralen Hinterhalt zu, teils durch das bewährte gesunde Volksempfinden – Massendemonstrationen mit SA, Hitlerjugend, Betriebszellen –, teils durch Mißfallenskundgebungen in Presse und Rundfunk, die Hitler durch seine Weigerung, Bodelschwingh zu empfangen, bestätigt. Hauptargument: „Bodelschwingh hat das Vertrauen des Führers nicht." Deutsche-Christen-Freund Göring verleiht Kultusminister Rust sämtliche Vollmachten über die evangelischen Kirchen in Preußen. Rust beruft den Parteigenossen August Jäger zum Staatskommissar für diesen Bereich, mit der Vollmacht, „um des kirchlichen Friedens willen" die erforderlichen Maßnahmen zu treffen: Auflösung der gewählten Kirchenvertretungen, Ernennung von Bevollmächtigten, die ihrerseits neue Vertretungen ernennen. Wehrkreispfarrer Müller besetzt mit SS das Gebäude des Kirchenbundes in Berlin, übernimmt „um der Kirche und des Evangeliums willen" die Leitung des evangelischen

Kirchenbundes, Jäger überträgt ihm das Recht der obersten Kirchenleitung der Altpreußischen Union.

Alle wichtigen Posten der Kirche werden mit Deutschen Christen besetzt. Einige Kirchenleitungen verweigern die Mitarbeit, die rheinische Landeskirche verweigert nicht, sondern akzeptiert den Bevollmächtigten Dr. Krummacher, „um Schlimmeres zu verhüten". Zum ersten Mal taucht in Presseverlautbarungen die verhängnisvolle Trennung zwischen „äußerer Ordnung der Kirche" und „Glaubensinhalt" auf, die, auf Luthers Zwei-Reiche-Lehre bezogen, ein weiteres Handicap für den Widerstand der offiziellen Kirche darstellt. Die Bekennende Kirche akzeptiert diese Trennung nicht, aber ihre Haltung zum politischen Widerstand bleibt bis zum Ende zwiespältig, daher ungeeignet als Orientierungshilfe für Laien und Außenstehende.

Nach dem Sieg der „Gleichschaltung" erfolgt der Rückzug in den neutralen Hinterhalt. Die Regierung gibt sich „demokratisch" setzt „freie" Kirchenwahlen an (23. Juli 1933). Dabei steht der gesamte Propaganda-Apparat der NSDAP den Deutschen Christen zur Verfügung. Die Versammlungen der Opposition (damals die Jungreformatoren) werden trotz glühender Loyalitätsbeteuerungen von SA-Kommandos aufgelöst. Durch allerlei öffentliche und interne Manipulationen kommt ein Wahlergebnis von 75% pro Deutsche Christen zustande.

Die Jungreformatoren resignieren, wenden sich der „theologisch-missionarischen Neuorientierung" zu. Restliche Widerständler um Niemöller bezeichnen die Wahl als unrechtmäßig. Da sie, auch als Pfarrernotbund und Bekenntniskirche, innerhalb der offiziellen Kirche verbleiben, bleibt auch die Spaltung bis zum Schluß innen und der Kirchenkampf ein innerkirchlicher Kampf zwischen Staatstreuen und den schon damals verhaßten Radikalen. Wieder ohne Druck von oben, „um Schlimmeres zu verhüten", bestätigt der Kirchensenat der Altpreußischen Union Wehrkreispfarrer Ludwig Müller als Landesbischof.

Auf der 10. Generalsynode der Altpreußischen Union stehen 156 Vertreter der Glaubensbewegung Deutsche Christen gegen 71 Vertreter der Liste „Evangelium und Kirche". Mit 2/3-Mehrheit geht der sogenannte Arierparagraph durch: Geistlicher soll nur sein können, wer „rückhaltlos für den nationalen Staat und die Deutsche Evangelische Kirche eintritt und arischer Abstammung ist". Die sächsische Landes-

kirche formuliert es noch deutlicher: „Geistliche, die nicht Gewähr dafür bieten, daß sie jederzeit rückhaltlos für den nationalsozialistischen Staat und die Deutsche Evangelische Kirche eintreten, können in den Ruhestand versetzt werden."

Im Widerstand gegen den Arierparagraphen („Verletzung des Bekenntnisses") formiert sich der Pfarrernotbund (Sept. 33: 1300 Mitglieder; Dezember 33: 5500; Januar 34: 10 000). Die deutsche evangelische Nationalsynode wählt Ludwig Müller zum Reichsbischof. Dieser beruft das „Geistliche Ministerium", lauter Deutsche Christen, unter ihnen ein D. Dr. Forsthoff, der keine Bedenken trägt, „daß sich unsere Kirche mit dem Staat völlig identifiziert". Ein Kirchenbegriff, der das Ineinander von sichtbarer irdischer Kirche und unsichtbarer Kirche, dem Reiche Gottes postuliere, mache diese Kirche zu einer eigengesetzlichen Größe innerhalb des politischen Raumes, d. h. zur Gegenspielerin des totalen Staates. Dagegen ermahnt Forsthoff die Kirche, sie könne sich nicht auf das Apostelwort berufen: man muß Gott mehr gehorchen als den Menschen. Sie könne es nur, „wenn der Staat sich weigerte, der Kirche Raum und Freiheit zur Erfüllung ihrer Aufgabe ... zu belassen ... Behindert aber der Staat die Kirche darin nicht, dann ist es unverantwortlich, die Kirche einem illusionären Kirchenbegriff zu opfern und sie in eine politische Opposition zum Staate – denn eine andere gibt es überhaupt nicht – hineinzutreiben."

Die kirchliche Opposition weist zwar die Trennung von Bekenntnis und „äußerer Form" zurück, aber „wo die Grenzen des Staates liegen, ist eine sehr schwierige Frage, die nicht allgemein beantwortet werden kann, sondern immer in jedem Fall besonders geprüft werden muß". Damit ist die Entscheidung dem einzelnen Gewissen anheimgegeben und die Bekenntniskirche ständig von Spaltung bedroht.

Der Sieg der Partei ist gefestigt, die Deutschen Christen haben ihre Schuldigkeit getan. Hitler läßt sie fallen, als ein Deutsche-Christen-Funktionär auf einer Mitgliederversammlung im Berliner Sportpalast (12. November 1933) allzu heftig ins völkisch-nationalsozialistische Horn bläst: „Wenn wir aus den Evangelien das herausnehmen, was zu unseren deutschen Herzen spricht, dann tritt das Wesentliche der Jesuslehre klar und leuchtend zutage, das sich – und darauf dürfen wir stolz sein – restlos deckt mit den Forderungen des Nationalsozialismus ..." (mit langanhaltendem Beifall aufgenommen). In der Schlußentschließung wird (gegen eine Stimme Enthaltung) die Einführung des Arierparagraphen auch für Laien, die Reinigung des Evangeliums von allem Undeutschen gefordert.

Plötzlich stehen die Übergehorsamen im Freien. Teils wegen der zu erwartenden Proteste, auch aus den Reihen der offiziellen Kirche, teils weil er sich nicht für eine konfessionelle Gruppe vereinnahmen lassen will, zieht Hitler seine Hand von ihnen ab, läßt sogar zu, daß der umstrittene Arierparagraph „vorläufig ausgesetzt" wird, mischt sich nicht ein, als Innenminister Frick die Auflösung der Glaubensbewegung Deutsche Christen verspricht, wenn Niemöller seinerseits den Pfarrernotbund auflöst, was dieser („wir wollen keine Märtyrer schaffen") ablehnt.

Die Glaubensbewegung zerfällt. Die Gemäßigten formieren sich unter neuem Namen „Reichsbewegung Deutsche Christen". Die radikalen Thüringer spalten sich ab. Noch einmal hat Hitler „guten Willen" bewiesen. Die Kirchenführer fassen Mut, fordern den Rücktritt des Geistlichen Ministeriums. Reichsbischof Müller gibt nach, legt auch die Schirmherrschaft über die Glaubensbewegung nieder, besetzt aber hintenherum das Geistliche Ministerium neu mit „Gemäßigten", erntet wieder Protest, sieht sich, auch er, plötzlich allein, vom Führer und den meisten Anhängern verlassen. Um die Gunst der Regierung zurückzugewinnen, erweist er Reichsjugendführer Schirach die Gefälligkeit, den Vertrag über die Eingliederung des evangelischen Jugendwerks in die Hitlerjugend zu unterzeichnen. Protest der Kirchenführer.

Am 3. und 4. Januar 1934 halten die Vertreter der innerkirchlichen Bekenntnis-Opposition die erste ihrer berühmt gewordenen „freien reformierten Synoden" in Barmen-Gemarke ab. In der von Barth formulierten Erklärung wird der Nationalsozialismus als ein „vorübergehender politischer Versuch des Menschen" bezeichnet. Der Totalitätsanspruch des Staates wird (aus theologischen Gründen) zurückgewiesen.

Die offizielle Kirche reagiert mit Schrecken auf diese „schroffe, kompromißlose Haltung". Nur ein Schweizer und Calvinist kann so herzlos mit den heiligsten Gefühlen der Deutschen umgehen. Hitler hält sich immer noch zurück. In der Regierung rangeln zwei Gruppen: Göring, Rust, Goebbels pro Deutsche Christen. Frick (angeblich von Hindenburg unterstützt) für den Kirchenfrieden. Zur Begütigung der Opposition führt er in den Jugendvertrag ein paar mildernde Floskeln ein („Beitritt nahelegen", „frei-

willig"). Reichsbischof Müller fühlt sich durch die stärkere Gruppe Göring-Rust-Goebbels ermutigt, verbietet bei Strafe jeden Angriff auf das Kirchenregiment („Maulkorbparagraph"), erwirkt, daß der Arierparagraph wieder in Kraft tritt. Der Pfarrernotbund fordert Müllers Rücktritt, entzieht ihm durch Kanzelabkündigung das Vertrauen. Müller weicht aus, spielt krank, möchte sich erst entscheiden, wenn eine auf den 25. Januar verschobene Audienz der Kirchenführer bei Hitler stattgefunden hat.

Diese Audienz bezeichnet der Lehrer als ein lehrreiches Exempel für das Scheitern deutschen Widerstandes, nicht nur in jener Zeit, nicht nur auf die evangelische Kirche bezogen.

Göring hat sich zu diesem Anlaß sorgfältig vorbereitet durch Aufspüren und Sammeln politisch diffamierenden Materials – angeblich staatsgefährdende Auslandskontakte, staatsfeindliche Reden und Predigten von Notbundpfarrern. Niemöller selbst spielt ihm den größten Trumpf in die Hände, als er wenige Stunden vor der Audienz mit einem Gleichgesinnten telefoniert: „Wir haben unsere Minen gelegt, wir haben die Denkschrift zum Reichspräsidenten geschickt, wir haben die Sache gut gedreht. Vor der kirchenpolitischen Besprechung heute wird der Kanzler zum Vortrag beim Reichspräsidenten sein und von ihm die Letzte Ölung empfangen." (Text des abgehörten Telefonats.)

Diesen Text liest Göring vor, ehe die verdutzten Kirchenführer überhaupt zu Wort kommen. Wütend fährt Hitler hoch und schreit „in heiligem Zorn" (sächsischer Landesbischof Coch) die Kirchenführer an: „Glauben Sie, daß Sie mit so unerhörter Hintertreppenpolitik einen Keil zwischen den Herrn Reichspräsidenten und mich treiben und damit die Grundlage des Reiches gefährden können?"

Niemöller tritt vor und bekennt sich zum Inhalt des Telefonats. Er verteidigt sich durch Hinweis auf den „schweren Kampf des Pfarrernotbundes um die Aufrechterhaltung des kirchlichen Bekenntnisses, der nicht gegen *das Dritte Reich, sondern auch* für *dieses Reich" geführt werde. Darauf Hitler: „Die Sorge um das Dritte Reich überlassen Sie mir! Sorgen Sie für Ihre Kirche!"*

Den folgenden Vortrag der Kirchenführer straft Hitler mit Nichtachtung, erst als Göring die gesammelten Polizeiberichte vorliest, wird er wieder aufmerksam. In leidenschaftlichem Ton zeiht er die Kirchenführer der Undankbarkeit. Er, Hitler, sei es doch, der die Kirche vor dem Kom-

munismus gerettet habe. Er droht mit der Verweigerung der Staatszuschüsse. Am Ende gibt er sich väterlich, mahnt die Kirchenführer, sich „angesichts der großen politischen Gefahr christlich-brüderlich mit dem Reichsbischof zusammenzusetzen".

„‚Wer bin ich, es geht um Deutschland!' sagte er, und wer die Ehre hatte ... in jener geschichtlichen Stunde empfangen zu werden, war beeindruckt von dem Ernst, mit dem der Herr Reichskanzler von der Lage des deutschen Volkes sprach ... Wie sollte uns das nicht packen" (Präses Koch in einem Vortrag vor der Bekenntnissynode, Barmen 1934.)

„Im tiefsten ergriffen" fallen alle Kirchenführer außer Niemöller um, bekennen „unter dem Eindruck der großen Stunde" „unbedingte Treue zum Dritten Reich und seinem Führer", verurteilen „aufs schärfste alle Machenschaften der Kritik an Staat, Volk, Bewegung", stellen sich geschlossen hinter den Reichsbischof, den abzusetzen sie gekommen waren. Müller macht ihnen ein paar windige Zusagen, deren schriftliche Fixierung sie nicht verlangen, die auch nie eingelöst werden.

Triumph bei den Deutschen Christen: „Man sieht, was ein Wort Hitlers vermag. Mit dieser Kundgebung ist bewiesen, daß die bisherige Gegnerschaft gegen den Reichsbischof in keiner Weise, wie vorgegeben, irgendwelchen glaubensmäßigen oder bekenntnismäßigen Bedenken entsprang." („Evangelium im Dritten Reich", Sonntagsblatt der Deutschen Christen.)

Endlich ist es soweit: die Schafe sind von den Böcken getrennt, die letzteren ins Lager der Staatsfeinde verwiesen, wo sie leicht für die Konzentrationslager auszulesen sind. Das Kirchenvolk wendet sich mit Grausen. Mit Vaterlandsverrätern will es nichts zu tun haben.

„Auch Ihr Herr Vater", schließt der Lehrer sein Colloquium, „wollte mit Vaterlandsverrätern nichts zu tun haben."

12

Im Dezember 33, kurz nach dem Sportpalast-Eklat, fand im Großen Saal des Hotel Felder eine Gemeindeversammlung statt. Die Damen der Frauenhilfe hatten einen riesigen Adventskranz gewunden. Später sollten Advents- und Weihnachtslieder gesungen werden. Der Lehrer Limbach saß am Klavier, um bei Bedarf zu begleiten. Schon vor Beginn der Veranstaltung waren alle Stühle besetzt. Es hatte sich herumgesprochen, daß der Pfarrer „die Katze aus dem Sack lassen" würde. Wer später kam, mußte stehen oder nach Hause gehen.

Das Rednerpult auf dem Podium, wo sonst die Tanzmusik spielte, paßte dem Pfarrer nicht. Er blieb lieber unten, an seinem Tisch, wollte heute nicht so hoch oben, so weit weg von seiner Gemeinde sein, sondern mittendrin, weil es ja ein „Gespräch von Mensch zu Mensch" sein sollte, keine Predigt. Man möge ihm nur erlauben, seine Anschauung der strittigen Fragen voranzustellen, natürlich im Licht der Bibel, anders könne und wolle er die Dinge dieser Welt nicht betrachten.

Es wurde dann doch eine Art Predigt daraus, weil er einen Bibeltext zum Thema nahm, das Wort, das Jesus vor der Gefangennahme zu seinen Jüngern sagt: „Heute nacht werdet ihr euch alle an mir ärgern."

Wie üblich beginnt er mit einem unvermittelten Sprung in die Situation des Textes, möglichst in Bildern, die er sich aus zeitgenössischen Schilderungen des Heiligen Landes und religionshistorischen Forschungen zusammenreimt, in diesem Fall der Abendspaziergang des Meisters mit den Jüngern unter den Ölbäumen des Gethsemane-Gartens, verhuschte Gruppe, flüsternd, umschauend, nach Geräuschen horchend unter dem Angstdruck der bevorstehenden Katastrophe. Der Verräter ist bereits ausgeschieden, das letzte gemeinsame Mahl gegessen, die Abschiedsworte sind gesprochen. Der Meister ergeht sich in dunklen Voraussagen. Seine Stimme, seine Haut, die sie zu berühren suchen, vermitteln Todesangst. Keine himmlischen Heerscharen, kein Blitzstrahl vom Himmel, nicht einmal das Heldenpathos eines gemeinsamen Untergangs. Die Beteuerungen des Petrus weist er kühl zurück: Heute nacht werdet ihr euch alle an mir ärgern . . .

Hier schaltet der Pfarrer eine Überlegung ein: Ärger an Christus? Wer ärgert sich und warum? Erstens die Pharisäer und Schriftgelehrten – weil er ihre theologische Ordnung stört; zweitens die Besatzungsmacht – weil er Unruhe ins Volk bringt; drittens das geknechtete Volk – weil Jesus nicht als Revolutionär und Retter aus Knechtschaft auftritt; viertens und letztens die Jünger – weil er von der ihm verliehenen Kraft und Herrlichkeit keinen Gebrauch macht. Wie reagiert Jesus darauf? Obwohl der Ärger an ihm in der Zukunft liegt (ihr *werdet* euch ärgern), gibt er keinen Hinweis, wie er zu vermeiden wäre, fordert nicht zum Nichtärgern auf, sagt mit keinem Wort, daß das, was sie ärgern wird, im Grunde nicht ärgerlich sei, sondern Gottes gnädiger Wille, der alles schließlich zum Guten führen wird. Er stellt nur fest, so fest, wie man eigentlich nur Gegenwärtiges oder Vergangenes feststellen kann: Sie werden sich ärgern . . .

Kurz geht er auf den Fortgang der Geschichte ein: Zittern und Zagen; der Schlaf der Jünger; hinter der Mauer das Klirren von Rüstungen und Waffen; das Verschwörer-Geflüster: welchen ich küssen werde, der ist's!

Eine Pause des Nachdenkens, Nachfühlens, dann Sprung in die Gegenwart: die christliche Gemeinde heute, einerseits den Jüngern gegenüber im Vorteil, weil sie Ostern und Pfingsten kennt, andererseits im Nachteil, weil sie die lebendige Gegenwart Christi vermissen muß, verbunden durch den gemeinsamen Herrn, die gemeinsame Richtung: Nachfolge.

Also auch die Gemeinde von heute betrifft die dunkle Voraussage des Herrn, die Botschaft dieser Geschichte: daß der Ärger an Christus und seiner Gemeinde nichts Zufälliges oder Vermeidbares sei, kein Defekt, der irgendwie irgendwann behoben sein wird, keine Zeiterscheinung, keine Schwäche dieser Jünger, sondern ein Attribut christlichen Lebens in der Welt, das Gott seinem Sohn nicht abgenommen hat, das er auch seiner Gemeinde nicht abnehmen wird. So daß auch den Christen von heute nichts anderes übrigbleibt, als mit diesem Ärger zu leben.

Nun wendet sich der Pfarrer direkt an die Zuhörer, indem er diesen und jenen anblickt und seiner Stimme den ganz privaten Ton gibt, als säße er einem einzelnen gegenüber und erklärte ihm Gottes Walten in seinem einzelnen Schicksal. (Wie in der Kirche, so wird auch im Tanzsaal des Hotel Felder an diesem Punkt der Geräuschpegel des Hustens, Schnupfens, Kleiderraschelns rapide abgesunken sein, so daß Küchengeräusche hörbar wurden, das Schmettern der Tabletts in der Durchreiche, das Ausrufen der Bestellungen . . .)

„Sprechen wir von uns", sagt er. „Versuchen wir diejenigen unter uns zu verstehen, die in der Begeisterung des neuen Anfangs in unserem Volk auch ihrem Glauben eine neue Gestalt geben wollen, strahlender, stolzer, imposanter, ähnlicher den Idealen, die nach Jahren müder Resignation heute wieder zu Ehren kommen. In ihrer Liebe zum Führer möchten sie ihren Heiland gleich mitumarmen."

„Und plötzlich merken sie, daß er nicht hineinpaßt in diese Umarmung, und fangen an, sich zu ärgern über das Unpassende an unserem Herrn: daß er von einer jüdischen Mutter geboren ist und dem jüdischen Volk vor anderen zum Heil gesandt wurde; daß er das Alte Testament, die Geschichte von der Führung des Volkes Israel, nicht verwirft, sondern erfüllt, daß er, statt die Kraft und Größe des Menschen zu preisen, von Sünde und Buße spricht, vom Nadelöhr vor dem Himmelreich, von der Schwachheit der Starken, von der Armut der Reichen, von der Seligkeit der Niedrigen und Ausgestoßenen. Am liebsten würden sie ihm sein Armutsgewand herunterreißen und ihn in Purpur kleiden, einen Helm oder eine Krone auf sein Haupt setzen statt der Dornenkrone, ihm ein stolzes Roß zwischen die Schenkel geben statt des kümmerlichen Esels und ihn so, als strahlenden Heliand gegen die Volksfeinde reiten lassen. Aber das läßt er nicht zu. Solche Verkleidung verweist er in das Repertoir des Versuchers, den er in der Wüste zurückgewiesen hat: Weiche von mir, Satan!"

Wieder macht er eine Pause, atmet mit geschlossenen Augen, sammelt Kraft, dann richtet er sich zu voller Größe auf, setzt zu einer Steigerung an, leise beginnend, dann immer lauter, heftiger, zorniger: „Wenn wir nun in dem Licht, das das Wort Gottes in unsere verdüsterte Welt hineinwirft, die Sportpalastversammlung der Glaubensbewegung Deutsche Christen betrachten, auf der ein Herr Krause (diesen Namen spricht er mit äußerster Verachtung aus) unser Altes Testament abschaffen will, weil es nach seiner Meinung ‚Jüdische Lehrmoral', ‚Viehhändler- und Zuhältergeschichten' enthält, auf der dieser Studienassessor zur Revision des Neuen Testamentes mit seinen nach seiner Meinung ‚entstellten und abergläubischen Apostelberichten' und zur Ausmerzung des Apostels Paulus mit seiner ‚Sündenbocks- und Minderwertigkeitstheologie' aufruft, dann erfahren wir bei allem Entsetzen über das Übermaß menschlicher Frechheit auch eine Erleichterung: weil nun endlich die Katze aus dem Sack ist; weil der Herr Krause uns hilft zu erkennen, daß diese sogenannte Glaubensbewegung sich mit Riesenschritten von unserem Heiland wegbewegt, ihn verläßt, verrät, verleugnet um des Ärgers willen, der nun einmal zu ihm und zu uns, die ihm nachfolgen wollen, gehört."

Er läßt die Stimme ausklingen, stützt sich mit beiden Händen auf den Tisch, beugt sich weit vor, weil er nun wieder Privates mitteilen will: Er selbst, der Pfarrer, habe mit diesem Ärger seine Erfahrungen, schmerzliche, denn er sei nun einmal empfindlich, es täte ihm weh, Ärgernis und Mißfallen zu erregen, in letzter Zeit sogar nach zwei Seiten hin. „Die einen ärgern sich über eine gewisse Zurückhaltung hinsichtlich des politischen Neuanfangs, die anderen finden mich nicht streng, nicht ausschließlich genug bei der Wahrung kirchlicher Formen, und sicher werden sich jeden Sonntagmorgen und auch heute einige Herren ärgern, weil sie meine Worte abhören und mitschreiben müssen, wo sie doch viel lieber daheim im Bett oder beim Bier bleiben würden." Dabei kneift er die kleinen Augen zu Schlitzen zusammen und wirft einen Blick zum anderen Ende des Saales, wo neben dem Ausgang ein Herr im Mantel eifrig in ein Notizbuch kritzelt und, als es in seiner Nähe unruhig wird, erschrocken aufschaut, dem Blick und dem andauernden Schweigen des Pfarrers begegnet, zu räuspern, zu rutschen anfängt, Notizbuch und Bleistift wegsteckt und mit gesenktem Kopf durch die Tür nach draußen schlüpft.

Während das Lächeln des Pfarrers sich durch die Reihen ausbreitet und eine gute Wärme erzeugt, kommt er zum Schluß.

Jedenfalls sei es unbequem, manchmal sogar gefährlich, ein Ärger zu sein. Deshalb sei es so wichtig, daß die Glieder dieser Gemeinde ganz fest zusammenhielten, um einander zu stützen und zu stärken. Aus diesem Grunde habe er die Versammlung zusammengerufen, nicht etwa um zu schelten, wie manche vielleicht angenommen hätten, sondern um herzlich zu bitten: laßt uns zusammenstehen! und denjenigen, die vielleicht, ohne es selbst zu wissen, auf Abwege geraten seien, zuzurufen: Kommt heim in unsere Gemeinde! Haltet euch zu unserem Herrn, der uns Ärgerliches nicht erspart, der uns aber auch die Kraft gibt, es auszuhalten und zu überwinden. Wenn wir auch nicht gerade Lämmer schlachten, so werden wir doch ein Fest miteinander feiern, ein festliches Weihnachtsabendmahl mit unserem Meister, der uns einlädt: Kommt, es ist alles bereit!

Danach ist er rasch hinausgegangen, hat im Vorübergehen dem Lehrer die Hand auf die Schulter gelegt, seinen Blick gesucht, ihm zugelächelt, als wollte er sagen: Sind wir jetzt einig? Und das waren wir, sagt der Lehrer, einen Abend lang waren wir Kampfgefährten, fast Freunde . . .

Als er zurückkam und zur Gegenrede aufforderte: „Jetzt sind Sie dran!", hat sich keiner zu Wort gemeldet. Das lag nicht an der Verstimmung oder Widerstand der Versammelten, sagt der Lehrer, sondern im Gegenteil, an einem Übermaß an Übereinstimmung. Er habe danach mit verschiedenen Leuten gesprochen, auch mit solchen, die sich unter dem Einfluß eines ehemaligen

Vikars zu den Deutschen Christen geschlagen hatten. Sie hätten zwar nicht mehr genau gewußt, was der Pfarrer gesagt hatte, aber alle hätten den Eindruck gehabt, es gäbe nichts mehr hinzuzufügen, alles, was sie etwa auf dem Herzen gehabt hätten, sei vom Pfarrer ausgesprochen, gelöst, entschieden.

Der Pfarrer hat ein gemeinsames Lied vorgeschlagen, zuerst vier Strophen „Macht hoch die Tür . . .", dann, auf allgemeinen Wunsch, das Reformationslied „Ein feste Burg ist unser Gott".

Während der ersten Strophe sprang die Tür zum Flur geräuschvoll auf, und drei Männer in SA-Uniform betraten den Saal, unter ihnen der Bürgermeister, den der Pfarrer für einen beschränkten, aber „im Grunde" braven Burschen hielt. Köpfe wandten sich, Flüstern mischte sich in den Gesang, der immer spärlicher wurde und schließlich bis auf das Klavier und die Stimme des Pfarrers versiegte. Der stand auf und grüßte mit einem sonnigen Lächeln zum Bürgermeister hinüber, der mit verlegener Miene immer noch in der Nähe der Tür stand. „Und nun", rief er, „singen wir zum Abschluß die dritte Strophe des begonnenen Liedes." Dröhnend stimmte er an: „Und wenn die Welt voll Teufel wär und wollt uns gar verschlingen." Das Klavier fiel ein, dann die Gemeinde, mit jedem Wort trotziger, kräftiger, freudiger, „so fürchten wir uns nicht so sehr, es muß uns doch gelingen. Der Fürst dieser Welt, so sau'r er sich stellt, tut er uns doch nicht, das macht, er ist gericht. Ein Wörtlein kann ihn fällen." Sie sangen so laut, daß vom Klavier nichts mehr zu hören war, grade, daß der Lehrer die Einsätze durchbrachte, um die glückselig steigenden Stimmen auf C-Dur festzunageln. Als er vom Choralbuch aufschaute, waren die Uniformierten verschwunden, die Tür geschlossen.

In der kurzen Zeit bis Weihnachten haben die Presbyter, die sich der Glaubensbewegung angeschlossen hatten, ihren Austritt erklärt, und der abtrünnige Teil der Gemeinde ist ihnen gefolgt. Das festliche Abendmahl am ersten Weihnachtsfeiertag hat über Mittag gedauert, obwohl kein Einzelkelch gegeben wurde. Der

Küster mußte mehrmals mit dem Korb in den Gemeindehauskeller hinunter, um Wein nachzuholen, weil der Vorrat in der Sakristei nicht ausreichte.

Als der Lehrer mit dem Katakombenklang des Gesanges im Kopf und einem eilig hinuntergeschütteten Bier im Leib von der Gemeindeversammlung nach Hause ging, hat er sich ausgemalt, wie der Pfarrer statt der kleinen deutsch-christlichen Schreier von Auel Minister und Parteifunktionäre in den Sack seines Wohlwollens steckte; er war zwar kein Streiter wie Niemöller, kein theologischer Denker wie Barth, kein Organisator wie Propst Grüber, aber im Kirchenkampf hätte er doch von Nutzen sein können mit dieser „Gabe", Menschen zum Guten zu bewegen, indem er das Gute oder den Willen dazu voraussetzte. „Man muß ihm das lassen", hat er auf seinem einsamen Heimweg gemurmelt, „soll er ruhig an das Gute in Hitler und Hitlergenossen glauben, wenn wir ihn nur auf der richtigen Seite haben." Bei der Vorstellung seines Pfarrers im Zaubererrock, wie er braunen Bonzen zu ihrer eigenen Überraschung Tauben der Unschuld und Karnickel guten Willens aus den Rocktaschen zieht, hat er vor sich hin lachen müssen, ein Segen, daß ihm kein Schüler begegnet ist, der hätte ihn glatt für betrunken gehalten.

Von da an habe er auf ein Signal des Pfarrers gewartet, sagt der Lehrer, auf irgendein Zeichen, daß er einer der ihrigen sei und mit ihnen zusammenarbeiten wolle. Aber es kam nichts, kein Versuch eines Gespräches, keine Auseinandersetzung, auch keine Rüge wegen geheimer Aktivitäten im Untergrund.

Es kam, ein halbes Jahr später, diese Presbytersitzung, in der er die Gemeindeältesten mit der unglaublichen Behauptung überraschte, er hätte bis heute, bis ein „Wohlmeinender" ihm einen der Informationsbriefe aus Barmen-Gemarke zuspielte, nichts von der Existenz einer Bekenntnisgemeinde in Auel gewußt, nichts von geheimen Versammlungen, nichts von Fahrten zu auswärtigen Gottesdiensten, obwohl er doch ständig in dieser

Gemeinde unterwegs war, alles von jedem einzelnen wußte, die Finger in allem drin hatte, aber davon wollte er nichts gewußt haben.

Da war es vorbei mit dem Hoffen und Warten. Da mußte man ihm reinen Wein einschenken und eine Entscheidung erzwingen, und wie der Lehrer das sagt, fällt mir ein, welche Presbytersitzung gemeint sein könnte, die nämlich, von der meine Mutter gesagt hat, daß sie der Anfang vom Ende gewesen sei, der Anfang der Quälerei, die unseren Vater zerrieben und schließlich umgebracht hätte.

13

Die Presbytersitzung fand, wie immer, im Gemeindehaus statt: schmaler, hoher, von Kirchenmief frostig erfüllter Raum. Kaltes Licht von mehreren, an langen Schnüren von der Decke herabhängenden Glühbirnen in weißen Porzellantellern. Die Presbyter waren schon vollzählig um den langen Tisch unter dem Wandkreuz versammelt, als der Pfarrer eintrat, ausnahmsweise verspätet, eine längliche, dunkel gebeizte Holztafel unter dem Arm: ein Wandspruch, wie sie früher in frommen Häusern hingen. Inmitten des allgemeinen Verstummens legte er sie mit der beschriebenen Seite nach unten vor seinen Platz am Kopf des Tisches.

„Ich habe Ihnen etwas mitgebracht", sagte er. „Es stammt noch aus meinem Elternhaus, und ich möchte Ihnen dazu eine Geschichte erzählen." Scherzhaft, obwohl ihm bestimmt nicht nach Scherzen zumute war, sprach er von der Zeit, in der er als junger Hilfsprediger in Düsseldorf-Rath endlich „ans Predigen kam". Wie er am Samstag vor seinem ersten Predigtsonntag, von Lampenfieber geplagt, in den Zug nach St. Goar stieg, um seine Predigt vor Vater und Mutter „ins unreine" zu halten. Sie saßen ganz hinten, im Dämmrigen unter der Orgelempore der St. Goarer Stiftskirche, während er, erhöht und einsam auf der Kanzel, zu sprechen anfing, befremdet von den leeren, bohnerwachsglänzenden Bänken und vom hallverzerrten Klang seiner Stimme, die ihm pompös und leer vorkam, ungeeignet, in einzelne Ohren und Herzen zu dringen. Entmutigt las er von seinem Konzept, bis ein Räuspern des Vaters ihn mahnte, sich frei zu machen, die Hände von der Kanzelbrüstung zu lösen und die Stimme vom Sinn der Worte füllen und tragen zu lassen. Schließlich trug es ihn auch davon. In seiner Vorstellung füllten sich die

Bänke mit andächtig horchenden Zuhörern. Er wagte ein paar Gesten, denen die weiten Talarärmel Fülle und Pathos verliehen.

Auf dem Heimweg übte sein Vater wohlwollende Kritik. Die Mutter schwieg. Erst als er in sie drang, sagte sie: Es fehlt etwas! Sie konnte nicht sagen, was. Sie wollte darüber nachdenken. Anfang nächster Woche wurde im Pfarrhaus Düsseldorf-Rath ein Paket für ihn abgegeben. „Dies hier!" sagte er, und richtete die Tafel auf, damit die Presbyter das in Brandmalerei Geschriebene lesen konnten: MEHR LIEBE.

Er bat die Presbyter, bei dem, was jetzt besprochen werden müsse, diese Worte im Auge und im Herzen zu behalten. In der Aktentasche hatte er einen Hammer mitgebracht – ein kleines silbernes Ding, eher ein Spielzeug –, auch Nägel, die er einen nach dem anderen krumm schlug, als er versuchte, sie unterhalb des Kreuzes in die Wand zu treiben. Als er sich ratlos umschaute, ärgerlich, daß ihm diese symbolische Handlung mißlungen war, sprangen gleich mehrere Presbyter auf, um ihm beizustehen. Der Kirchmeister ging hinauf in die Küsterwohnung, um Nägel und einen ordentlichen Hammer zu holen. Als er zurückkam und das Anbringen der Tafel mit ein paar kräftigen Schlägen erledigte, war das Schlimmste schon ausgesprochen: die heimliche Gemeinde hinter seinem, des Pfarrers, Rücken . . .

„Bin ich Ihnen nicht immer offen und vertrauensvoll entgegengekommen?" fragte er, während die Köpfe sich tiefer senkten. „Habe ich Ihnen jemals Anlaß gegeben zu glauben, daß meine Arbeit nicht von Wort und Bekenntnis geleitet sei? Haben wir uns nicht gemeinsam bemüht, die Gemeinde zusammenzuhalten und einen guten Weg in der Nachfolge Christi zu führen? Und nun auf einmal treiben Sie quer, spalten die Herde, halten in Wirtshaussälen und Privatwohnungen Bibelstunden ab, fahren in andere Orte, andere Gemeinden zum Gottesdienst. Sie geben geheime Mitgliedsausweise aus und verständigen sich durch geheime Briefe." Er griff in die Jackentasche und hielt einen Umschlag hoch. „Sie empfangen Weisungen von einer Kirchenleitung, die nicht die meine ist. Sie führen Kollekten ab, die unserer Gemeinde verlorengehen. Sie nennen sich Bekenntnisgemeinde, als hätten Sie in unserer evangelischen Kirche das Glaubensbekenntnis gepachtet. Mein eigener Vikar, der jeden Morgen zur Besprechung zu mir kommt, arbeitet mit Ihnen, ohne mir einen Ton zu sagen, ebenso der Kollege Gefängnispfarrer. Das Fräulein Vikarin, das die Mahlzeiten in meinem Hause einnimmt, wirbt in der offiziellen Bibelstunde für die Spaltergemeinde. Ein Theologiestudent, den ich selbst konfirmiert und zum Studium ermutigt habe, macht den Geheimkurier, den Missive, wie Sie nach den Helfern der Heidenmission Ihre Boten zu nennen belieben. Als hätten Sie es bei uns, Ihren Brüdern und Schwestern aus unserer altpreußisch-unierten Kirche, mit Heiden zu tun.

Welcher Dünkel! Welch ungeheuerliche, unchristliche Überheblichkeit!" („Als sei es eine persönliche Sache zwischen ihm und uns", sagt der Lehrer, „eine Herzensangelegenheit. Als müßte ein häuslicher Streit durch Aussprache bereinigt werden, und wenn man nur MEHR LIEBE zeigte, müßten die Standpunkte sich schmelzend vereinigen. Und es wäre ihm gelungen, auch in dieser Sitzung wie in anderen Sitzungen, Versammlungen, Gottesdiensten vorher, wenn diesmal nicht ein Böser dabeigewesen wäre, ein Widersacher und Verhinderer von Einmütigkeit. Ich hätte die Rolle gern einem anderen überlassen, aber keiner wollte sie nehmen.")

„Halten Sie sich tatsächlich für weiser und glaubenstüchtiger als unser Konsistorium und der Herr Generalsuperintendent?" fragte der Pfarrer, bekam keine Antwort, nur, bei der Erwähnung des Generalsuperintendenten wurde ein abfälliger Ton laut, auf den er empfindlich reagierte: „Wenn ich auch nicht in allen Dingen seiner Meinung bin, so verbindet uns doch im tiefsten die Überzeugung, daß unsere Kirche die schwere Zeit der Anfechtung nur überstehen kann, wenn sie einig bleibt und alle Spaltungsversuche zurückweist."

Er wartete auf Reaktionen, die nicht erfolgten, und fuhr dann lockerer fort: „Ich maße mir nicht an, den guten Willen meines Amtsbruders Niemöller in Zweifel zu ziehen, aber manchmal habe ich den Eindruck, daß seine Draufgängerei mehr Schaden als Nutzen bewirkt. Eine Kanzel ist kein U-Boot!"

Er spürte Belustigung im Raum, lächelte sein gewinnendes Lächeln, das von einigen Presbytern erwidert wurde, nicht von dem Lehrer, der seinen Leitzordner aufgeschlagen hatte und in den Blättern herumsuchte.

Mit hochgezogenen Brauen und einem Zucken um die Mundwinkel sah der Pfarrer ihm dabei zu und teilte auf diese Weise ohne Worte mit, was er sich dachte: so ein Pingler, Federfuchser, Prinzipienreiter, Kleinigkeitskrämer, so einer, der überall ein Haar in der Suppe findet, der nie so richtig aus vollem Herzen ja sagen kann. Der Lehrer spürte Amüsement auf seine Kosten und wirkte verklemmt, als er nun aufstand und, genau so, wie der Pfarrer es zwinkernd vorweggenommen hatte, zu reden anfing, nämlich trocken, eintönig, schwunglos, zögerte mit der Wortwahl, legte Denkpausen ein, löste umständlich Blätter aus der Befestigung des Ordners, ließ sie herumgehen.

(„Man mußte ja so vorsichtig sein", sagt er zu mir. „Um Himmels willen kein Wort gegen den Führer, gegen die Regierung, gegen die Partei. Wir hatten Parteigenossen im Presbyterium. Der Kirchmeister, Mitglied unserer Bekenntnisgemeinde, war SA-Mann, fest überzeugt, der Führer sei ein Freund der Kirche, von Schikanen, Eingriffen, Verhaftungen wüßte er nichts. Ich ließ ihn dabei, heilfroh, wenn er uns über bevorstehende Razzien informierte.")

Mit der gebotenen Vorsicht also, den Blick auf seine Unterlagen geheftet, begründete der Lehrer das Entstehen der Bekenntnisgemeinden und ihre Heimlichkeit, spürte beim Reden die Langeweile, die der Pfarrer durch Haltung und Gesichtsausdruck den anderen mitteilte, wie er – auf eine lästige Dauer eingerichtet – zurückgelehnt, Beine übereinandergeschlagen, dasaß, den Blick durchs Fenster nach draußen schweifen ließ, mit dem Bleistift spielte, die Blätter flüchtig überflog und weiterreichte: nichts Wesentliches, was er da geboten kriegt, wann hört der Mann endlich auf, damit das Herz wieder sprechen kann, die Stimme des Vaters und Guten Hirten.

Um die schläfrige Luft in Bewegung zu bringen, stand der Lehrer auf, ging wie in der Schule auf und ab in dem engen Gang zwischen Tisch und Wand, während er mit kaum wahrnehmbarer Ironie von „dem großen Ereignis der Gleichschaltung der evangelischen Landeskirche" erzählte.

Am 27. Juni (1933) in Koblenz sei er leider nicht dabeigewesen, dafür aber am 5. Juli in der Kölner Messehalle. Er sei mit seiner Frau und Bekannten mit dem Zug hingefahren, und obwohl er vor der Zeit dagewesen sei, hätte er kaum Platz gefunden zwischen den Uniformen von SA, SS, HJ, Stahlhelm. Die seien offenbar mit einem Schlag ungemein kirchlich geworden. Ein SA-Musikzug habe ohrenbetäubend musiziert, und der Herr Pfarrer Oberheyd in der Uniform eines Sturmbannführers habe von einer neuen männlichen Seelsorge gesprochen. Der Herr Generalsuperintendent habe den Führern der Organisationen seinen brüderlichen Gruß entboten, nur kurz; das Wesentliche, nämlich seine Bereitschaft, mit dem Bevollmächtigten der Regierung zusammenzuarbeiten, hätte er ja schon in Koblenz erklärt.

Die rechte Begeisterung sei erst aufgekommen, als der Bevollmächtigte für das Rheinland, Landrat Dr. Krummacher, über die neue Kirche gesprochen habe.

Ich habe mir ein paar Sätze notiert, sagte der Lehrer, ging zu seinem Ordner zurück, griff ein Blatt heraus, las vor, ohne eine Miene zu verziehen:

„Nun, da am 30. Januar 1933 ein neuer Staat geworden ist, soll die alte Tradition, die unserem Volke viel Segen gebracht hat, wieder aufgenommen werden, daß Kirche und Staat nicht nebeneinander, sondern miteinander vorwärtsmarschieren . . . So hat der Staat als Mann um die Kirche als Frau geworben.
Aber wir haben seit dem 30. Januar mehrfach die Erfahrung gemacht, daß die Kirche dem Staat gegenüber etwas spröde tat, und da haben wir uns gesagt, wir müssen etwas energischer werden, und das Ergebnis dieser energischen Werbung ist der Staatskommissar. Das ist aber sicher nicht böse gemeint, sondern es ist aus lauter Liebe geschehen . . ."

Die volkstümliche Sprache des Herrn Staatskommissars habe großen Anklang gefunden, fuhr der Lehrer fort. Nur einmal sei es zu einer Störung gekommen. Eine Mädchenstimme rief: „Lüge!" Sofort setzten sich die Ordner in Bewegung. Sie sei dann von selbst gegangen – eine Schülerin!

Während er las, nahm er über den Blattrand hinweg wahr, daß der Pfarrer mehrmals die Beinstellung wechselte und ungeduldige Seufzer ausstieß. Die Pause, während der Lehrer das Blatt zwischen die anderen ordnete, benutzte er, um leichthin zu sagen, das möge ja so gewesen sein, er selbst habe wegen einer wichtigen Amtshandlung an der Kundgebung nicht teilnehmen können, nicht gerade zu seinem Leidwesen, fügte er zwinkernd hinzu. Er sei deshalb nicht so genau informiert wie der Lehrer, er meine aber, sich zu erinnern, daß die sogenannte Gleichschaltung von der Kirche nicht unwidersprochen geblieben sei, daß sogar der Herr Reichspräsident persönlich eingegriffen habe, mit dem Erfolg, daß die Beurlaubungen aufgehoben, der Staatskommissar und seine Bevollmächtigten, also auch der Herr Krummacher, abberufen worden seien.

Dem Lehrer entkam ein bitteres Auflachen, mit dem für einen Augenblick seine Erregung durchschlug, aber sofort nahm er sich wieder zusammen und verfiel von neuem in die penetrant eintönige Berichterstattung, die der Pfarrer bis zum vorläufigen Ende bei der Konstituierung des Pfarrernotbundes im September nicht mehr unterbrach.

Dann erhob er sich zur Erwiderung, dankte für die präzise Darstellung der Vorgänge, bekundete Verständnis: sicher seien die Amtsbrüder vom Pfarrernotbund von ernsten Gewissensfragen bewegt, das wolle er ihnen gar nicht absprechen, nicht das Fragen und Ringen lehne er ab, sondern die Konsequenz – die Spaltung der Kirche. Es gäbe zwei Arten von Denken, deren jede zu ihrer Zeit ihre Berechtigung habe, sagte er, das intellektuelle Denken, das schneidet, trennt, spaltet, seziert und, um der Genauigkeit willen, das Leben austreibt, und das Denken des Herzens, das die Entwicklungen liebend umfängt und zu beeinflussen sucht, indem es die guten Kräfte bestärkt, die bösen hindert, nicht von außen, sondern von innen, durch die Gaben, die Gott verliehen hat: getreue Arbeit am Nächsten, Verkündigung der reinen Lehre, vor allem aber und über allem durch das Gebet.

„Hat nicht unsere Gemeinde in jüngster Zeit erfahren dürfen, wie diese zweite Art des Denkens und Redens die bösen Kräfte der Spaltung überwunden hat", sagte er und meinte damit seinen Triumph im Tanzsaal des Hotel Felder. „Sollten wir nicht schon deshalb auf dem Weg der Einmütigkeit weitergehen, der so offenbar von Gott gesegnet war?"

Er ließ seinen Blick von einem zum anderen gehen und bei dem Lehrer verweilen, der mit ausdrucksloser Miene vor sich hin starrte, ohne auf die stumme Bitte zu reagieren. Mit einer Andeutung von Kopfschütteln und Seufzen ließ der Pfarrer von ihm ab und fuhr in zuversichtlichem Ton fort: „Wir sind mit unserem Entschluß nicht allein geblieben. Überall in unserer Kirche haben sich Einsichtige von der Glaubensbewegung Deutsche Christen abgewandt. Und nun bitte ich Sie, Ihr Gewissen zu befragen, wie dem Frieden am besten gedient sei, durch Mitarbeit in der Kirche, die sich um Verständigung der widerstreitenden Kräfte bemüht und keinen ausschließt, der guten Willens ist, oder durch pharisäisches Bestehen auf Buchstaben, das zur Spaltung führen muß."

Noch während er sprach, hatte er angefangen, in seinem Testament zu blättern, um ein passendes Schlußwort zu suchen.

Die Presbyter atmeten auf, es war ihnen recht, wenn die Gewissensbefragung nicht hier, unter den Augen des Pfarrers, sondern daheim im Kämmerlein stattfand. Einige schielten schon nach den Mänteln, da stand der Lehrer noch einmal auf und sagte: „Ich bin noch nicht fertig."

Mit störrischer Miene, ohne den Versuch, Kontakt aufzunehmen, wartete er das große Seufzen ab, dann zählte er auf, was noch übrig war: Arierparagraph, Jugendvertrag, Maulkorbverordnung, Verhaftungen. Der Pfarrer demonstrierte seine Ungeduld deutlicher, fuhr mehrmals dazwischen.

„Der Arierparagraph ist doch längst aufgehoben", behauptete er. Der Lehrer widersprach, hatte die Daten im Kopf: 5. September 1933 eingeführt, 16. Dezember ausgesetzt, 3. Januar 1934 wieder in Kraft getreten.

„Das muß mir entgangen sein", sagte der Pfarrer ärgerlich, natürlich sei er dagegen. Obwohl er die ablehnende Haltung der neuen Regierung gegen die Übermacht der Juden in Presse, Börse, Theater zumindest verstehen könne. Er ist, wie alle wissen, ein alter Deutschnationaler, daraus macht er keinen Hehl. Wie sollte er vergessen können, was diese jüdische Presse in den Kriegs- und Nachkriegsjahren dem Kaiser angetan hat. „Die Wunden sind noch nicht vernarbt. Aber das tut nichts zur Sache. Dieser Paragraph muß und wird verschwinden. Die Handhabung zeigt, daß er schon jetzt nicht mehr ernst genommen wird. Alle elf Pfarrer in unserer Landeskirche, die davon betroffen wären, fallen unter Ausnahmebedingungen."

„Es geht ums Prinzip", sagte der Lehrer.

„Prinzip . . . Prinzip!" seufzte der Pfarrer, hob die Schultern, ließ sie fallen.

Zum zweiten Mal unterbrach er bei der Schilderung der Führeraudienz vom 25. Januar, zwang den Lehrer, der sich aus gutem Grunde kurz fassen wollte, zur Vorlesung des verhängnisvollen Niemöller-Telefonats, ließ es nicht zu einem Kommentar kommen, sondern wiederholte in vorwurfsvollem Ton: „Minen gelegt . . ." „Sache gut gedreht . . ." „vom Reichspräsidenten die Letzte Ölung empfangen . . ." „Was sind das für Töne?" wandte er sich an die Presbyter. „Klingt das nicht nach Aufstand und Umsturz? Mußte der Führer sich nicht hintergangen fühlen? Mußte er nicht annehmen, in dieser evangelischen Kirche sei ein Komplott gegen ihn im Gange?"

„Meine Freunde!" Er lehnte sich über den Tisch und versuchte, mit Blicken die Aufmerksamkeit der Zuhörer noch einmal auf sich zu versammeln, was ihm auch gelang: „Vierzehn Jahre lang haben wir allen möglichen Regierungen, roten, schwarzen und indifferenten, Loyalität erwiesen, so schwer es uns manchmal auch fiel. Wollen wir nun dieser Regierung, die sich als erste ausdrücklich auf den Boden eines positiven Christentums stellt, wegen einiger Anfangsschwierigkeiten in den Rücken fallen? Wollen wir alles Positive vergessen und uns ans Negative klammern, statt Geduld zu üben und guten Willen zu zeigen, der von seiten der Regierung immer wieder unter Beweis gestellt worden ist? Unsere Kirche hat in der letzten Zeit einen recht erbärmlichen Anblick geboten, teils wegen der Exzesse der Deutschen Christen, teils wegen der verhärteten Position des Pfarrernotbundes. Ist es zu verwundern, daß der Staat versucht hat, Ordnung zu schaffen? Sollten wir nicht, statt uns zu streiten und Fehler gegeneinander aufzurechnen, endlich anfangen, die Einigkeit unserer Kirche wiederherzustellen und auch nach außen hin so deutlich zu demonstrieren, daß der Staat es nicht mehr nötig findet, sich einzumischen?"

Nach diesen Worten hat der Pfarrer sich gleich wieder hingesetzt und den Kopf in die Hand gestützt, als wollte er gar nicht sehen, wie seine Worte wirkten, als hätte er schon beim Reden gespürt, daß die erwartete, gewohnte Zustimmung ausblieb. Die Stille, die über den Nachklang seiner Worte zusammenwuchs, hat dem Lehrer fast körperlich weh getan.

Noch nie hatte er den Pfarrer so verloren gesehen, noch nie so deutlich gewußt, daß Zustimmung, Einverständnis, Sympathie das Element war, in dem er sich ein Leben lang bewegt hatte. Nun auf einmal sollte er eine andere Art der Bewegung lernen – im Zwiespalt, in der Gegnerschaft, in der Verlassenheit ...

Verstohlene Blicke krochen über die Tischplatte, betasteten seine Hand, die das Testament hielt, seinen gesenkten Kopf. Ein Presbyter schlüpfte mit einer gemurmelten Entschuldigung hinaus und kam nicht zurück. Keiner fand den Mut, das Schweigen durch ein gutes Wort zu beenden. Das mußte am Ende doch wieder der Pfarrer tun.

Mühsam stand er auf unter der Last, die die wortlose Entscheidung auf seinen Rücken gehäuft hatte, sprach, ohne den Blick zu heben, die Bitte aus, die die Jünger auf dem Weg nach Emmaus an den fremden Begleiter richten: „Bleibe bei uns, denn es will Abend werden und der Tag hat sich geneiget ..."

„Das war der Punkt, an dem unsere Wege sich trennen mußten", sagt der Lehrer. Er schlägt den Leitzordner zu, lehnt sich nach hinten und gibt mir, mit geschlossenen Augen in seiner Erinnerung lesend, das Bild dieser Trennung:

Einer nach dem anderen treten die Presbyter ins Licht der Straßenlaterne vor dem Gemeindehaus. Der Pfarrer kommt als letzter, bleibt auf der untersten Stufe der Treppe stehen, blickt von einem zum anderen: „Wollen wir wirklich so auseinandergehen?"

Noch einmal wartet er, noch einmal bleiben sie stumm.

Er seufzt, tritt auf den Kirchmeister zu, schüttelt ihm die Hand, dann die Hände der anderen, bringt noch ein paar Herzlichkeiten heraus: Grüße an Ehefrauen, Besserungswünsche für ein krankes Kind. „Nächste Woche, so Gott will, treffen wir uns unter einem besseren Stern!"

Erleichtert sagen sie „Gute Nacht". Einige drücken seine Hand besonders lang und heftig, als wollten sie wortlos um Entschuldigung bitten für den Kummer, den sie ihm bereitet haben. Dann streben sie eilig davon, nur der Lehrer bleibt zurück.

Als der Küster das Gemeindehaus von innen abschließt, wenden auch sie sich zum Gehen, in einer gemeinsamen Richtung, obwohl der nächste Heimweg sie schon hier auseinanderführen würde, den Lehrer nach links, um die Ecke des Gemeindehauses, an der Alten Mühle vorbei zum Brückchen über den Mühlengraben, den Pfarrer nach rechts, in den Tierbungert und bei Alsberg um die Ecke in die Bahnhofstraße.

Sie wählen aber, ohne sich zu verständigen, den mittleren Weg, der ihnen erlaubt, noch ein Stück zusammenzubleiben, vielleicht zu reden.

Hinter dem Schulhof der Höheren Töchterschule gehen sie entlang, der Pfarrer aufrecht, den Kopf mit Stoppelhaarschnitt ein wenig nach hinten geneigt, als hielte er nach Sternen Ausschau, der Lehrer gebeugt, hager, kurzer Rumpf, lange, knochige Gliedmaßen, die schwarze, immer zerwühlte Haartolle in der gesenkten Stirn.

Als sie sich der Ecke nähern, an der der Pfarrer nun endgültig nach rechts, der Lehrer links gehen muß, verzögern beide den Schritt, warten noch einmal, dann gibt der Pfarrer den stummen Wettkampf verloren, spricht als erster:

„Was Sie da machen, das geht doch gegen die Obrigkeit!"

„Ja!" sagt der Lehrer.

„Das kann ich nicht!“ sagt der Pfarrer, erst leise dann heftiger den Kopf schüttelnd. Dabei beschleunigt er seinen Schritt, geht im schrägen Winkel auf die andere Seite und weiter gradeaus, praktisch neben dem Lehrer, aber um die Breite der Straße von ihm getrennt, bis zu der Ecke, die sie in zwei rechten Winkeln auseinanderführt.

Der Lehrer ist zögernd weitergegangen. Nun dreht er sich noch einmal um und sieht den Pfarrer auf die erleuchtete Alsbergseite hinübergehen, kopfschüttelnd, als sagte er immer noch: Das kann ich nicht!

Zum ersten Mal sei er ihm alt vorgekommen, sagt der Lehrer. Er habe den Rücken, die Schultern, den Gang eines alten Mannes gehabt. Am 9. Februar dieses Jahres 1934 war er neunundfünfzig geworden . . .

14

Danach haben sie, so unglaublich es klingt, nie mehr über diese Dinge gesprochen, obwohl sie wie früher zusammenkamen, um die Gestaltung von Gottesdiensten und Kirchenfesten auszuarbeiten, aber nur „zur Sache“, sagt der Lehrer, und die Gereiztheit, die unter der Decke freundlich überlegener Duldung immer vorhanden war, äußerte sich nur in der alten Kontroverse um die Rolle der Musik im Gottesdienst, die der Pfarrer nur zur Untermalung der Wortverkündigung gelten lassen wollte, während der Lehrer in ihr eine gemeinschaftsbildende Kraft sah, die einzige Gelegenheit für die Gemeinde, dem Monolog des Pfarrers gegenüber singend oder spielend aktiv zu werden.

In den Predigten dieser Jahre sei viel von Bescheidung einerseits und vom großen Vertrauen andererseits die Rede gewesen, von der Erfüllung der kleinen unscheinbaren Pflichten und Aufgaben, die Gott vor die Füße gelegt hat, von der christlichen Bewährung in der Familie, am Nächsten, an dem Platz, an den der Herr uns gestellt hat.

Warum sich mit Dingen befassen, die dem Einblick des bescheidenen Gotteskindes entzogen sind? Warum in die Ferne schweifen, da die Gelegenheit zum Guten so nahe liegt? Das Rechte tun und alle weiteren Sorgen auf Gott werfen. Er wird es wohl machen.

Nur ein einziges Mal habe es zwischen ihnen einen kurzen gedämpften Wortwechsel gegeben. Den Zündstoff lieferte eine mickrige Kollekte für die Heidenmission, die in der Sakristei gezählt wurde. (Die Presbyter, die am Kirchenausgang die Teller gehalten haben, bauen aus Silber, Messing, Kupfer kleine Türme auf dem Sakristeitisch, gesenkte Köpfe, Zahlengemurmel, das Kind möchte gern mithelfen, aber das ist verboten. Kinder sollen

Geld nicht anfassen, Geld ist schmutzig, darf nur berührt werden, wenn man sich hinterher lang und heftig die Hände wäscht, wofür in der Sakristei keine Gelegenheit ist.)

„Keine Scheine", sagte der Presbyter, der mit dem Lehrer das Zählen besorgte. „Das wundert mich nicht", sagte der Pfarrer. „Schließlich werden in dieser Gemeinde noch andere Kollekten gesammelt."

Das ging, wie der Lehrer wohl wußte und nach kurzem Zögern auch aussprach, gegen die Sammlungen der Bekenntnisgemeinden für die Familien suspendierter oder verhafteter Notbundpfarrer.

Wenn die Kirche ihre mutigsten Zeugen verstieße, müßten eben die Gemeinden einspringen, sagte er. Aber „mutigste Zeugen" wollte der Pfarrer nicht gelten lassen, mutig wohl, aber Zeugen? Ob der Lehrer so sicher sei, daß diese Pfarrer tatsächlich nur für Christus gezeugt und um seinetwillen gelitten hätten? Nicht etwa um die Erhaltung erstarrter Prinzipien und Formen, wie zum Beispiel der Pfarrer Schneider aus Dickenschied um die calvinistische Kirchenzucht mit öffentlicher Buße und Ausstoßung. Hätte allein das Zeugnis für Christus sie in diese schlimme Lage gebracht, so müsse man ja annehmen, daß in diesem Dritten Reich die Verkündigung der reinen Lehre und die christliche Liebesarbeit behindert seien, „aber das ist doch nicht wahr, Herr Lehrer, das stimmt doch nicht", sagte er in einem inständigen Ton, der dem Lehrer verriet, daß er nicht nur zu ihm, sondern auch zu sich selbst sprach, zu seinem eigenen, trotz Gottvertrauen angegriffenen Gewissen.

„Mich hat bisher noch kein Mensch, kein Parteigenosse, kein SA- oder SS-Mann gehindert, Schrift und Bekenntnis zu verkündigen, meine Arbeit zu tun, meine Meinung zu sagen. Nicht ein einziges Mal – Sie wissen, Herr Lehrer, daß ich die Wahrheit sage –, nicht ein einziges Mal habe ich wegen eines Parteihorchers anders gepredigt, als ich ohne ihn gepredigt hätte, und wenn ich verhört wurde, bin ich von keinem Wort des Gesagten zurückgetreten. Und doch bin ich weder suspendiert noch verhaftet. Keiner verbietet mir oder behindert mich, in meinem Reden und Tun Christus nachzufolgen, der nicht zum Aufstand gegen die römische Herrschaft, sondern zum Frieden gepredigt hat: Selig sind die Friedfertigen, denn sie werden Gottes Kinder heißen! Selig sind die Sanftmütigen, denn sie werden das Erdreich besitzen!

Wenn ich oder eins meiner Pfarrkinder auf diesem Weg der Nachfolge behindert würde, dann würde ich mich wehren. Ich bin kein Feigling, Herr Lehrer! Ich würde dafür auch ins Gefängnis gehen und in der Zelle Choräle singen, wie der Bruder Schneider."

„Auch ins KZ?" sagte der Lehrer.

Von nebenan hallte Kinderlärm. Der Pfarrer machte einen Schritt in Richtung zur Tür. „KZ!" sagte er wegwerfend. „Sind Sie auch diesen Latrinenparolen zum Opfer gefallen, die aus der gleichen Hexenküche kommen, in der die Lüge über deutsche Verbrechen beim Einmarsch in Belgien gebraut wurden? Diese Leute hören nicht auf, unser armes Vaterland mit Schmutz zu bewerfen. Ehe ich nicht mit eigenen Augen eines dieser – wie haben Sie es genannt? – KZs gesehen habe, glaube ich kein Wort davon."

„Wie können Sie sehen, wenn Sie nicht hinschauen?" sagte der Lehrer, aber der Pfarrer war schon an der Tür, riß sie auf und donnerte in den Kirchenraum hinein: „Wollt ihr wohl leise sein, Kinder! Ihr seid im Gotteshaus!" Dabei stieß er gegen eine Helferin, die eben eintreten und zum Beginnen des Kindergottesdienstes mahnen wollte. „Ich komme schon!" sagte er und rief über die Schulter zurück: „Ein anderes Mal!"

Dieses andere Mal hat sich nie ergeben.

Von der Sakristei aus hat der Lehrer die Stimme des Pfarrers mit Kirchenhall sagen hören: Statt des auf der Tafel angegebenen Liedes wolle er ein anderes singen lassen. Dann gab er die Nummer im Gesangbuch an, und der Lehrer, der oft genug den Organisten gemacht hatte, wußte gleich, welches Lied gemeint war, nämlich: „Erhalt uns Herr bei deinem Wort!"

Er hat seine Rechnung schnell fertiggemacht und war schon auf der Treppe zum Kirchgarten, als die Kinder die dritte Strophe vom „Einerlei Sinn" sangen. Da sei ihm ganz elend geworden vor lauter Jammer über die arme Christenheit, die keinen einerlei Sinn zusammenbrachte, obwohl sie den Heiligen Geist so inständig darum bat. Ein Groll sei in ihm gewachsen gegen die Autoren der Heiligen Schrift, die ihre Leser zwischen „Seid untertan der Obrigkeit!" und „Du sollst Gott mehr gehorchen als den Menschen!" hängen ließen. Trotz Ärger gegen diesen kurz- oder weitsichtigen Pfarrer habe er eine Art trauriger Solidarität empfunden, weil dieser wie er um Weisung sang und betete und wie er keine klare Antwort bekam. Hätten die Apostel sich nicht ein wenig genauer ausdrücken können?

„Und wenn Sie nun nicht fortgegangen wären?" sagte ich heftiger als beabsichtigt aus Ärger über diesen Lehrer mit Durchblick, diesen Besserwisser, der von der hohen Warte seiner Weisheit zugesehen hatte, wie mein Vater im dunkeln tappte. „Wenn Sie nun auf ihn gewartet hätten, die halbe Stunde, die der Kindergottesdienst noch dauerte! Wenn Sie ihn im Kirchgarten abgefangen hätten, auch wenn das unangenehm war! Wenn Sie diese Peinlichkeit auf sich genommen und zu ihm gesagt hätten: Sie wissen nichts, Herr Pfarrer! Ihr Nichtwissen fängt an kriminell zu werden! Jetzt will ich Ihnen mal ein Licht aufstecken über den Pfarrer Schneider im Schwarzen Bunker von Buchenwald, wie sie ihn mit Stockschlägen auf den nackten Hintern traktieren, wie sie ihn mit verdrehten Armen am Fensterkreuz aufhängen und wie er trotz allem bei der nächsten Exekution wieder durchs Fenster brüllt: Mörder! Räuber! Ehebrecher! Diener des Teufels! Sie hatten doch Ihre Informationen aus Barmen-Gemarke! Sie wußten von Anfang an Bescheid . . ."

„Nicht von Anfang an", unterbrach er mich heftig. „Am Anfang wußte keiner Bescheid. Ich war nur von Anfang an anders disponiert, nicht zum Vertrauen, zum ‚immer das Beste annehmen', sondern zum Mißtrauen, zur Vorsicht, zur Wachsamkeit. Nicht weil ich von Natur aus ein mißtrauischer Mensch war, wie Ihr Herr Vater angenommen und sich weidlich darüber amüsiert hat, sondern weil ich aus einer anderen Schicht stamme, in der Vertrauen Luxus und Hindernis bedeutet. Haben Sie schon einmal darüber nachgedacht, warum die aufgeklärten Arbeiter immer vom Klassenkampf reden und die Unternehmer nur ‚alle in einem Boot' erkennen können? Von unten sieht die Welt anders aus, weil man sie mit anderen Augen sieht, und diese anderen Augen erwirbt man sich nicht willkürlich, sondern durch Erfahrungen, unangenehme, häßliche, schmerzliche, die sich nicht vermitteln lassen, jedenfalls nicht an Leute wie Ihren Vater, der dieses unangenehme Sehen nie nötig gehabt hat. Haben Sie nie im Aueler Pfarrhaus von ‚kleinen Leuten' reden hören, von ‚beschränkten Verhältnissen', vom ‚albernen Ressentiment der Volksschullehrer-Steißtrommler gegen die Akademiker', völlig unbegründet, unbegreiflich, man kommt ihnen doch so weit entgegen. Aber es gab eine Zeit, da war der Lehrer so eine Art Hausdiener für Kirche und Pfarrhaus, Mädchen für alles. Das hat sich inzwischen geändert, aber das Bewußtsein ändert sich nicht so schnell. Bei Gelegenheit kommt die Bitterkeit ganzer Lehrergenerationen hoch gegen eine bestimmte Art christlicher Bildung und christlicher Bildungsbürger, ihre arglose Sicherheit, auserwählt und geborgen zu sein im göttlichen Sinngebäude. So arglos und sicher schaukelte Noah in seiner Arche über Ertrunkene und Ertrinkende hinweg. Aber eines Tages hat Gott gerufen: Geh aus dem Kasten, Noah! Da mußten sie alle heraus. Es gibt Leute, die diesen Ruf bis heute nicht vernommen haben . . ."

Beim Reden war er aufgestanden und trabte rasch atmend, mit krummen zitternden Knien, im Zimmer auf und ab.

„Mein Vater war ein bescheidener Mensch", sagte ich. „Kein Dünkel, keine Schranke zwischen ihm und den Menschen. Jeder konnte mit ihm reden."

Der Lehrer fuhr herum. „Wirklich jeder?" bellte er mich an, und sein Blick war nun wirklich böse, wie die Mutter gesagt hatte. „Warum haben Sie nicht mit ihm gesprochen, wenn das so einfach war? So jung waren Sie auch nicht mehr, daß Sie nicht dies und jenes gesehen hätten, wonach Sie ihn hätten fragen können. Warum haben Sie ihn nicht gefragt, was er zu tun gedächte, als Hitlers Schergen Herrn Heilmann, Hannchen Heilmanns Vater, schwer leberkrank aus dem Bett zerrten? Das haben Sie doch gewußt. Ich weiß, daß Sie es gewußt haben! Das Kind war in

Ihrer Klasse. Es hatte Geburtstag an diesem Tag. Sie waren eingeladen."

„Hannchen Heilmann, die kenne ich gar nicht", sagte ich, „den Namen hab ich noch nie gehört", und als ich das sagte, zersprang eine Haut in meinem Kopf, und ein Gesicht trat hervor: glänzende Heidelbeeraugen, schwarzer Bubikopf, Ponys über den Brauen, glatt abgeschnitten, durchbohrte Ohrläppchen mit roten Steinchen darin: „Kommst du zu meinem Geburtstag?"

„Was der bloß einfällt", sage ich zu meiner Mutter, „die habe ich doch zu meinem Geburtstag nicht eingeladen", und meine Mutter sagt: „Geh nur hin! Das Kind kann ja nichts dafür, und schau mal nach, ob nicht bei deinen Büchern noch eins wie neu ist, das kannst du ihr schenken."

Aber am Geburtstag ist Hannchen Heilmann nicht in der Schule. „Wird wohl krank sein", sagt die Lehrerin, und Hilde Krämer, die hinter mir sitzt, flüstert in meinem Nacken: „Die ist nicht krank! Der ihren Vater haben sie heute nacht abgeholt, der ist doch ein Jüdd." Und ich atme erleichtert auf: „Dann brauchen wir nicht zu ihrem Geburtstag. Bei denen stinkt's."

„Man konnte nicht mit ihm reden", sagte der Lehrer und hatte plötzlich den gelben Umschlag vom ersten Besuch in der Hand, warf ihn vor mich hin auf den Tisch, so daß ich die alte Adresse meines Vaters in Auel sehen konnte und die ungestempelte Briefmarke. „Dies wollte ich ihm schicken", sagte er, „aber ich habe es nicht übers Herz gebracht. Vielleicht denken Sie mal darüber nach, warum . . ." Er ließ sich in den Sessel fallen und schloß die Augen. Meinen hastigen Abschied nahm er nicht zur Kenntnis.

Ich habe den Umschlag im Wartesaal des Aueler Bahnhofs geöffnet. Er enthielt eine Zusammenstellung der Unterlagen und Notizen zu einem Mordfall im Februar 1933 und den darauffolgenden Prozeß. Folgendes war passiert:

In der Nacht vom 14. auf den 15. Februar 1933 greift ein SS-Schlägertrupp das Volkshaus der Gewerkschaft an, zertrümmert den Schaukasten und reißt die ausgehängten Blätter heraus. Es handelt sich um die Rheinzeitung mit Informationen über die Beteiligung der deutschen Industrie an Hitlers Aufstieg. Aus den Fenstern des Volkshauses und von der Straße wird geschossen. Ein SS-Mann bleibt liegen, Kopfschuß.

Da der Verletzte protestantischen Glaubens ist, wird der Pfarrer gerufen. Er trifft vor dem Arzt ein und bemerkt, daß es für das Abendmahl zu spät ist. Er kniet neben dem Toten nieder und betet das Vaterunser. Inzwischen ist Polizei zur Stelle. Die Volkshausleute, darunter ein Verwandter des Lehrers Limbach, werden verhaftet. Der Pfarrer erkennt ihn, als er abgeführt wird, und ruft klagend aus: „Lieber Gott, beide aus meiner Gemeinde.“ Mit „beide“ meint er Mörder und Opfer.

Bei der Verhandlung kann die Mütze des Toten, wichtigstes Beweisstück der Verteidigung, nicht vorgeführt werden, weil sie auf geheimnisvolle Weise verschwunden ist. Gegen das Urteil des Sachverständigen, daß der Schuß von hinten gekommen sei, steht der Eid der SS-Kameraden. Die Männer, die aus dem Volkshaus geschossen haben, verschwinden im Aueler Zuchthaus.

Verzweifelt suchen die Eltern nach einem mutigen Anwalt, der das heiße Eisen noch einmal anfaßt. Endlich finden sie einen, der es wagt, vor dem Gericht von Roten als „deutschen Männern“ zu sprechen: „Als deutsche Männer hatten sie das Recht, sich zu wehren.“ Der Richter rügt ihn. Die beantragte Obduktion wird verweigert. Daß eine unbefangene Augenzeugin, ein älteres Fräulein, das vom Fenster ihrer Wohnung aus die Schießerei beobachtet hat und darüber eine Aussage machen will, auf offener Straße zusammengeschlagen wird und seitdem nicht mehr aussagen will, beeindruckt das Gericht nicht.

Andere Zeugen melden sich nicht, weder der Pfarrer noch der Arzt, der kurz nach ihm eintraf.

Jahre später kommt es auf einer Kirmes zu einer Schlägerei zwischen verschiedenen Nazi-Organisationen. Die Polizei nimmt einen Hitlerjungen fest, der im Suff Geheimnisse preisgibt, zum Beispiel, daß er gehört hat, die Mütze des Toten sei von den Kameraden beiseite geschafft worden. Und daß die Kameraden falsch geschworen haben, weil nämlich der tödliche Schuß ein

Versehen war, von hinten, aus den eigenen Reihen abgefeuert, was aus der Art der Verwundung und der Beschädigung der Mütze ersichtlich gewesen sein müßte für einen in Wunden erfahrenen Weltkriegsteilnehmer . . .

In aller Stille wird die Sache geregelt, unter Ausschluß der Öffentlichkeit. Die SS-Kameraden werden verständnisvoll ermahnt, die Gefangenen ohne Rehabilitation und Entschädigung entlassen. Statt Schweigegeld bekommen sie Arbeit in einer auswärtigen Fabrik.

Den Unterlagen ist ein kurzer Brief des Lehrers beigegeben, in dem er den „Verehrten Herrn Pfarrer" bittet, ihm eine Frage zu beantworten: „Warum haben Sie geschwiegen?"

15

DAS KIND möchte nicht mehr „das Kind" heißen, nicht mehr „es", sondern „sie"! verkündet es von seinem Platz am Kopf des Familientisches, eingerahmt von Mutter links, Vater rechts. Die Geschwister brechen in Gelächter aus.

„So so, du willst groß sein", sagt der Vater. „Dann müssen wir wohl andere Saiten aufziehen."

„Ach nein, dann lieber nicht!" sagt das Kind.

Es geht nicht mehr an der Hand, braucht kein Fußbänkchen mehr, um aus dem Fenster zu schauen. Die Vormittage verbringt es nicht mehr im Studierzimmer, sondern in der Schule. Wenn es früher nach Hause kommt, schlüpft es an der Küche vorbei und die Treppe hinauf zur Studierzimmertür, die nun auch ihm wie den anderen Kindern verboten ist. Es räuspert sich, hustet, bewegt die lockere Klinke, lauert auf ein Zeichen, daß es eintreten darf, aber der Vater, versunken in seine Arbeit, nimmt die Signale nicht wahr. Manchmal ist es vorwitzig, dann wischt der Vater ihm mit dem Handrücken über den Mund: „Halt den Bäbbel!" Wenn es lästig wird, sagt er: „Geh mit Gott, aber geh!"

Er liebt es, Reines und Klares an dem Kind zu bemerken: die reine Stimme, den reinen Geigenton, die reine Stirn, das klare Auge. Gästen gegenüber betont er, daß es noch „ganz und gar Kind sei", ein Dötzchen, ein Stümpchen, ein Wildfang, an ihm sei ein Junge verlorengegangen. Wenn es in der obersten Tannenspitze schaukelt, droht er lachend über die Balkonbrüstung: „Nicht so wild!" Dann schaukelt es heftiger. Es weiß, daß es ihm so gefällt. Auch seine Leistungen in der Schule gefallen ihm, sogar die Beschwerden der Lehrer über Widerrede und ungebärdiges Wesen. Aber es gibt etwas an seinem Großwerden, das ihm mißfällt, das wird nie genannt, nicht mal Andeutungen, Umschreibungen, nur dieser kühle Strahl des Nichtgefallens immer auf den gleichen verschwiegenen Fleck, der offenbar nicht geliebt werden kann, weder von ihm, noch von Gott. Der also nicht sein sollte.

Ärgert dich dein rechtes Auge, so reiß es raus!

Wie macht man das? Wie kriegt man es zu fassen, naß und glitschig in seiner Höhle?

So sei das nicht gemeint, sondern im übertragenen Sinne, sagt er, die bösen Gedanken soll man ausreißen, mit Gottes Hilfe.

Wenn er aber nicht hilft? Wenn die bösen Gedanken beim Versuch, sie auszureißen, heftiger wuchern, ein Dickicht bilden, ein Schlangennest, eine verbotene Kammer, die das Marienkind nicht betreten darf?

So fragt es nicht, denkt nur, versteckt sich mit seinen Gedanken wie Adam und Eva hinter dem Busch, schämt sich, fürchtet sich. Im Bett zieht es die Beine an bis zum Kinn, um nicht hineinzugeraten. Im Keller singt es laut, läßt die Tür des Kabäuschens nicht aus den Augen, während es Flasche oder Einmachglas vom Regal nimmt. Schlangengeschlinge hängt sich an seine Füße, wenn es zitternd und stolpernd ins Helle flüchtet.

„Du brauchst doch keine Angst zu haben. Gott ist bei dir!"

Aber das Kind weiß: da unten im Dunklen, Feuchten, Schleimigen ist Gott nicht!

Mit der Zeit arrangiert es sich mit der Spaltung, bietet den Eltern das klare geschwätzige Wässerchen seines Taglebens dar. Im Untergrund, der immer mehr Welt in sich hineinfrißt, bleibt es undurchdringlich, verschwiegen. Nie eine Frage nach dem Unterschied und wo das Blut und die Kinder herkommen und was die Hunde auf der Straße machen. Jahrelang die ungekürzte Bibel gelesen und nie nach Beschneidung gefragt, nach Salomons Kebsweibern und Abrahams Magd, nach Noahs Blöße und den Sünden der Großen Sünderin. Nie ein Wort von dem weitergesagt, was die Schwester von Bett zu Bett flüstert, was an den Wänden der Schulklos steht und im STÜRMER, der im Schaukasten am Markt ausgehängt ist.

„Versprich mir, daß du das Dreckblatt nicht liest!"

„Warum nicht?"

„Ich wünsche es nicht. Das muß dir genügen!"

In dieser Zeit kommen die schlimmen Träume zurück: vom Ausliefern der heiligen Geräte, vom Fallmesser, das auf den Kopf des Vaters niedergeht, von Buhlemanns Katzen mit Augen rotglühend, groß wie Untertassen.

Wenn Vater und Kind einander im Haus begegnen, bleiben sie manchmal stehen und sagen: „Weißt du noch – wir zwei beide!?" Dann sagen sie es noch einmal laut miteinander und stampfen bei der letzten Silbe mit dem Fuß auf wie früher, aber es klingt nicht mehr so.

Beim Schlafengehen findet das Kind seinen Namen mit Russisch Brot auf das Kopfkissen geschrieben. Traurig rafft es die Buchstaben zusammen und versteckt sie in der hintersten Ecke der Nachttischschublade. Es mag Russisch Brot nicht mehr.

Abends spielen sie immer noch Sechsundsechzig auf der Bettkante. Jedes Melden von zwanzig oder vierzig begleiten sie mit Triumph- und Protestgeschrei. Keiner gibt zu, daß das Spiel ihn zum Einschlafen langweilt.

Sie wollen einander nicht weh tun.

Im Konfirmandenunterricht lernt das Kind begreifen, was Luther gemeint hat, wenn er an den Anfang der Erklärungen zu den Zehn Geboten den Satz stellt: „Du sollst Gott fürchten und lieben!" Die gleichen Kinder, die dem Pfarrer im Kindergottesdienst freudig entgegenrannten, schlagen nun bang die Augen nieder. Er läßt sie vor dem Gemeindehaus in Zweierreihen antreten, die Jungen rechts, die Mädchen links. „Knochen zusammen!" sagt er zu den Jungens, „Mund zu!" zu den Mädchen, dann: „Vorwärts marsch!" Schweigend trappeln sie die Steintreppe hinauf zum Konfirmandensaal. Wenn er das Pult erreicht hat, müssen sie stramm vor ihren Stühlen stehen. Wer aus dem Rahmen fällt, wird zur Ordnung gewiesen, am schärfsten die Tochter, die ein Vorbild sein soll. Antworten müssen kommen „wie aus der Pistole geschossen": die Propheten des Alten Bundes, die Bücher der Bibel, die Apostel, die Zehn Gebote und sieben Bitten des Vaterunsers mit Erklärung. Einer ist dabei namens Pechmann, rotblond, bei Aufregung schwitzend, der kriegt kein Wort heraus, wenn der Pfarrer ihn aufruft, steht rotangelaufen, mit offenem Mund, in dem sich die Zunge wälzt, schaukelt, an die Lehne des Vordermanns geklammert, vor und zurück.

„Kannst du nicht wenigstens anständig dastehen?" fragt der Pfarrer, Ekel in der Stimme.

Pechmann kann nicht anständig dastehen. Auch seinen Mund, der nach Meinung des Pfarrers hinterhältig grinst, kann er nicht „in Ordnung bringen". Jungens grinsen, Mädchen kichern: dieser Pechmann ist ein richtiger Pechmann!

„Aber er hat seinen Psalm gelernt!" sagt das Kind auf dem gemeinsamen Heimweg. „Er hat ihn gekonnt, ich habe es selbst gehört."

„Das kann jeder sagen. Hic Rhodus, hic salta!" sagt er.

Er schätzt es nicht, wenn Leute sich in Dinge einmischen, die sie nichts angehen. Schuster bleib bei deinem Leisten.

„Lern du deine Sprüche, ich halt meinen Unterricht, abgemacht?"

„Abgemacht", sagt das Kind, schlägt in die dargebotene Hand.

„So ist es recht!"

Er liebt die Kinder, aber die Halbwüchsigen liebt er nicht. Bei Tisch beklagt er sich: So wie die heutige Jugend, so dreist und verstockt, so albern, anzüglich, vorwitzig, aufsässig, patzig, hinterhältig, verdorben sei er als Junge nie gewesen. Von der berühmten Pubertät, die heute jedermann im Munde führe, habe er nie was gemerkt, da wäre er auch bei seinem Vater schlecht angekommen. „Ist eben eine andere Generation, was da in braunen Heimen und Lagern heranwächst. Sollen sich Jüngere damit plagen." Den Mädchenbund überläßt er der Gemeindeschwester, den Jünglingsverein dem jeweiligen Vikar. Als dieser sich über mangelnde Disziplin beklagt, sagt er: „Man merkt, daß Sie nicht gedient haben. Wer gehorchen gelernt hat, kann auch befehlen."

Ist es möglich, daß ein großer und weiser Mann wie der Vater Angst vor den Halbwüchsigen hat?

Nachdem das Kind die mißtönenden Anfänge des Geigenspiels überwunden hat, darf es in der Kirche das Largo von Händel spielen. Zu Proben begleitet es ein Student auf der Orgel, abends, wenn die Empore wie ein erleuchtetes Schiff über dem dunklen Kirchenraum schwimmt und der von Hallakustik aufgeschwollene Geigenton vermessene Träume erzeugt. Da unten in den leeren Bänken werden sie sitzen und zuhören, ergebene Schultern, gesenkte Köpfe. Wie der Vater allein redet, so wird das Kind allein spielen, erhöht auf der Empore wie er auf der Kanzel, und solange es spielt, wird er auch schweigen und zuhören müssen.

Einmal, mitten im Proben, geht das Licht aus, und aus den soliden Händelakkorden zieht sich ein aus hohen Flöten halbtönig gesponnenes Garn, eine Art Schlangenbeschwörung ohne harmonische Ordnung, ohne Spannung und Lösung, Anfang und Ende. Spinnenfädig umschlingt es das Kind, zieht es, kaum hörbar unter dem Dröhnen der Stufen, über die es im Dunkeln stolpert, zur Orgel hinauf, auf die Orgelbank, wo der Spieler, mit der einen Hand sein Garn fortspinnend, mit der anderen seinen Nacken umfängt und heranzieht und seine Zunge in den zum Schreien geöffneten Mund stößt, tief, immer tiefer, während das Kind unter dem Gewicht seines Körpers nach hinten sinkt, mit dem Kopf auf die Orgelbank aufschlägt, Geige und Bogen fallen läßt: schreckliches Geräusch, Geige zerbrochen, wird nie mehr klingen, wird nie mehr Kind sein, das Kind! Überflutet vom Untergrund hält es still, bis Licht unter die Lider springt, das Rechteck der offenen Treppentür, dazu der Hall von Schritten, der vielleicht vorher schon da war, aber jetzt erst das Ohr erreicht.

Mit der hastig zusammengepackten Geige rennt es Kreis für Kreis die Wendeltreppe hinab, begegnet im Vorraum dem Vater, wünscht, fürchtet in seinem schwindligen Kopf, daß nun endlich Schluß sei mit Spaltung und Heimlichkeit, wartet auf das gewaltige Unwetter, das Dunkles und Helles durcheinanderwirbelt und das Ärgerliche ausreißt für immer, damit es wieder ein liebes Kind sein darf, ein reines gottgefälliges Herz.

„Schön hast du gespielt", sagt der Vater, streicht ihm über die gesträubten Haare. „Warum habt ihr plötzlich aufgehört?"

„Das Licht ging aus", sagt es, zögert, wartet noch einmal, und wenn sein Blick eine Spur Mißtrauen enthalten würde, könnte es vielleicht versuchen, die Wahrheit zu sagen, aber da ist nur Liebe und Vertrauen, ohne Vorsicht und Vorbehalt angeboten, kein Schatten eines Zweifels, kein Fünkchen Erkennen. Eine warme leuchtende Blindheit ist dieser Blick, und die Vorstellung, daß er sich, von der Wahrheit getroffen, schmerzlich verändern könnte, löst ein so unerträgliches Mitleid aus, daß die Lüge wie eine Wohltat herauskommt.

„Wahrscheinlich Kurzschluß", sagt das Kind und fügt überflüssigerweise hinzu: In der Finsternis sei ihm die Geige hingefallen, deshalb sei es so erschrocken. „Wird schon nichts passiert sein", sagt er, und tatsächlich, als es zu Hause den Kasten öffnet, die Geige von allen Seiten betrachtet, findet es keine Spur, keinen Riß im Holz, keinen Knacks, nur der Klang, meint es beim Spielen zu hören, ist anders geworden, nicht flacher, nicht härter, nur anders.

Zur Kofirmation bekommt es den Spruch: Selig sind die reinen Herzens sind, denn sie werden Gott schauen! Es kniet auf dem roten Samtkissen, fühlt die Hand des Vaters durch Haar und Kopfhaut brennen und bricht in Tränen aus, nicht, wie die Mutter später erklärt, aus Rührung über die Aufnahme in die Gemeinde der Gläubigen, sondern aus unaussprechlichem Schmerz, weil sein Herz nicht rein ist, weil es den Vater betrügt, weil es nie im Leben und Sterben Gott schauen wird.

Ein neuer strammer Lehrer geht durch die Klassen der Höheren Töchterschule und fragt, wer noch nicht bei den Jungmädels ist. Die sollen mal aufstehen. Dann erheben sich einige, jedesmal sind es weniger, und werden gefragt: Warum nicht?

Die Tochter sagt, wie sie von zu Hause instruiert ist: „Mein Vater will es nicht."

„Warum nicht?" fragt der Frager.

„Ich weiß nicht. Da müssen Sie meinen Vater fragen."

Anschließend hält er eine kleine Ansprache, die die Nichtzugehörigen stehend anhören müssen. Er sagt, wie beglückend es sei, in der Volksgemeinschaft aufzugehen, und wie schädlich in jeder Hinsicht, abseits zu stehen, wenn ein Volk sich zu einem ungeheuren Aufschwung zusammenschließt.

Dann dürfen sie sich wieder setzen.

Das Stehen zwischen einer Mehrheit von Sitzenden macht der Tochter nichts aus. Es wäre ihr sogar lieber, wenn sie die heroische einzige wäre. Einzeln sein und sich dabei nicht schlechter, sondern besser fühlen, das hat sie inzwischen gelernt, aber hier steht sie mit anderen, die nicht zu ihrer Clique gehören, sondern zu denen, die bei der Clique und von den Lehrern nicht angesehen sind. Die Clique besteht nur aus angesehenen Töchtern, die sowohl in der Leistung als auch in der Unbotmäßigkeit den Ton angeben. Die anderen laufen am Rande mit. (Als sie ein paar Jahre später die Klassenfotos betrachtet, hat sie ihre Namen bereits vergessen.)

Beim Mittagessen fragt sie den Vater, warum sie nicht zu den Jungmädels darf. „Sie tun doch nichts Böses", sagt sie. „Sie singen Volkslieder und lesen aus Heldensagen vor. Sie spielen Räuber und Schanditz in der alten Geschoßfabrik."

Er findet die Tochter undankbar: „Wird in unserem Hause nicht genug gesungen? Gibt es nicht einen großen Garten zum Spielen und Bücher im Überfluß?"

„Aber . . .", sagt die Tochter.

„Kein Aber", sagt er. „Und nun wollen wir das leidige Thema beenden."

So lernt die Tochter, was leidige Themen sind, und wird es nie mehr vergessen, nie über Geld, Politik, Verbrechen, Sexualität reden können, ohne vor dieser Sperre zu zögern und dann allzu heftig hindurchzustoßen, mit „scharfer Zunge", „unweiblicher Härte", „schonungsloser Offenheit".

Es ist auch verboten, schlecht über Menschen zu reden, aber in diesem Punkt hilft sich die Familie mit einer Tarnsprache, die Schlechtes als eine Nuance des Guten erscheinen läßt. Negatives wird durch Positives an- oder abgeführt: Er ist ja ein lieber Kerl . . . Er gibt sich bestimmt große Mühe . . . Es sind sicher brave rechtschaffene Leute . . . Sie kann nichts dafür . . . Er hat zweifellos seine Qualitäten . . .

Solche Vor- oder Nachsätze sind mit „aber" oder „sonst" (. . . aber sie hat schöne Augen . . . sonst ist er völlig in Ordnung) mit dem eigentlichen Urteil verknüpft, das noch einmal verschlüsselt herauskommt: Die Schönste (Geschickteste, Angenehmste, Gescheiteste) ist sie ja nicht gerade . . . wenig überzeugend . . . kein erfreulicher Typ . . . nicht besonders liebenswürdig . . . nicht übermäßig mit Intelligenz gesegnet . . . man hat schon bessere Manieren gesehen, schon bessere Redner gehört, schon interessantere Gäste gehabt . . .

In einem Anfall von Selbstironie hat die Familie einen Standard-Nachsatz für Negativ-Urteile geprägt. Er heißt: „Hauptsache ist die Reinheit der Seele!" und löst unfehlbar Gelächter aus.

Als der Staatsjugendtag eingeführt wird, erbettelt die Tochter von der Mutter die Erlaubnis, ab und zu mal hinzugehen oder, wie der Vater in solchen Fällen sagt, „sich mal sehen zu lassen". Sie wird mit Hallo empfangen – endlich!, darf auf der „Quetschkommode" Volkslieder begleiten, an Heimabenden vorlesen, zu Feiern Gedichte aufsagen.

Auf die Dauer kriegt sie Ärger, weil sie keine „Kletterweste" trägt. Wie der Vater verabscheut sie „kackbraun", erscheint in einer olivgrünen Samtjacke, die bei Aufmärschen stört. Die Führerin ruft sie aus dem Glied: „Warum hast du keine Kletterweste?"

„Meine Eltern kaufen mir keine."

„Warum nicht?"

„Da mußt du meinen Vater fragen."

Beim Aufmarsch soll sie gefälligst mit Kletterweste oder gar nicht erscheinen.

Sie erscheint gar nicht. Da die olivgrüne Jacke nicht akzeptiert wird, benutzt sie die „Laschheit", die in Auel, so behauptet die Mutter, sowohl Gutes als auch Schlechtes am Gedeihen hindert, um sich unauffällig aus der Staatsjugend zu verdrücken. In Notfällen bringt sie die Geige ins Spiel. Nachdem sie Elli Ney in Uniform (aber ohne Kletterweste) die Romanze F-Dur von Beethoven vorgespielt hat, zählt sie zu den jungen Talenten und soll sich für besondere Anlässe zur Verfügung halten.

„Beethoven kann nicht verkehrt sein", sagt der Vater

„Wenn ihr nur was Besonderes haben könnt", sagt der Lehrerssohn, der immer noch nicht bei der HJ ist, „du dein Affenjäckchen und die Geige, dein Vater Talar und Kanzel, dann ist euch alles egal. Dann können sie's mit euch machen."

„Was denn?" fragt die Tochter. „Was machen Sie denn?"

Er bläst kurz durch die Nase: „Dumm geboren, nichts dazugelernt!"

„Das sag ich meinem Vater", schreit sie ihn an. „Der wird dir schon helfen."

„Das tust du ja doch nicht", sagt er.

„Willst du Hitler nicht sehen?" fragt sie den Vater.

„Hitler?" Er zögert, als sei ihm die Person zu dem Namen entfallen, dann besinnt er sich: „Ach den . . . lieber nicht!"

„Magst du ihn nicht?" fragt die Tochter.

„Man hat ihn mir noch nicht vorgestellt."

In der St. Goarer Rheinpromenade hat sich ein Knoten von Wartenden gebildet. In Oberwesel soll er schon durch sein, alles hastet und drängt, um dabeizusein, möglichst vorn. Die Hotelterrasse ist leergefegt bis auf Eltern und Tochter, die immer noch sitzen, mit unbegreiflicher Langsamkeit ihre Servietten zusammenfalten und sie in die mit Namen bezeichneten Papiertaschen stecken.

„Darf ich aufstehen?" fragt die Tochter.

„Tu, was du nicht lassen kannst."

Zwischen schiebenden Hüften und Schultern, rinnenden Achselhöhlen bohrt sie sich vor, hat schon die zweite Reihe erreicht, da schreien sie los, ihre Stimme mit dabei, aufgenommen und eingeschmolzen in das allgemeine „Er kommt" und „Heil". Zwischen Kopf und Schulter des Vordermannes sieht sie schwarzes Blech, weiße Kappen, vorüber . . .

Bedrückt schleicht sie zum Hotel zurück. Der Vater ist jetzt allein auf der Terrasse. Sie schämt sich, weil sie nicht zu ihm, sondern zum großen Haufen gehalten hat, auf der breiten Straße der vielen, die ins Verderben führt, statt auf dem schmalen steinigen Weg zum Heil.

„Was hast du nun davon gehabt?" fragt der Vater.

„Ich habe den Führer gesehen", lügt sie, wird rot, aber das sieht er nicht, weil er dem Schiff nachschaut, das gerade vorüberrauscht.

„Na und?" sagt er.

Eine nazistische Tante, die einmal im Jahr zu Besuch kommt, möchte den Vater für Hitler gewinnen. Sie selbst sei anfangs skeptisch gewesen, der minderen Herkunft wegen. Das sei mit einem Schlag anders geworden, als sie ihm einmal Auge in Auge gegenüberstand. Keiner könne sich diesem göttlichen Blick entziehen. Wie eine Offenbarung sei es über sie gekommen: der ist's! Was sollen wir eines anderen warten?

„Du wirst alt, Reinhold", sagt sie. „Du kannst dich nicht mehr begeistern. Überlebte Vorurteile hindern dich, den göttlichen Funken in diesem Mann zu erkennen. Stammte nicht auch Jesus aus den unteren Schichten? War sein Vater nicht ein einfacher Zimmermann?" Sie selbst, weit in die Sechzig, sei durch die Liebe zum Führer wieder jung geworden.

„Mag sein", sagt er. „Ich bleib lieber alt."

Zum 60. Geburtstag schenkt der Lehrer ihm „Mein Kampf".

„Was soll ich damit?" fragt er.

„Lesen!" sagt der Lehrer.

„Manchmal versteh' ich Sie wirklich nicht", sagt er. „Sind Sie mir sehr böse, wenn ich Sie bitte, das Buch wieder mitzunehmen? Ich will das Zeug nicht im Haus haben."

Als die Tochter am Ende doch auf das Affenjäckchen verzichten und die Uniform anziehen muß, nicht kack-, sondern erdbraun im Arbeitsdienstlager Ahrhütte-Eifel, hat die Macht des Vaters ein Ende.

An einem Wochenende mit Urlaubssperre kommen die Eltern zu Besuch. Die Tochter darf ein paar Stunden mit ihnen spazierengehen. Dabei heult sie ununterbrochen in die großen weißen Vatertaschentücher: „Ich halt's nicht mehr aus! Mach was, Vater! Hol mich hier raus!"

„Ein schöner Blick!" sagt der Vater, als sie sich auf einer kahlen Hügelkuppe niederlassen. „Da hinten müßte der Rhein fließen." Noch nie hat die Tochter den Vater auf dem nackten Boden sitzen sehen, immer nur auf Stühlen, Sesseln, Bänken, mindestens auf einem Baumstamm. Im Flachen, Unbefestigten wirkt er verloren, weiß nicht, wohin mit den Beinen, schiebt sie von einer Seite zur anderen, streckt sie aus, zieht sie an, hockt, kniet, steht auf, hält sich den Rücken, geht ein paar Schritte.

„Er ist nicht in Ordnung", flüstert die Mutter. „Mach ihm das Herz nicht schwer!"

Auf dem Weg zum Bahnhof hält die Tochter die Tränen zurück, aber als er sich aus dem Abteilfenster beugt, brechen sie wieder hervor. Noch einmal reicht er ihr das durchnäßte Taschentuch. Sonst kann er nichts für sie tun.

Nach einer durchheulten Nacht arrangiert sie sich als Alleinunterhalter. Zu Feiern wimmert sie mit der Geige das Niederländische Dankgebet, untermalt mit Harmonikaklängen Küchendienst und Maidentänze. Tränen erlaubt sie sich nur noch nachts, das Gesicht in dem ergrauenden Taschentuch, das kaum noch nach Eau de Cologne riecht . . .

16

Er denkt gern an den Ruhestand. Montags, pastorensonntags nimmt er ein Stück davon voraus. Eilig, gesenkten Blickes, um niemanden zu sehen, von niemandem angesprochen zu werden, verläßt er gegen Mittag das Haus, wartet an der Haltestelle der Bonner Bahn, bis alle eingestiegen sind, erst dann sucht er sich den Wagen aus, in dem keine Bekannten sitzen.

Wenn er die Rheinbrücke hinter sich hat, atmet er auf. Stockschwenkend spaziert er durch Straßen, in denen keiner was von ihm will, kauft eine Tüte Brötchen, verweilt, die Aussicht genießend, zwischen den Kanonen des Alten Zolls und in Arndtgarten, steigt in genüßlicher Langsamkeit die Stufen zur Rheinpromenade hinab, plaudert mit Anglern, studiert die Fahrpläne der Köln-Düsseldorfer Rheinschiffahrt, gibt den aufwärts stampfenden Schiffen Grüße für St. Goar mit. Den Abend verbringt er im stillen Altherrenquartier der Lese- und Erholungsgesellschaft, aber vorher nimmt er einen Schoppen in Strengs Weinstube am Mauspfad.

Dort findet ihn die Tochter, wenn sie vom Schulschwimmen kommt, immer auf dem gleichen Platz im Dämmrigen zwischen getäfelten Wänden hinter einem Glas Rheinwein, das der alte Ober ungefragt gebracht hat, vor sich auf dem Tisch eine Wüste von Brötchenbrocken und -krümeln, bei jedem Schluck schwemmt er einen Bissen mit hinunter.

Freudig blickt er der Tochter entgegen, umfängt die vom Schwimmen ausgekühlten Glieder mit Wärme: „Da bist du ja endlich!“ Er pustet über die nassen Haare, reibt die bläulichen Hände, bestellt etwas Warmes. „Meine Jüngste!“ sagt er zum Ober, „sie macht uns nur Freude!“

Die Blicke der einzelnen Herren, die still, wie versunken an einzelnen Tischen sitzen, verraten, daß der Anblick gefällt: Vater und Tochter – wie reizend! Sie spüren es beide und neigen sich noch herzlicher zueinander, plaudern noch vertrauter, kuscheln sich ins anonyme Wohlwollen wie die Hennen ins warme Sandbad. Die Mutter, die sagen würde: macht euch nicht so auffällig! ist nicht dabei.

So wollen sie es jeden Abend halten, wenn er erst im Ruhestand ist, den er hier in Bonn verbringen will, in einer der ruhigen Straßen zum Venusberg hin, wo die alten Herren einander hütelüftend begrüßen: Guten Tag, Herr Oberregierungsrat! Gott zum Gruße, Herr Professor! Ist die Frau Gemahlin wohlauf?

An schönen Tagen wird er morgens am Rhein sein, Schiffe und Wasserstände beobachten, manchmal mit dem Zitteraal nach Königswinter oder Unkel fahren, auf dem Rheinhöhenweg wandern, natürlich auch etwas arbeiten, darauf mag er nicht ganz verzichten: Predigtvertretungen übernehmen, Einsame und Kranke besuchen, an Wintertagen in der Universitätsbücherei alle die Bücher lesen, die er in vierzig Dienstjahren versäumt hat, theologisch arbeiten, da ist einiges passiert inzwischen, wenn man Tag für Tag in der Mühle ist, lebt man geistig von der Hand in den Mund, das soll im Ruhestand anders werden. Vielleicht fällt es ihm ein, eine Doktorarbeit zu schreiben. Was den Grips betrifft, die Lernfähigkeit, nimmt er es mit den jungen Leuten allemal noch auf, da wird sich das gelehrte Fräulein Vikarin noch umschauen . . .

Es hat ihn also doch gestochen, daß die Vikarin ihm vorgeworfen hat, er sei theologisch bei Schlatter stehengeblieben, das könne man sich heutzutage nicht mehr leisten. Am Familientisch, zu dem sie eingeladen ist, wenn sie in Auel Bibelarbeit betreibt, erzählt sie von einem Pfarrer namens Hesse, der auch aus der protestantisch-deutschnationalen Tradition gekommen sei, bei Schlatter studiert und seine Lehren von der „natürlichen Societät aus Familie und Volk" und vom „Wirken Gottes in der Geschichte" gläubig aufgenommen habe, aber 33, bei einem Eisenbahngespräch mit Karl Barth, seien ihm die Augen aufgegangen über die Gefahren der natürlichen Theologie, die die unvereinbaren Gegensätze Schöpfung-Erlösung, Natur-Gnade, Volkstum-Evangelium nicht mit dem gleichstellenden Und verbindet. Aus diesem Gespräch habe der Pfarrer Hesse seine Konsequenzen gezogen, „und auch Sie, Herr Pfarrer, als ein mutiger und aufrechter Christ, würden diese Konsequenzen ziehen, wenn Sie nur bereit wären, sich der theologischen Konfrontation zu stellen!"

„Jawohl", sagt er, seinen Ärger über die direkte Attacke hinunterschluckend, „das würde ich tun, wenn nicht diese Barthsche Theologie soviel Härte und Lieblosigkeit enthielte, daß mir dabei immer wieder das Wort von Paulus an die Korinther einfällt: Wenn ich mit Menschen- und mit Engelzungen redete und hätte der Liebe nicht, so wäre ich ein tönend Erz oder eine klingende Schelle ..."

Im weiteren Verlauf des Gespräches stellt sich heraus, daß der Pfarrer trotz Arbeitsmühle und Zeitmangel einiges mitbekommen hat von Barths dialektischer Theologie, allerdings zumeist solche Abschnitte, die das Urteil der Lieblosigkeit rechtfertigen, Ferne und Kälte zwischen Gott und den Menschen: „Gletscherspalte", „Polarregion", „Verwüstungszone". Gott als „der ganz andere", nirgends vom Menschen zu erkennende, weder in der Geschichte noch in der Natur, noch im frommen Bewußtsein. Ganz egal, ob der Mensch Gutes tut oder sündigt, die Qualität aller Menschenwerke ist menschlich, also anders als Gott, also böse. Keine Chance, IHM näherzukommen durch Glauben, Gehorsam, frommes Tun. Nur diese Einbahnstraße von oben nach unten: „Dominus dixit", soll bei Barth nicht Stecken und Stab, nicht leitende, helfende Vaterhand, sondern „Alarmruf", „Feuerzeichen" sein, soll nicht trösten, sondern „erschüttern", „untergraben", „beunruhigen". Wer sich aber aus Beunruhigung und Erschütterung zum Heiland und Guten Hirten flüchten möchte, findet ihn bei Barth als „eschatologisches Ereignis", als „Einschlagtrichter der unbekannten Wirklichkeit Gottes".

Auch er, der Pfarrer, wehre sich gegen die allzu große Vertraulichkeit mit Gott, gegen die Vermischung von Weltlichem und

Geistlichem, aber wenn Barth die frommen Denker der Vergangenheit samt und sonders in den „theologischen Mülleimer des 18. und 19. Jahrhunderts“ befördere, so könne er darin nur unchristliches Pharisäertum erblicken. Soll denn alles für die Katz gewesen sein, die fromme Leben-Jesu-Forschung, die Hoffnung, ein historisch belegter Jesus ließe sich mit dem geglaubten Christus zu einer unangreifbaren göttlich-menschlichen Realität vereinigen? Barth sei schnell fertig mit der Arbeit ganzer Theologengenerationen: „Einen vom Glauben freien Christus hat es nie gegeben“, behauptet er, und „das Streben nach Gewißheit, ob es sich des religiösen Gefühls oder der historischen Forschung bedient, ist Verrat an Christus.“ Einreißen, Kaputtmachen, das sei Barths Stärke, aber was habe er dafür anzubieten? Glaube als „Respekt vor dem göttlichen Inkognito“, „erschüttertes Haltmachen vor Gott“, „bewegtes Verharren in der Negation“, jedenfalls „kein Boden, auf den man sich stellen, keine Ordnung, die man befolgen, keine Luft, in der man atmen kann“, sondern „ein Stand in der Luft“. Da kann der Pfarrer nur sagen: Nein danke! Lieber hält er es mit dem theologischen Mülleimer, in dem er sich in bester Gesellschaft befindet.

„Sie haben gut reden“, sagt er. „Sie haben keine Gemeinde. Sie stehen nicht Sonntag für Sonntag auf der Kanzel mit dem Auftrag, das Brot des Lebens so auszuteilen, daß die Leute es essen und verdauen können. Jesus hat mehr Barmherzigkeit für die Menschen gehabt als Ihr Karl Barth. Er hat ihnen Gleichnisse und Wunder angeboten und echte Brote, echte Fische, echten Wein. Er hat vor ihren Augen Kranke geheilt, Tote auferweckt und den Thomas nicht verworfen, als er zur Unterstützung des Glaubens seine Finger in die Nägelmale legen wollte. Ihr Barth mag ein weiser und glaubenstüchtiger Mann sein, aber es steht geschrieben: ‚Wenn ich weissagen könnte und wüßte alle Geheimnisse und alle Erkenntnis und hätte allen Glauben, also daß ich Berge versetzte, und hätte der Liebe nicht, so wäre ich nichts . . .‘“

Unter diesem Redesturm ist die Vikarin still geworden, hat ihren Kopf mit den fahlen Knötchen tiefer über den Teller gebeugt, denn nun nimmt er die Bekenntnissynode in die Mangel, die Streitigkeiten um die Kirchenausschüsse des Reichsministers Kerrl, ob Mitarbeit geleistet oder verweigert werden soll.

„Der Spaltpilz ist drin", sagt er. „Barth mit seiner theologischen Unduldsamkeit hat ihn eingeschleppt. Wie soll der Staat eine Kirche achten, in der nicht nur die verschiedenen Lager verfeindet sind, sondern auch noch innerhalb dieser Lager bis zur Spaltung gestritten wird? Wonach sollen die Laien sich richten, wenn diese Herren, die angeblich das Bekenntnis gepachtet haben, so wenig von Froher Botschaft und Frieden auf Erden spüren und schmecken lassen? Muß man nicht annehmen, in unsere liebe evangelische Kirche sei die finstere Inquisition eingezogen?" Endlich gerät die Vikarin in Wut. Ihre Stimme wird schrill, ihre Lippen feucht. An ihrem mageren Hals schwellen die Adern. Je heftiger sie ihre Sache verteidigt, um so gelassener gibt sich der Pfarrer, kann nun wieder lächeln, schweigen, sie ausreden lassen im Bewußtsein seines sicheren Sieges über diesen „eifernden Blaustrumpf", der „nicht gerade mit Schönheit und Anmut gesegnet ist".

Was die Rolle der Frau angeht, so hält er zwar das Paulus-Gebot „die Frau schweige in der Gemeinde!" für nicht mehr ganz zeitgemäß, aber wenn die Damen schon den Mund auftun, dann sollte Sanftes herauskommen, Lobendes, Billigendes, Ermutigendes. Falls Widerspruch nicht zu vermeiden ist, sollte er liebenswürdig und ohne Schärfe vorgetragen werden, möglichst mit einem Fragezeichen dahinter. Weiblicher Eifer für eine Sache oder Idee schadet nicht nur der Anmut der Züge und dem Wohlklang der Stimme, sondern auch der betreffenden Sache oder Idee, so lobenswert sie auch sein mag.

Ohne die Vikarin weiter zu beachten, beugt er sich mit schalkhaftem Lächeln zu der Tochter hinüber und flüstert: „Man reiche mir einen Schirm!" Er ist fest überzeugt, daß eifernde Frauen unweigerlich Speichel versprühen, „Schaum vor dem Mund".

Damit ist die Vikarin mitsamt ihren Argumenten erledigt.

Eines Winterabends, die Tochter ist schon zu Bett gegangen (liest unter der Decke, beim Licht der Taschenlampe „Die letzten Tage von Pompeji“ von Lytton-Bulwer), kommt später Besuch, angemeldet durch ein Telefonat, das den Vater veranlaßt, die Familie aus dem Zimmer zu bitten. Der späte Gast möchte mit ihm unter vier Augen sprechen! Als es klingelt, öffnet er selbst, führt den Gast die Treppe hinauf, mit einem freudigen Wortschwall, der ganz plötzlich versiegt. Schweigend betreten sie das Studierzimmer. Die Tür zum Tochterschlafzimmer, die wie immer einen Spalt offensteht, wird nachdrücklich geschlossen.

Eine gedämpfte Unterhaltung beginnt, in deren Verlauf der Vater aufspringt und mit erregtem Schritt die Länge des Zimmers auf und ab geht. Jedesmal, wenn er sich der Tür nähert, schnappt die Tochter ein paar Brocken auf. Von dem, was der Gast sagt, versteht sie kein Wort, hört nur die Stimme, Gemurmel, von hastigen Atemzügen unterbrochen, Angst und Bedrohung vermittelnd, Schauder den Rücken entlang bis in die Kopfhaut.

„Sie müssen sich irren“, sagt der Vater. „Es wird viel geredet. Sie dürfen das nicht auf sich beziehen!“

Die Tochter schlüpft aus dem Bett, bückt sich zum Schlüsselloch, sieht ein Stück Tisch mit Fransendecke, eine Hand mit Siegelring und Zigarre leise zitternd neben dem Hindenburg-Aschenbecher. Dann tritt der Vater schwarz ins Schlüsselloch. „Andere vielleicht“, sagt er, „aber Sie doch nicht: Weltkriegsteilnehmer, Träger von Frontauszeichnungen!“

Dann spricht wieder der Gast, ein langer, eintöniger Sermon, vom Vater mit heftigem Protest unterbrochen: „Nein, ich kann das nicht glauben. Das wäre doch . . .“

Ein langgezogenes Pst des Gastes dämpft seine Stimme. Der Vater setzt sich wieder, spricht leise. Wenn er sich vorbeugt, erscheint im Schlüsselloch sein erschrockenes, ungläubiges Gesicht.

Als die Füße kalt werden, schlüpft die Tochter ins Bett zurück, schläft ein wenig, fährt wieder hoch, als drüben Stühle zurückgestoßen werden. Zum ersten Mal hört sie die Stimme des Gastes ohne gewaltsame Dämpfung. Diese Stimme hat sie schon einmal gehört, aber wann? Von wem?

„Vielleicht denken Sie noch einmal an unser Gespräch zurück“, sagt der Gast. „Wenn es dann nicht zu spät ist!“

Darauf reagiert der Vater mit einer lauten, herzlichen Einladung zum Übernachten: „Sie können doch nicht mitten in der Nacht ...“

„Doch, das kann ich!“ sagt der Gast. „Es gibt Taxis am Bahnhof.“

„Wie Sie wollen“, sagt der Vater. „Aber eins müssen Sie mir versprechen: Wenn Ihnen irgend etwas dergleichen zustößt, das allergeringste – geben Sie mir Bescheid! Rufen Sie an oder kommen Sie selbst. Ich werde tun, was in meinen Kräften steht. Aber ich glaube nicht“, fährt er in beruhigendem Plauderton fort.

Wahrscheinlich ergreift er dabei Hand oder Schulter des Gastes mit warmem, freundschaftlichem Druck, während sie die Treppe hinuntersteigen. Zu hören ist jetzt nichts mehr, aber seine Stimme klingt wie: erst mal drüber schlafen ... es wird nichts so heiß gegessen ... am hellichten Tag sieht alles ganz anders aus ...

Durch einen Vorhangspalt sieht die Tochter, wie der Vater einen kleinen dicklichen Herrn zum Vorgartentor begleitet. Er ergreift dessen Hände und schüttelt sie lang und heftig, wobei die Arme des Gastes aus der Schulter mitschwingen, wie die einer aus weichem Material gefertigten Puppe. Obwohl sie im Laternenlicht stehen, bleibt sein Gesicht unter der breiten Hutkrempe verborgen.

Mit raschen kleinen Schritten, wie aufgedreht, geht er Richtung Bahnhof davon, wendet sich an der Ecke noch einmal um nach dem Vater, der im Vorgartentor stehengeblieben ist, hebt die Hand am gewinkelten Arm und bewegt sie mit steifem Handgelenk in Augenhöhe vor und zurück. Irgend etwas an dieser Bewegung stört eine Erinnerung auf – sandfarben, sonnenwarm. Hat nicht so der Herr Jacobi gewinkt, als er am Ende der Juist-Ferien am Landesteg zurückblieb?

Die Tochter ist viel krank in dieser Zeit: heftige Grippen, verspätete Kinderkrankheiten, eine Rippenfellentzündung. Zwischen Fieberträumen belauscht sie Elterngespräche, von denen sie nie wissen wird, ob der Angstton geträumt oder Wirklichkeit war.

„Ich kann nicht mehr", sagt der Vater. „Ich bin leer, ausgepredigt, totgepredigt. An der Botschaft kann es nicht liegen. Die ist immer brisant und akut, trifft direkt, hier und jetzt. Es steckt in mir – ein schlechter Arbeiter im Weinberg, ein dumm gewordenes Salz." Dann schweigt er, und sie weiß, daß er weint, obwohl kein Ton von drüben zu hören ist, kein Wort, kein Geräusch, angstbeladene Stille.

Was machen die Eltern in dieser Lautlosigkeit? Sitzen sie einander gegenüber und starren sich an? Halten sie sich an den Händen? Steht er am Fenster, während sie angstvoll seinen Rücken beobachtet? Noch nie hat sie den Vater weinen gesehen, wohl „bewegt", flüchtige Schleier Feuchtigkeit über den Augäpfeln, die er durch Zwinkern und Grinsen vertreibt. Aber nie Tränen.

Dann hört sie ihn vorlesen. Bilder entfalten sich in ihrem Kopf. Später findet sie sie in Davids Psalmen wieder:

„Ich bin ausgeschüttet wie Wasser . . ."

„Mein Herz ist in meinem Leib wie zerschmolzen Wachs . . ."

„Meine Kräfte sind vertrocknet wie eine Scherbe . . ."

Die Mutter fällt ihm ins Wort: „Die auf den Herrn harren, kriegen neue Kraft . . ."

Aber wenn das Harren zu lange dauert? „Nicht, daß ich den Glauben verloren hätte", sagt er. „Aber ich spüre ihn anders als früher. Nicht als Kraft, sondern als Last. Er bewegt nichts, keine Berge, keine Herzen. Wann hätte ich in den letzten Jahren irgend etwas oder irgend jemanden bewegt?"

Die Mutter widerspricht: „Es hat Bewegungen gegeben, geringfügige, einzelne. Man darf keine Wunder erwarten!"

„Warum", sagt er, „warum darf man keine Wunder erwarten?"

Auel sei ein schlechtes Pflaster für Wunder, sagt sie, ein zäher, stickiger, schwerbeweglicher Ort. „Willst du nicht noch einmal die Pfarrstelle wechseln? Ein neuer Anfang, eine neue Gemeinde? Das Anfangen hat dir doch immer besonders viel Freude gemacht!" „Es lohnt nicht mehr", sagt er. Der Tochter nebenan laufen Tränen die Schläfen entlang ins Kopfkissen, weil alles so traurig ist, das ganze Haus von Traurigkeit wie von kalten Nebeln durchzogen. Laut schluchzt sie auf in der Hoffnung, die Eltern würden sie hören und hinüberkommen, sie umarmen, trösten, und alles wäre wieder wie sonst: schwaches Kind, starke Eltern, sicheres Haus... Aber sie kommen nicht, die Tränen versiegen. Von drüben hört sie die Stimme der Mutter: „... und ob ich schon wanderte im finstren Tal, fürcht ich kein Unglück, denn du bist bei mir."

Der Vater hat einen Brief an den Herrn Jacobi mit dem Vermerk „Adressat verzogen" zurückbekommen. Er ruft den Pfarrer der dortigen Gemeinde an und erfährt, daß Herr Jacobi mit Familie nach „drüben" ausgewandert sei.

„Ich kann das nicht begreifen", sagt er zur Mutter, „ohne ein Wort! Wir waren doch befreundet. Ich habe ihm gesagt, er könnte jederzeit..."

„Vielleicht ist es besser so", sagt die Mutter.

„Was willst du damit sagen?" fährt er sie an.

„Pst", macht die Mutter, „denk an das Kind!"

17

Es geht los! Man weiß nicht was, aber man wartet darauf, je länger, um so dringlicher. Wenn es endlich soweit wäre.

„Schweig still“, sagt die Mutter. „Versündige dich nicht.“

Vorläufig kommen Soldaten. Die Alte Post ist vollgestopft mit Mannschaften und Pferden. Manöver in den Wäldern hinter der Zeitstraße. Im Pfarrhaus wechseln die Einquartierungen, Offiziere im Fremdenzimmer, Burschen in der Bodenkammer. Den Kindern wird Distanz empfohlen, nicht unfreundlich, aber zurückhaltend! Die Offiziere sind nicht mehr Elite wie früher. Allerhand Kreti und Pleti dabei, bis jetzt hat man Glück gehabt, Leute mit Kinderstube und Achtung vor Amt und Person des Hausherrn.

Aber dann kommt einer, der fällt total aus dem Rahmen, ein Schmalspuriger, Veterinär, 150prozentiger Nazi, keine Manieren, brüllt „Heil Hitler“ durchs Haus, beschwert sich, daß der Pfarrer mit „Guten Morgen“ antwortet, läßt sich Abend für Abend vollaufen, findet das Schlüsselloch nicht, macht Lärm auf der Treppe, schimpft unflätig, besonders über die Geistlichkeit. Pfarrer nennt er nur „Pfaffen“. Mit denen ist er schon lange fertig. Wenn er der Führer wär, würde er sie alle an den Westwall schicken, zum Schaufeln und Schanzen, damit endlich Schluß ist mit den geistlichen Extrawürsten!

Die Mutter wendet sich ab, wenn sie ihm auf der Treppe begegnet. Die Tochter legt ihm Schwämme und tote Mäuse ins Bett. Nur der Vater tönt unverdrossen sein „Guten Morgen, Herr Doktor!“

„Was du nicht hören willst, das hörst du nicht!“ wirft die Mutter ihm vor. Das kümmert ihn nicht. Wenn der Kerl wirklich was zu sagen hat, dann wird er ihm schon zuhören. Aber vorläufig grunzt er nur. Soll der Vater deswegen die Schweinesprache erlernen?

Eines Abends geschieht das, was ins Familiengedächtnis als „Stiefelwunder“ eingegangen ist. Es beginnt mit einem Tritt gegen die Tür des Studierzimmers. Der Vater blickt mit hochgezogenen Brauen über den Rand seines Buches, als der Schweinskopf in den Familienfrieden einbricht und lallend nach dem Stiefelknecht verlangt, um diese verdammten Drecksstiefel vom Leib zu kriegen. „Der Bursche ist mal wieder nicht da, verdammt und zugenäht, nie sind die Kerle zur Hand, wenn man sie braucht. Der kann was erleben!“

An den Türrahmen gelehnt, versucht er, einen seiner fetten Stempel vom Boden wegzukriegen, den Stiefel abzureißen, wankt stolpert, rettet sich hüpfend in den Schaukelstuhl, der unter seinem Gewicht nach hinten kippt.

„Muß man sich so was bieten lassen?“ sagt die Mutter.

Im Eisguß ihrer Verachtung fängt der Veterinär zu strampeln an, versucht, aus der Käferlage hochzukommen, Boden unter die Füße zu kriegen, schafft's nicht, läßt sich sacken, spreizt Beine mit Dreckstiefeln über den Stuhlrand.

„Wollen Sie hier übernachten?“ fragt der Vater und zwinkert der Tochter zu, die sich, halb erstickt vor unterdrücktem Gelächter, auf dem Kanapee wälzt. Der Vater klappt sein Buch zu, legt es sorgfältig auf dem Tisch ab und geht mit leichtem Schritt zum Schaukelstuhl.

„Laß das!“ sagt die Mutter.

Er bückt sich, ergreift eines der zappelnden Beine am Fuß, ruckelt mit kundigem Griff, an der Ferse ziehend, die Spitze zurückdrückend, den Stiefel herunter, dann den anderen, rümpft ein wenig die Nase: „Ein Fußbad könnte nichts schaden!“ Dann streckt er dem Verstummten beide Hände entgegen und lächelt . . .

(Dieses Lächeln hat die Tochter vor Augen, als sie ein Jahr später über Schillers ästhetische Schriften arbeitet und im Aufsatz über Anmut und Würde liest: „Will der Starke geliebt sein, so mag er seine Überlegenheit durch Grazie mildern . . . Man fordert Anmut von dem, der verpflichtet, und Würde von dem, der verpflichtet wird. Der erste soll, um sich seines kränkenden Vorteils über den anderen zu begeben, die Handlung seines uninteressierten Entschlusses durch den Anteil, den er die Neigung dran nehmen läßt, zu einer affektionierten Handlung heruntersetzen und sich dadurch den Schein des gewinnenden Teils geben.")

Mit kurzem Ruck zieht der Vater den Veterinär hoch und auf die Füße, gibt ihm einen kleinen Schubs in Richtung Tür und sagt: „So mein Lieber, und nun gute Nacht!" Mit einem vor Überraschung verblödeten Blick aus blutdurchschossenen Augen schleicht der Doktor auf Socken davon. „Wasch dir die Hände!" sagt die Mutter, sobald die Tür sich geschlossen hat. „Warum denn?" sagt er, führt zweimal die Hände mit leichtem Klapsen aneinander vorbei, dann zeigt er sie vor. Nichts ist kleben geblieben. Er hat diese trockene Haut, nie schmutzig, nie fettig. Er braucht sich nicht zu waschen, um sauber zu sein.

„Daß du dich nicht ekelst!" sagt sie.

In der folgenden Nacht hat der Veterinär eine Wandlung erfahren, so drückt er sich aus, als er am nächsten Morgen im Studierzimmer erscheint, um sich in aller Form und mit Blumen zu entschuldigen.

Nie wieder wird er das Wort „Pfaffe" über die Lippen bringen. Des Pfarrers Güte und Sanftmut haben ihn überzeugt, daß doch etwas dran sei am Christentum.

Von nun an trottet er Sonntag für Sonntag mit der Familie zur Kirche, zum Entsetzen der Mutter, zum Spott der Kinder, auch der Vater ist „nicht grade entzückt", aber „man kann sie sich nicht aussuchen", sagt er, „der Geist wehet wo er will. Auch besoffene Veterinäre haben eine unsterbliche Seele . . ."

Kurz vor dem Auszug feiert die Familie noch einmal ein großes Fest – letzter Höhepunkt, Abgesang auf vier Kindheiten, Abschied vom Haus, vom Ort, vom Amt, vom zwanzigjährigen Frieden: Dorotheas Hochzeit.

Es sei doch etwas Besonderes, wenn ein Kind aus evangelischem Pfarrhaus in den Stand der Ehe trete, sagt der Pfarrer in der Traurede, mühsam seine „Bewegung" unterdrückend.

Das Hochzeitsessen findet im Hause statt. Blumenschmuck aus dem Garten, handgeschriebene Tischkarten und Speisefolgen. Der älteste Onkel spricht dröhnend das Tischgebet.

Aus Eckenkragen bauschen sich Riesenservietten. Die gute Tunke verirrt sich im Bartfilz. Die Tanten in Schwarz und Dunkelblau, mit Stehbörtchen, Spitzenmanschetten, halten schützend die Hand über den Teller. Von allem wollen sie nur wenig – ein Bißchen, ein Häppchen, ein Blättchen, ein Kartoffelkrokettchen. Sie bringen es fertig, das Häuflein auf ihrem Teller, das Schlückchen im Glas über Stunden zu strecken, mit gespitzten Lippen am Rande nippend, wenn am Ende von Tischreden Toaste ausgebracht werden.

Beim Dessert folgt Selbstgedichtetes zum Mitsingen. Textblätter werden verteilt, auf denen in Klammern die bekannte Melodie angegeben ist: „Es liegt eine Krone . . .", „Es zogen drei Burschen . . .", „Ich weiß nicht, was soll es bedeuten . . ."

Vom Vater hört man wenig. Als die Herren sich zum Rauchen ins Empfangszimmer begeben, verschwindet er, kommt nicht zurück. Die Tochter, mit der Zigarrenkiste herumgehend, schnappt gedämpfte Reden auf: Reinhold sei nicht mehr der alte. Was sei er doch früher für ein lebhafter, strahlender Mensch gewesen, unwiderstehlich in seiner Fröhlichkeit, Mittelpunkt jedes Festes. Nun sei er ganz erloschen . . .

Ein Onkel will von einem geheimnisvollen Hautausschlag gehört haben, nicht schlimm aber hartnäckig. Der Arzt habe eine Gewebeprobe vom Arm entnommen und zur Untersuchung eingeschickt. „Gott gebe, daß es nichts Schlimmes ist. Er ist doch der Jüngste . . ." Daß ein Triumph in dem Gemurmel mitschwinge – diesen bösen Gedanken nimmt die Tochter eilig zurück, aber etwas bleibt hängen, ein Knoten im Sonnengeflecht, Herzschlag und Atem bedrängend. – Warum kommt er nicht? Was macht er so lang? – Leise drückt sie sich aus dem Zimmer, die Treppe zum Studierzimmer hinauf, legt die Hand auf die

Klinke, hört nichts, keinen Atem, keinen Schritt, tote Stille, während unten Klavierspiel einsetzt – Herbert mit dem „Fröhlichen Landmann“ aus der Klavierschule Bisping-Rose.

Zwischen Geklimper und angstvoller Stille muß sie das Schreckensbild anschauen, das aus gottlosen Kinderträumen aufsteigt: toter Vater, flach ausgestreckt unter der blauen Decke. Vogelprofil mit versunkenen Augen, zurückgefallenem Kinn. Zwischen klaffenden Lippen ein Streif gelber Zähne.

Lieber Gott, betet sie hoffnungslos, lieber Vater, lieber Gott! Fühlt nichts dabei, keinen Schmerz, keine Trauer, nur diesen Schrecken, der langsam hochsteigt: schwarzes, eisiges Wasser.

Endlich ist Herbert fertig. Spärliches Klatschen.

Die Tochter reißt die Tür auf, stürmt zum Vater, der abgewandt am Fenster steht, umarmt ihn, lügt: „Sie fragen nach dir! Wo bleibst du? Ohne dich wird es nicht schön.“

Nach unten schielend, sieht sie die Mullbinde um seinen linken Arm. „Was ist das?“

Er zieht den Hemdärmel hinunter und knöpft die Manschette zu.

„Ich komme schon“, sagt er. „Du mußt mich vertreten.“

„Fehlt dir auch nichts?“

„Nichts. Geh jetzt. Geh mit Gott, aber geh.“

Er kommt erst abends. Als sein Bariton in das gemeinsame Singen einfällt, atmet die Hochzeitsgesellschaft auf. Nur er bringt die rechte Mischung zustande: Feierlichkeit, rheinischer Frohsinn, Gemüt . . .

„Abend wird es wieder“, singen sie. „Am Brunnen vor dem Tore . . . Der Mond ist aufgegangen . . .“

Die Tochter begleitet auf der Harmonika. Mit feinem Gefühl für Stimmungstendenzen lenkt sie den Gesang ins Vaterländische: „Kein schöner Land in dieser Zeit . . . Morgenrot . . . Im Feldquartier auf hartem Stein . . . Ich hatt’ einen Kameraden . . .“

Zum Abschluß auf allgemeinen Wunsch das Deutschlandlied.

Mächtig rollt die Rührungswelle heran, schwemmt die Familie von den Stühlen hoch und zueinander in stumme Umarmungen.

Jetzt müßte der Echobläser blasen, sagt die Tante, dabei hebt sie den Finger und lauscht, als höre sie ihn tatsächlich mitsamt dem Echo vom Loreleifelsen, als ginge statt der Wilhelmstraße, die jetzt Claus-Clemens-Straße heißt, der Rhein da draußen vorüber, als sei es der Großvater und nicht sein jüngster Sohn, der jetzt sein Glas hebt, wortlos, aber jeder weiß, auf wen oder was dieser letzte Schluck getrunken wird . . .

„Kennst du den Cornet von Rilke?“ flüstert die Tochter dem Panzergrenadier zu, der ihr Tischherr gewesen ist. „Reiten, reiten, reiten . . .“ Er erinnert sich nicht, aber was das Reiten betrifft, mit der Kavallerie ist es wohl endgültig vorbei. Die Zukunft gehört den Panzern!

Am Tag des Umzugs nach Bonn wird der Vater zu Verwandten ausquartiert. Zu Hause wäre er doch nur im Wege. Es könnte ihm auch zu nahegehen . . .

18

Die Krankheit wird nicht genannt. Die Mutter weiß etwas, spricht aber nicht und wird nicht gefragt. Der Arzt kommt selten und beschränkt sich auf die Erneuerung von Rezepten und muntere Plaudereien. Danach begleitet die Mutter ihn zur Haustür. Lange verweilen sie, gedämpft sprechend, im Flur.

Der Ausschlag am Arm verschwindet, dafür schwellen die Drüsen in den Leisten und Achselhöhlen. Vor den Ohren wölben sich längliche Knoten, die die Form seines Gesichtes verändern. Das Vogelartige, nach vorn Drängende verliert sich. In der verbreiterten Fläche wirken die Züge geschrumpft, eingeebnet. Grau dämpft die Kupferfarbe seiner Gesichtshaut.

Anfangs predigt er noch in der Filiale, wie es mit dem Nachfolger ausgemacht war, nimmt auf Wunsch auch Amtshandlungen vor, meist Beerdigungen. Als er merkt, daß der Nachfolger solche Wünsche nicht schätzt, biegt er sie ab und läßt seine Mitarbeit sachte auslaufen.

Wenn Besuch aus Auel kommt, gerät er in freudige Aufregung, die unter den Hiobsbotschaften, die sie mitbringen, rasch verlöscht. Die Gemeinde ist nach seinem Weggang in zwei Lager zerfallen. Zwei Pfarrer kämpfen um die Seelen. Um den Zugang zum Gemeindehaus hat es Handgreiflichkeiten gegeben.

Nach solchen Besuchen findet er nächtelang keinen Schlaf.

„Sie bringen ihn noch um!" sagt die Mutter. Im Flur bittet sie die Gäste, ihn zu schonen. Allmählich bleiben sie aus. Er wartet, fragt aber nicht.

Er darf alles essen, hat aber keinen Appetit. Trotzdem ißt er gehorsam, was die Mutter ihm zuteilt, bemüht sich, den Ekel nicht merken zu lassen. Die Jacke, die er zu dieser Gelegenheit anzieht, wirft Falten über seinem abgemagerten Rücken. Auch die Tabletten, die sie mit einem Glas Wasser hinter seinem Teller bereitstellt, schluckt er ohne Widerrede.

Obwohl der Arzt ihm Aufstehen, sogar Ausgehen erlaubt hat, liegt er die meiste Zeit auf der Couch im Eßzimmer, dessen Möbel wie in Auel, nur auf engerem Raum, angeordnet sind. Die Mutter versorgt ihn mit Büchern und stellt zu den bekannten Zeiten Nachrichten und Wehrmachtsbericht im Radio an. Die Bücher liegen aufgeschlagen, den Rücken nach oben, neben seinem Gesicht, das mit offenen Augen nach oben, zur Decke gewandt ist. Immer häufiger vergißt er, die Position der Stecknadeln zu verändern, die auf den Karten der Kriegsschauplätze den deutschen Vormarsch kennzeichnen. Manchmal nimmt er den Handspiegel und betrachtet lange sein verändertes Gesicht.

Wenn die Tochter auf Wochenendurlaub kommt, schließt er den obersten Hemdknopf und bindet einen Schlips um. Zur Begrüßung steht er auf, aber sobald sie sich abwendet, legt er sich wieder. Sie verbirgt ihren Schrecken unter geräuschvoller Krankenschwester-Munterkeit: „Komm, steh auf! Wir gehen spazieren. Jeden Tag einen Gang zum Rhein – das hast du versprochen. Was man verspricht, muß man halten. Wer Versprechen nicht hält, ist gemein!"

„Jetzt nicht", sagt er, verlegen, schuldbewußt, „später vielleicht, morgen, ja morgen, vielleicht . . ."

Dann muß sie hinausgehen. Sie kann es einfach nicht mit ansehen, wie er daliegt und nichts tut. Sie nimmt es ihm übel, daß er sich nicht wehrt, nicht schimpft, den Arzt mit seinen Medikamenten nicht zum Teufel schickt. Daß er nicht mehr der ungeduldige, unvernünftige, unverwüstliche Immer-obenauf-Vater sein will. „Was ist denn? Was hast du? Tut dir was weh?"

Nein, weh tut ihm eigentlich nichts, nur müde ist er, todmüde . . .

Anfang Oktober 1940 findet in Königswinter eine festliche Zusammenkunft aller Kameraden zum 80. Geburtstag des ehemaligen Regimentskommandeurs statt, jenes Herrn von echter Vornehmheit, der in den Jahren nach 18 mit einem kordelverschnürten Pappkarton auf Reisen ging. Der Vater hat zunächst aus gesundheitlichen Gründen abgesagt, aber in den Tagen vor dem angesetzten Termin stellt sich ganz plötzlich eine Besserung ein.

Sein Blick unter dem ergrauten Brauengestrüpp belebt sich. Auf dem winzigen, zwischen Häusern eingeklemmten Rasenplatz übt er seine vom langen Liegen erschlafften Beine, im Vorübergehen der Mutter am Fenster zuwinkend: Es geht aufwärts!

Sie traut ihm nicht, äußert Bedenken, die er mit einem Anflug der alten Ungeduld wegschiebt. Achselzuckend verläßt sie das Zimmer, als er dem Veranstalter telefonisch seine Teilnahme als möglich wenn auch nicht sicher in Aussicht stellt.

Am Morgen des fraglichen Tages steigt er früh und leicht aus dem Bett, verlangt nach weißem Hemd und dunklem Anzug, läßt sich die Bändchen der beiden EK im Knopfloch befestigen.

Er fühle sich zum Bäumeausreißen, übertreibt er scherzhaft, durchaus imstande, mit der Honnefer Bahn nach Königswinter und zurück zu fahren. Der Mutter wäre es lieber, wenn die Tochter ihn begleiten würde. Gegen Protest von beiden Seiten setzt sie es durch. Den wahren Grund ihrer Unlust verrät die Tochter natürlich nicht: eine heimliche Abendverabredung an der Gronau. (Längst ist das Verschweigen zur Gewohnheit geworden, die Spaltung komplett, das Gewissen durch Rücksicht entschärft: Warum ihnen Sorgen bereiten? Sie haben genug zu tragen.)

Natürlich gibt sie nach, immer noch das liebe Kind, die gehorsame Tochter. Schwierigkeiten, wie sie andere Eltern mit ihren Töchtern haben, hat es bei ihr nie gegeben. Zum Zeitvertreib steckt sie Ernst Jüngers „Auf den Marmorklippen" ein und liest darin, sobald sie, dem Vater gegenüber, in der Honnefer Bahn sitzt, ignoriert lesend die Impulse von Ungeduld und Vorfreude, die er ausschickt, bis er es nicht mehr aushält, die Hand über die Buchseite legt: „Schau doch, wie schön!"

Unter den Strahlen der steigenden Sonne schimmert der Herbstdunst über dem Fluß, dahinter, rauchblau in Milchweiß, die zarte Kontur des Siebengebirges . . .

Der Empfangschef im Frack weist sie in einen abgetrennten Teil der verglasten Rheinterrasse. Als sie eintreten, wenden sich die in Gruppen herumstehenden Herren mit freudigem Stimmencrescendo zur Tür. Ein kleiner strammer Herr eilt mit ausgebreiteten Armen auf den Vater zu, ergreift ihn an beiden Schultern: „Welche Freude, Herr Pfarrer! Prächtig sehen Sie aus, völlig unverändert." Tatsächlich haben seine Wangen wieder das alte kupfrige Rot. Die Knoten vor den Ohren fallen fast gar nicht auf, und vielleicht steht es gar nicht so schlimm mit ihm, denkt die Tochter, als er mit raschem, elastischem Schritt von Gruppe zu Gruppe geht, Hände schüttelt, Schultern klopft, Namen auf Anhieb parat hat. Daß die Tochter zurückbleibt, bemerkt er gar nicht, so rasch ist ihm der Sprung ins lebendige Gestern gelungen, das sich hinter ihm schließt und sie ausschließt mit der Wand aus gestrigen Stimmen, Worten, Gesten, Haltungen. Verstohlen drückt sie sich Richtung Tür, möchte in einem der tiefen Sessel in der Eingangshalle versinken und weiter „Marmorklippen" lesen, hohe, dem Alltag entrückte Worte:

„. . . die Einsicht, daß Maß und Regel in den Zufall und die Wirren dieser Erde unvergänglich eingebettet sind. Im Steigen nähern wir uns dem Geheimnis, das der Staub verbirgt. Mit jedem Schritte, den wir im Gebirg gewinnen, schwindet das Zufallsmuster des Horizontes, und wenn wir hoch genug gestiegen sind, umschließt uns überall, wo wir auch stehen, der reine Ring, der uns der Ewigkeit verlobt . . ."

Aber als sie hinter dem Rücken nach der Klinke greift, kommt der kurze stramme Herr dazwischen, das Geburtstagskind. Auf keinen Fall läßt er es zu, daß sie sich auf französisch verabschiedet. „Man braucht Sie, nicht nur als Augenweide für die jugendentwöhnten Blicke alter Herren. Da ist noch einer, der sich einsam fühlt." Dabei zeigt er auf einen jungen Mann, der, mit einem Glas in der Hand, vom Raum abgewandt, am Fenster steht. „Mein Enkel", sagt er, „heute mein Fahrer. Leisten Sie ihm Gesellschaft, sonst läuft er uns auch noch davon."

Er wendet sich auf dem Absatz um und ruft mit einer hohen scharfen Stimme, die alle Köpfe herumreißt: „Zu Tisch, meine Herren!"

Dann marschiert er an den Kopf des Tisches. Der Vater muß zu seiner Rechten Platz nehmen, die Tochter ganz unten, neben dem Enkel, der sich als Leutnant auf Heimaturlaub vorstellt und, wie sie mit einem raschen Seitenblick entscheidet, als Flirt nicht in Betracht kommt: großer weicher Körper, auf dem die Uniform, obwohl sicherlich maßgeschneidert, keinen Sitz findet. Schwerer Kopf mit unverhältnismäßig hoher, gewölbter Stirn. Haare fettig und fahl, nicht grade üppig, dafür ein wenig zu lang und schlecht ausrasiert über dem Kragen. Ohne weitere Konversation zu versuchen, schaufelt er die Vorspeise in sich hinein. Der Großvater sucht ihn über die Länge des Tisches hinweg mit mahnenden Blicken, aber er bleibt unter seine Stirn zurückgezogen wie eine Schildkröte unter ihr Schild.

„Stiesel!" denkt sie.

Erst beim dritten Gang hebt er den Blick vom Teller und führt ihn langsam zu ihr hinüber. Seltsame Augen, stellt sie fest, zu hell, blendend hellblau in das Dunkel des Stirnschattens geschnitten. Ob sie noch zur Schule gehe, fragt er.

Nein, sie hat im Frühjahr Abitur gemacht, ein Jahr zu früh, wie der ganze Jahrgang, jetzt absolviert sie den Arbeitsdienst. Er stößt ein kurzes unmotiviertes Lachen aus, ein „Aha" mit Luft dazwischen. Sein Atem verrät, daß er getrunken hat, nicht nur den Wein, mit dem er jedesmal, wenn die Flasche nach unten kommt, sein Glas wieder auffüllt.

„Dann sind Sie wohl sehr stolz, daß Sie dem Vaterland mindestens mit dem Spaten dienen können", sagt er. Sie schnappt mürrisch zurück: „Wieso mit dem Spaten?" Aber er hat das nur im übertragenen Sinne gemeint, als Arbeit im Unterschied zum Dienst mit der Waffe.

Sie fühlt sich irgendwie auf den Arm genommen, obwohl er ganz ernsthaft spricht, mit einer leisen Stimme, die die übrigen Gäste ausschließt und zwischen ihnen eine unangebrachte Vertraulichkeit herstellt. Was will er bloß? denkt sie, empfiehlt sich

Vorsicht und durchbricht sie sofort, indem sie heftig aber ebenfalls leise, die unangebrachte Vertraulichkeit wider Willen bestätigend, widerspricht: Stolz sei sie überhaupt nicht. Das braune Lagerleben kotze sie an. Tatsächlich sagt sie „kotzen", was sie zu Hause und in erwachsener Gesellschaft nicht sagen darf und auch jetzt nicht gesagt hätte, wenn nicht etwas gefunkt hätte zwischen ihnen, sein Blick, seine Stimme mit ihrer seit Monaten angestauten Wut über die Gleichschaltung, den Druck, die Versagung gewohnter Sonderrechte. Der schönste Tag ihres Lebens werde der sein, an dem sie Uniform, Hut und Blechbrosche in die Ecke schmeißen und endlich studieren könne – Musik! – Eine berühmte Geigerin will sie werden. Hier holt die Vorsicht sie ein, und sie schiebt rasch dazwischen, daß sie grundsätzlich gegen Arbeitsdienst nichts hätte, jedenfalls was die Arbeit beim Bauern betrifft. Die sei noch das Beste an der Sache. Unerträglich sei nur das Lagerleben, die Uniform. Uniformen seien ihr immer schon in der Seele zuwider gewesen.

„Ihr Herr Vater hat sie offenbar gern getragen", sagt er.

„Bei Männern ist das was anderes."

„Meinen Sie?" sagt er und gießt sich noch einmal ein, ohne ihr leeres Glas zu beachten. Aus seinem Blick entlassen überschlägt sie die Anzahl der Gläser, die er allein während dieser Mahlzeit geleert hat, nicht schlürfend und schmeckend wie die alten Herren, sondern gierig, mit dem abrupten Handruck, mit dem man Schnaps hinunterkippt.

„Gib dich nie mit Betrunkenen ab, sie sind unberechenbar", hat die Mutter gesagt.

Über den Tisch hinweg verwickelt ein ergrauter, aber immer noch aktiver Major den Leutnant in ein Gespräch über den Polenfeldzug: So ein siegreicher Vormarsch müsse doch ein großes Erlebnis sein für einen jungen Offizier, dessen Bewährung bisher auf dem Kasernenhof stattgefunden habe. Er stellt ein paar knappe militärische Fragen. Der Leutnant versucht, sie knapp militärisch zu beantworten, kommt aber nicht zurecht, verhaspelt sich, läßt Sätze unfertig in der Luft hängen, sucht mit schwerer Zunge nach Worten. Als der Major, um es ihm leichter zu machen, ein paar mäßige Witze einflicht, bricht er in ein albernes Gekicher aus, das allgemein peinlich berührt. Wieder schießt der Jubilar mahnende Blicke, und wieder gelingt es ihm nicht, die Augen des Enkels zu fangen.

Die Tochter nimmt sich vor, gleich nach dem Mokka zu verduften. Vorläufig wendet sie dem Leutnant den Rücken zu und konzentriert sich auf das Gespräch im oberen Abschnitt des Tisches, das ihren Vater betrifft, den freiwilligen Feldgeistlichen von damals, der offenbar allerhand Stoff für wohlwollendes Amüsement im Stabsquartier geliefert hat. Bescheiden wehrt er ab, muß sich aber dann doch gefallen lassen, daß ein Gast, offenbar der Geschichtenerzähler vom Dienst, ein paar „köstliche Begebenheiten" zum besten gibt, unter anderem die Sache mit dem Weihnachtsgottesdienst 14, zu dem die vor kurzem aus den Stellungen gezogene Truppe auf dem Kirchplatz angetreten war, um mit dem Pfarrer zum Gottesdienst einzuziehen. Schon stieß er die Kirchentür zurück, da erschien, in schwarzer Soutane über den Platz wehend, der Curé des Ortes, gefolgt von ein paar alten Weibern ebenfalls in Schwarz – „wie ein Schwarm Krähen", sagt der Erzähler, der als junger Hauptmann dabeigewesen ist und gleich merkte, daß der Curé ein Exempel statuieren wollte. Aber der Pfarrer in seiner bekannten Arglosigkeit fing an, mit dem Kollegen von der anderen Fakultät zu palavern, in seinem nicht gerade glänzenden Französisch – alter Humanist, man kennt das, mit lebendigen Sprachen gibt sich so einer nicht ab –, aber der Pfarrer hatte ja immer sein Wörterbuch in der Tasche, wurstelte es auch jetzt hervor, erklärte dem Curé nach besten Kräften, daß dieser Zeitpunkt – ce termin, sagte er in der Annahme, Termin sei ein original französisches Wort – für die kirchliche Weihnachtsfeier der Truppe seit langem vereinbart sei. Der Curé verstand natürlich nur Bahnhof, hat nie ein Wort deutsch verstanden, der sture Kopp, geschweige denn eins über die Lippen gebracht, marschierte an dem Pfarrer vorbei, bezog Stellung in der immer noch offenen Kirchentür und ließ seine Weiblein eins nach dem anderen eintreten, dann zog er sie nachdrücklich ins Schloß.

„Da steht nun unser allseits beliebter Herr Pfarrer, eine geschlossene Kirchentür vor sich, eine teils grinsende, teils murrende Truppe im Rücken, und irgend jemand", sagt der Erzähler, „wer denn außer mir? mußte ihm wohl in die Seite, pardon, zur Seite treten." Ist also hin, hat ihm zugeredet wie einem (pardon) lahmen Schimmel: das könne er den Leuten nicht zumuten, die hätten bis gestern im Dreck gelegen, die kann man doch nicht stehen und warten lassen, bis so einer – „ich muß doch sehr bitten!" sagte der Pfarrer –, also bis dieser Schwarzrock seine Messe gelesen habe.

Das sah der Pfarrer auch ein. Er sei der letzte, der das Wohl der kämpfenden Truppe außer acht ließe, aber soll er wohl hier, vor der Kirche oder sogar drinnen einen Streit vom Zaun brechen – eine Zänkerei zwischen Christen, die zusammengekommen seien, um die Geburt ihres Herrn zu feiern –, „das können Sie nicht von mir verlangen, Herr Hauptmann! Lieber laß ich die Leute ins Quartier zurückgehen."

„Das könnte denen so passen", sagte der Hauptmann. „Haben wir vielleicht im Felde gesiegt, um uns in der Kirche überrumpeln zu lassen? Lassen Sie mich die Sache regeln, Herr Pfarrer!"

„Da hätten Sie ihn mal sehen sollen", sagt der Erzähler und weist auf den Pfarrer, der ohne aufzublicken die Reste auf seinem Teller zu einem runden Häuflein zusammenscharrt, „wie er mich angeblitzt hat: ‚Kümmern Sie sich um Ihre Truppe, Herr Hauptmann, ich kümmere mich um meine Kirche. Hier habe ich das Kommando!'"

Mit eingezogenem Schwanz (natürlich im übertragenen Sinne) sei er an seinen Platz bei der Truppe zurückgekehrt, der Pfarrer habe indessen mit geneigtem Kopf ins Innere der Kirche gehorcht, irgend etwas abgewartet, dann habe er den Befehl zum Eintritt gegeben, aber leise gefälligst, Mund halten, kein Gepolter . . .

Die Weiblein kamen gerade von der Kommunion zurück, blieben mittendrin stehen, schauten wie Kühe, wenn's donnert, während die Soldaten sich in die Bankreihen schoben, aber nicht in die, wo die schwarzen Handtaschen und Gebetbücher lagen.

„Na komm schon, Oma, wir beißen nicht!" sagte einer der Soldaten. Der Pfarrer, der in der ersten Reihe, direkt vor dem immer noch psalmodierenden Curé, Platz genommen hatte, wandte sich um und legte den Finger auf den Mund.

Als der Curé fertig war, stand er auf, trat neben ihn und sagte das Eingangslied an: „Lobt Gott ihr Christen alle gleich . . ." Dabei bedachte er den Curé von der Seite mit einem langen Blick, der ausdrücken sollte, daß mit „alle gleich" tatsächlich alle gemeint seien, also auch der Curé und die Weiblein, die soeben ihre Handtaschen und Gebetbücher an sich rafften.

Der Curé gab den Blick nicht zurück. Auch bei dem würdigen Abgang unter dröhnendem Soldatengesang schaute er weder rechts noch links, ging, von den Weiblein gefolgt, durch seine Kirche, als wäre nichts drin außer Luft und Weihrauch, aber eine Woche später, als die Truppe abrückte, hat er dem Dolmetscher gesagt, wenn schon diese „Boches" im Ort sein müßten, dann wär's ihm lieber gewesen, diese Einheit mit diesem Pasteur dazubehalten. Bei denen wüßte man wenigstens, was man hätte. Was hinterher käme, wüßte man nie . . .

Hier endet der Erzähler, von herzlichem Gelächter belohnt. Der Jubilar findet in der köstlichen Geschichte die ganze Spannweite deutschen Wesens – Härte und Disziplin, aber auch Großmut und Herz; mannhafte Haltung im Kampf und tiefe Sehnsucht nach dem Frieden.

Bei diesen Worten lacht keiner mehr außer dem Leutnant, der offenbar nicht kapiert hat, wann „Spaß beiseite, Ernst im Arm" angebracht ist. Nach mehreren Anfällen hysterischen Gekichers will er nun auch eine Geschichte zum besten geben. Das Räuspern des Jubilars überhörend, beginnt er ganz harmlos nach dem Schema: Was ist der Unterschied zwischen . . .

So sei der Generalgouverneur des besetzten Polen, Herr Dr. Hans Frank, kürzlich von einem Reporter gefragt worden, was der Unterschied sei zwischen dem Protektorat in der Tschechoslowakei und dem Generalgouvernement in Polen. Da habe der Dr. Frank, schlagfertig wie immer, geantwortet: „In Prag waren zum Beispiel große rote Plakate angeschlagen, auf denen zu lesen war, daß heute sieben Tschechen erschossen worden sind. Da sagte ich mir: Wenn ich für je sieben erschossene Polen ein Plakat aushängen lassen wollte, dann würden die Wälder Polens nicht ausreichen, das Papier herzustellen für solche Plakate . . ."

Die vom Rausch verquollene Stimme des Leutnants ist gegen Ende der Geschichte immer undeutlicher geworden, aber die Herren müssen doch einiges mitgekriegt haben, denn als der Leutnant abbricht, tritt eine böse, atemabschnürende Stille ein, die durch das Geräusch eines zurückgestoßenen Stuhles nicht unterbrochen, sondern weiter verschärft und unerträglicher wird. Keiner wendet den Kopf, die Gäste an der gegenüberliegenden Tischseite senken den Blick, als der Jubilar hinter den Stühlen entlanggeht und dem Enkel die Hand mit dem Wappenring in die Schulter gräbt, so fest, daß die Knöchel weiß herausspringen.

Die Schulter fällt nach vorn. Die Hand reißt sie wieder hoch. Mit den Fäusten am Tischrand sich hochstützend, steht der Leutnant auf und nimmt Haltung an.

Am äußersten Rande der Aufmerksamkeit hebt sich ein Flüstern: „Was ist, Herr Pfarrer? Ist Ihnen nicht wohl?"

Die Tochter sieht nur noch, wie er vom Tisch weggeht, und etwas in seinem Gang, in der Haltung der Schultern, des Nackens veranlaßt sie, ihm nachzugehen, aber nicht schnell genug. Als sie die Halle betritt, sieht sie gerade, wie er die Tür der Herrentoilette hinter sich zuzieht.

Eine Weile wartet sie vor der Tür, dann kommen die Herren, und sie findet es peinlich, vor der Herrentoilette herumzustehen. Sie zieht sich an die Fensterseite der Halle zurück, nimmt die Gardine zur Seite und sieht in der Rheinpromenade den Jubilar mit dem Leutnant vorübergehen, rasch, schweigend, der Alte ein Stück voraus. Obwohl der Enkel ihn an Größe und Masse weit übertrifft, wirkt er, von oben gesehen, wie ein nasser Sack, den einer hinter sich herschleift.

Soeben verläßt der Vater mit einem anderen Herrn die Toilette. Im Vorübergehen winkt er ihr zu: „Wir gehen bald!"

Sie vergräbt sich mit ihrem Buch in einem der tiefen Sessel. In der reinen Luft der Marmorklippen wird ihr allmählich wohler.

„. . . und freudig erfaßte uns das Wissen, daß die Vernichtung in den Elementen nicht Heimstatt findet und daß ihr Trug sich auf der Oberfläche gleich Nebelbildern kräuselt, die der Sonne nicht widerstehen. Und wir erahnten: Wenn wir in jenen Zellen lebten, die unzerstörbar sind, dann würden wir aus jeder Phase der Vernichtung wie durch offene Tore aus einem Festgemach in immer strahlendere gehen . . ."

Es ergibt sich, daß sie nicht mit der Bahn nach Bonn zurückfahren, sondern mit dem Wagen des Gastgebers, der auf keinen Fall dulden will, daß der Vater sich weitere Anstrengungen zumutet. Daß der Leutnant am Steuer sitzen würde, hat dieser sich nicht gedacht und muß irgendein Zeichen von Schrecken oder Abwehr gegeben haben, denn der Gastgeber beeilt sich zu versichern, als Fahrer sei sein Enkel absolut zuverlässig! Mit gedämpfter Stimme fügt er hinzu: Der Wein bei Tisch sei wohl etwas schwer gewesen. „Die jungen Leute vertragen heutzutage nichts mehr. Nun ist jedenfalls alles in Ordnung."

Tatsächlich wirkt der Leutnant wie neu, offenbar kalt geduscht, Haare gebürstet, Jacke straffgezogen. Beim Aufhalten der Autotür schlägt er überflüssigerweise die Hacken zusammen. Sie fahren schweigend, der Vater mit geschlossenen Augen in seine Ecke versunken. Der runde Rücken des Leutnants drückt Ergebenheit aus. Nichts mehr von Aufsässigkeit, von Herausforderung zu heimlichem Einverständnis. Die Tochter fühlt einen winzigen Stich Enttäuschung, als sei eine Erwartung nicht erfüllt, ein unausgesprochenes Versprechen nicht eingelöst worden. Dabei ist er ihr doch von Anfang an unsympathisch gewesen, bekräftigt sie sich und späht über seine Schulter hinweg auf die Uhr an seinem Handgelenk: Noch nicht sechs! Wenn alles gut geht, ist die Verabredung an der Gronau noch zu schaffen. Also höchste Zeit, eine plausible Entschuldigung auszudenken:

Freundin, Hausmusik, Vortrag – irgendwas „Wesentliches“, damit ist sie noch immer durchgekommen.

Plötzlich fängt der Vater zu sprechen an, und seine Stimme verrät, daß er hinter den geschlossenen Augen nicht geschlafen, nicht einmal geruht hat.

„Was Sie da eben gesagt haben, Leutnant, hat das irgendeinen realen Hintergrund?“

Genauer drückt er sich nicht aus, ist auch nicht nötig. Sie wissen sofort, was gemeint ist. Die Tochter mit einem Anflug von Ärger: Hat er es doch mitgekriegt. Dann atmet sie auf, als der Leutnant, ohne das Gesicht zur Seite zu wenden, antwortet, die Sache sei ihm erzählt worden. Ob sie einen realen Hintergrund habe, entziehe sich seiner Kenntnis.

„Wie können Sie dann solches Gift verbreiten“, sagt der Vater mit vor Erregung zitternder Stimme. „Schämen Sie sich nicht? Haben Sie denn gar kein Gewissen?“

Der Leutnant antwortet nicht, aber als die Tochter, einem stummen Befehl folgend, in den Spiegel blickt, sieht sie seine zu hellen Augen auf sich gerichtet, noch einmal mit dieser Aufforderung zum geheimen Einverständnis und einer Mitteilung, die sie nicht wissen will. Rasch wendet sie sich zum Vater, streichelt seine Hand: „Reg dich nicht auf!“ „Laß nur“, sagt er leise, dann schärfer, zum Fahrer gewandt: „Bitte lassen Sie uns hinter der Brücke heraus! Ich möchte zu Fuß nach Hause gehen. Die frische Luft wird mir guttun, nach diesem . . . diesem Gestank!“

„Aber Vater!“ sagt sie entsetzt, „du kannst doch nicht . . .“ Da sind sie schon auf der Brücke. Der Leutnant zieht den Wagen zur Mitte und biegt hinter der Bonner Brückenabfahrt links ein und zum Rhein hinunter, als wisse er, daß der Vater nirgends anders als dort zu Fuß gehen will. Unter der Brückenauffahrt hält er, steigt aus, reißt den Wagenschlag auf.

„Nichts zu danken, Herr Pfarrer“, sagt er und ist schon wieder um den Wagen herum, als dem Vater einfällt, daß er ihm nicht mal die Hand gegeben hat. Das tut ihm nun doch leid. Der Junge geht schließlich wieder an die Front, wer weiß, vielleicht sogar in den Tod. „Gott mit Ihnen!“ ruft er ihm nach.

19

Das war das letzte Mal, daß ich mit meinem Vater gegangen bin. Aus dem Dunkel unter der Brückenauffahrt sehe ich die beiden heraustreten und näherkommen, aber noch nicht so nah, daß ich anfangen könnte (oder wollte), Ich zu sagen, zu dem Mädchen im Faltenrock, mit weißer Bluse, weißen Kniestrümpfen, Haferlschuhen, Olympiarolle, das den Vater unauffällig vorantreibt im Strom der Abendbummler, die nach der Arbeit und vor dem Abendessen noch einmal Luft schnappen – Wasserdunst, Teerduft, Rauch von den Schleppdampfern, die ihr Gefolge von Lastkähnen hinter sich herziehen, die leeren hoch aus dem Wasser ragend, die beladenen bis zum Rand in der welligen Brühe versunken, ganz am Ende das Ruderboot, das den Vater an seine Kindheit erinnert, wie sie als Jungens die stromaufwärts stampfenden Schleppzüge angeschwommen haben, je näher, um so geschwinder schossen die Kähne vorbei, und es kam darauf an, zur rechten Zeit aus dem Wasser zu schnellen, das Ruderboot am Rand zu schnappen, sich hineinzuschwingen, ein Stück aufwärtszufahren, um später geruhsam zurückzuschwimmen, und einmal hat er sich beim Zugreifen die Hand beim defekten Blechbeschlag aufgerissen, das Blut lief den Arm hinunter, er reckte ihn hoch, damit der Vater im Studierzimmerfenster das Blut sähe, aber der nahm es für Winken und winkte fröhlich zurück. Daß der Vater nicht sah, daß seinem Jüngsten etwas Schlimmes zugestoßen war, hätte ihn damals ganz unvernünftig gekränkt. „Hörst du überhaupt zu?“

„Natürlich!“ sagt sie und hat von gestern das Läuten der Ankerglocken im Ohr, das Kettenrasseln von Kahn zu Kahn in der Dämmerung, und wie sie sich geduckt haben, der Freund und sie in der Sandkuhle zwischen den Buhnen, als die Schiffsleute mit dumpfem Laut ins Boot sprangen und zum Ufer ruderten. „Mach dir nichts draus!“ hat der Freund gesagt, „die sehen uns nicht . . .“

So fliehen, während sie dicht beieinander, in mühsamem Gleichschritt Fuß vor Fuß setzen, ihre Gedanken in Windeseile voneinander weg zu Bildern, die jeder für sich allein hat, und in der verlassenen Mitte bleibt der Schrecken zurück, ein Stein des Anstoßes, den sie nicht anstoßen, sondern mit jedem Schritt vorsichtig übersteigen, und immer wieder liegt er vor ihren Füßen, muß von neuem überstiegen werden, immer beschwerlicher, weil jeder Gedanke, jedes Gespräch, so luftig und fern es auch begonnen ist, eine heimliche Schwerkraft dorthin entwickelt und auch eine heimliche Angst, die dagegenzieht, so daß sie trotz Vorwärtsgehen und -reden nicht vom Fleck kommen, festgehalten in einer benommenen Schwebe, die sie einander übelnehmen.

„Du hörst gar nicht zu!“ sagt er, und sie: „So kommen wir ja nie nach Hause“! Und er: „Zieh doch nicht so!“, dabei stützt er sich schwerer auf ihren Arm, bleibt endlich stehen, gerade als es von der Beueler Kirchenuhr sechs schlägt und der Freund an der Gronau, wenn er pünktlich ist, zu warten anfängt.

„Soll ich ein Taxi rufen?“ fragt sie, aber das will er nicht. Will nur ein wenig ausruhen, auf der Bank sitzen, ist ja noch Zeit, die Mutter wartet noch nicht, man kann sich in Ruhe unterhalten, dazu kommt man so selten, die Tochter ist ja immer weg, die Wochenenden fliegen vorbei, man wird sich ganz fremd . . .

Noch einmal gibt sie nach, kochend vor Ungeduld, und nun sitzen sie da unter den gestutzten Bäumen, zwischen den Beeten, auf denen in diesem Herbst die kleinen blauen Astern blühen, rötlicher Dunst über dem Strom, auf dieser Seite ist die Sonne schon weg, aber drüben blitzen noch Fensterscheiben die Hänge hinauf, rote Strahlenbündel aus den Scheiben des Petersberg-Hotels.

„Ob wir da noch mal hinkommen – wir zwei beide?“ sagt er, und wenn sie jetzt still sein könnte, statt in geheuchelter Sorge seine Hand zu reiben („Du bist ja ganz kalt, du wirst dir was holen!“), wenn sie die verdammte Krankenschwester-Munterkeit beiseite ließe, sich diese Verabredung, aus der sowieso nichts wird, aus dem Kopf schlüge, die Uhr am Beueler Kirchturm und die Unruh im Hinterkopf vergäße und sich einmal wirklich einließe, statt mit gefällig geneigtem Kopf Worte in sich hineinfallen und da unten irgendwie verkommen zu lassen mitsamt den nicht wahrgenommenen Untertönen und Klopfzeichen, dann hätte daraus ein Gespräch zwischen Menschen werden können. So bleibt es trotz der gefälligen Antworten ein verlorener Monolog, ein Ruf ins Leere . . .

Ob sie sich gut unterhalten hätte, fragt er und meint wahrscheinlich den Leutnant und seine Geschichte, was sie davon hielte, aber darauf antwortet sie nicht, sondern nur „es geht so“ – und er gibt sich damit zufrieden, sagt, ihm hätte es nicht so besonders gefallen, früher hätte ihm so was mehr Spaß gemacht. „Das kann aber an mir liegen, an der Krankheit. Da sieht man alles in einem anderen Licht. Zum Beispiel die Geschichte mit dem französischen Curé. In Wirklichkeit ist das ganz anders gewesen.“

„Wie denn?“ fragt sie, ohne es wirklich wissen zu wollen, er merkt das und spricht gleich weiter, bewegt sich in Sprüngen wie einer, der auf sumpfigem Boden von Grasbüschel zu Grasbüschel springt, immer rasch weg, wenn es unter ihm nachgibt. Von Müdigkeit spricht er, dann vom Schlafen, daß seine Art zu schlafen sich geändert hätte. Sonst gab es doch die schmalen Übergänge von Einschlafen und Aufwachen, die meistens nicht länger dauerten als Abend- und Morgengebet, dazwischen Tiefschlaf, vielleicht Träume, an die hat er sich morgens nie erinnern können. Jetzt ist das anders, vielleicht weil er zuviel liegt, zuwenig Bewegung hat, wie die Mutter immer sagt. Jetzt ist der ganze Schlaf so wie sonst der Übergang, mit Beten nicht mehr auszufüllen, auch die Gedanken funktionieren nicht richtig, er wird eben alt, die abgenutzten Rädchen greifen nicht mehr. Es kommt vor, daß ein Gedanke ihm mittendrin abreißt, einfach weg ist, ins Bodenlose gekippt. Dann greift er rasch zurück, um den Gedanken zu packen, wo er noch fest und genau war, aber das Bodenlose greift rascher und verschlingt den Gedanken mit Stumpf und Stiel, ehe er ein Ende davon erwischt hat. Das geht so weiter, eine Art Fraß. Sobald er sich einem Gedanken zuwendet, kippt er ab, und es kommt ihm so vor, als ob alles, einfach alles nach und nach bodenlos würde. Er begreift nicht, daß man's am Tage nicht merkt, daß man so einfach einen Fuß vor den anderen, ein Wort an das andere setzt, ohne zu ahnen, wie bodenlos alles ist. Wenn ihm das nachts passiert, muß er vom Bett hoch und hinaus, leise, damit die Mutter nichts hört. Dann sitzt er im Eßzimmer in dem steifen Worpsweder Stuhl und läßt es nach unten ablaufen, bis die Möbel wieder fest werden in dem Licht, das die Straßenlaterne durchs Fenster wirft. Dann kann er auch wieder denken, aber auf dem Weg ins Bett fängt es schon wieder an, und einmal ist er vor der Schlafzimmertür hingefallen, obwohl er die Klinke schon in der Hand hatte. Die Mutter hat sich zu Tode erschreckt, nun traut sie sich gar nicht mehr, richtig zu schlafen. Arme Mutter, nimmt alles so schwer, man muß besonders lieb zu ihr sein!

Zwischendurch spricht er auch von früher, ohne es früher zu nennen, vermischt die Zeiten, als sei ihm die Chronologie seines Lebens zum Kreise geraten wie ein vom Strom abgetrenntes Altwasser. Von seinem Vater spricht er, der nie krank gewesen ist. Im Winter schlug er sich ein Loch ins Ufereis und tauchte hinein, holte sich nie was von den Krankheiten, die seine Frau ihm prophezeite, wenn sie ihn mit dem großen Badetuch abrubbelte, aber mit dem Sterben ging es ganz schnell, grade noch genug Zeit, um mit seinem Gott ins reine zu kommen und schon . . .

Der Lehrer Limbach fällt ihm ein, wie der einmal gesagt hat: „Sie haben das Fürchten nicht gelernt, Herr Pfarrer."

„Wovor soll ich mich wohl fürchten?" hat er zurückgefragt, und der Lehrer hat gedankenvoll mit dem Kopf genickt: „Das ist es eben, Sie haben nie gewußt, was das ist – Fürchten. – Aber Sie sind auch nicht ausgezogen, um es zu lernen."

„Ich nicht ausgezogen!" hat der Vater lachend gesagt. „Wo ich überall gewesen bin, während Sie in den Sommerferien Ihren Garten bestellten. Übrigens auch im Krieg, drei Jahre Front, das haben Sie wohl vergessen." Aber so hatte der Lehrer es wohl nicht gemeint.

Später hat er noch einmal angefangen vom Bruder des verlorenen Sohnes, der gehorsam zu Hause blieb, während der andere bei seinen Schweinen und Trebern saß und am Ende so verloren war, daß er seine Freiheit oder Erwachsenheit oder was immer er gesucht hatte, über Bord warf und Hals über Kopf zum Vater zurückrannte.

„Na und?“ hat der Vater gefragt. „Was wollen Sie damit sagen?“

„Ich meine nur: Wenn der zu Hause gebliebene Bruder es mit der Angst kriegt – wohin sollte der wohl gehen?“ hat der Lehrer gesagt und im Fortgehen einen seiner verstohlenen Blicke über die Schulter geworfen, die die Mutter nicht mochte. Er hatte so eine Art, sich kryptisch auszudrücken. Das sei vermutlich einer der Gründe gewesen, weswegen man sich nie richtig nahe gekommen ist. Das tut dem Vater jetzt leid. Er bildet sich ein, daß er den Lehrer jetzt besser versteht, auch was das Fürchten betrifft ...

Und immer noch sitzt sie mit christlich geneigtem Kopf, hört zu und hört doch nicht, daß der Vater im Begriff ist, das Fürchten zu lernen und nach jemandem ruft, der mitgeht ins Dunkle, ist mit ihren Gedanken schon weggelaufen hinter die Gronau (ist der Junge schon da? wird er warten?), kehrt nur kurz zurück, als sie das Wort Verlassenheit hört. Da klingelt etwas in ihrem Kopf, vielleicht das schlechte Gewissen, mit dem sie aufgewachsen ist, und sie macht mit der Zunge am Gaumen vorwurfsvolle Geräusche: „Wie kannst du nur von Verlassenheit sprechen?“ und fängt an, Namen von Leuten herzubeten, die ihm nahestehen oder einmal nahegestanden haben, gar nicht so viele, fällt ihr unterm Reden ein, und solche, die man Freunde nennt, sind eigentlich nicht dabei, dafür allerhand Verehrer, Anhänger, Bewunderer, zu Dank Verpflichtete, und jedesmal, wenn sie beim Namennennen eine Pause macht, nickt er oder sagt: „jaja!“, als fiele ihm die betreffende Person eben ein, nur als sie den Herrn Jacobi nennt, sagt er nichts und wendet den Kopf weg! Noch hastiger fährt sie mit der Aufzählung fort, und als kein Name mehr kommen will, nennt sie auch die Kinder, zwei Söhne, zwei Töchter, die Mutter, wir haben dich doch so lieb! Auch darauf sagt er jaja und fängt dann wieder mit der Verlassenheit an, als hätte die ganze Aufzählung ihn nicht überzeugt: Was Jesus fühlte, als er in Gethsemane zu den Jüngern sagte: „Könnt ihr nicht eine Stunde mit mir wachen?" und noch einmal am Kreuz, als er schrie: „Mein Gott, mein Gott, warum hast du mich verlassen?" Darüber hätte er nun x-mal von der Kanzel herab gepredigt und alle möglichen Gefühle dabei gehabt bis zu Tränen, aber das Gefühl, das gemeint war, hätte er wahrscheinlich nie gehabt, immer den Kopf voll von der Arbeit mit Menschen und all dem Guten, was er tun wollte, und doch wäre es vielleicht das Wichtigste gewesen, dieses Gefühl zu haben und mitzuteilen, der richtige Hintergrund, vor dem das Licht der Auferstehung in seiner ganzen Pracht hätte aufgehen können. Nicht daß er sich einbilde, er könne jetzt besser und treffender und erschütternder predigen, wenn es noch mal dazu käme, im Gegenteil. Was er inzwischen erfahren habe, sei zum größten Teil nicht mit Worten zu sagen. Es könnte ihm passieren, wenn er noch mal auf der Kanzel stünde, daß er kein Wort herausbrächte, wie es ihm manchmal im Traum passiert sei, aber nie im Amt . . .

Darauf weiß sie nichts zu sagen, auch er schweigt und hat nun nichts mehr dagegen, daß sie ein Taxi herbeitelefoniert. Sie verstaut ihn im Fond des schwarzen Mercedes, und als er beiseite rückt, um ihr Platz zu machen, murmelt sie etwas von „zu Fuß nachkommen", schlägt die Wagentür zu und rennt davon, um seine Augen im Rückfenster nicht sehen zu müssen, zuerst in Sprüngen, dann in dem Fersen hochwerfenden Kindertrab. („Läuft wie ein Pferd, das Kind!" hat die Mutter immer gesagt, „wann wird sie endlich lernen, sich wie ein erwachsener Mensch zu betragen?" Dann sagte er: „Laß sie doch! Sie ist noch ein Kind.") Wie die ganze intakte, in inniger Liebe verbundene Familie weggelaufen ist vor diesem neuen, stillen, hinter geschlossenen Augen unauffällig sich entfernenden Vater, indem sie ihn nicht zur Kenntnis nahm, sondern sich auf den alten, unbekümmerten, unverwüstlichen, Immer-obenauf-Vater versteifte (und ihm damit nur Gutes tun wollte), der nicht mehr da war, den er spielen mußte, so gut und schlecht es eben ging, um sie bei Laune und Liebe zu halten, gefällig und anspruchslos wie er war, und in der letzten Nacht im Krankenhaus ist ihm ein Glas Himbeersaft ins Bett gefallen und hat das Laken durchnäßt, aber geklingelt hat er nicht, weil die armen Schwestern auch mal ihre Ruhe haben müssen, hat die ganze Nacht mit seinem Fieberdurst allein im klebrigen Nassen gelegen, und am Morgen haben die Ordensschwestern gesagt, so einen anspruchslosen, rücksichtsvollen Patienten hätten sie noch nie gehabt, wenn bloß alle so wären.

Und Anfang Dezember in diesem letzten Winter ist die Tochter einmal spät nach Hause gekommen, und als sie auf Strümpfen durchs Eßzimmer schlich, ist sie an den Vater gestoßen, der im Dunkeln auf dem Worpsweder Stuhl saß, und hat in ihrem Schreck ausgerufen: „Bist du noch da?", und er hat gesagt: „Nicht mehr lange!", und ihr ist nichts Besseres eingefallen, als wortreich zu erklären, warum sie so spät käme, obwohl er gar nicht danach gefragt hatte, ihn rasch aber besonders herzlich zur Nacht zu küssen und sich dabei rücksichts- und liebevoll zu fühlen, wie diese ganze Familie sich permanent rücksichts- und liebevoll gefühlt hat in dem knappen Jahr seiner Krankheit und vor lauter Liebe und Rücksicht den Vater allein fortgehen ließ.

Daß das so sein könnte, eine Ahnung davon und die Augen des Vaters im Rückfenster folgten ihr, als sie in der Anzeigenabteilung des Bonner Generalanzeigers die Todesanzeigen bestellte: „Unser geliebter Gatte und Vater . . .", und von da an blieb es hinter ihr wie die Glocke hinter dem pflichtvergessenen Kind, mit schrecklichem Dröhnen und Rufen, als sie mit klappernder Fahrradkette den Kaiserplatz hoch und am Hofgarten entlangfuhr, nach Hause wollte und nicht konnte, weil es sie weitertrieb an der Haustür Lennéstraße vorbei und Arndtstraße links und zum Rhein hinunter, an der Bank vorbei, wo sie mit dem Vater gesessen hatte, und zur Gronau, wo jetzt kein Freund mehr wartete, überhaupt kein Mensch unterwegs war an diesem 1. Januar 1941, und den Leinpfad entlang im Nebel, in der klammen Waschküche rheinischer Winter, bis die Reifen im Sand steckenblieben, und weiter zu Fuß über die nassen Steine der Buhne bis zum nebelverlorenen Ende.

20

Der Lehrer ist gestorben. Die Todesanzeige kam, als ich im Begriff war, noch einmal nach Auel zu fahren, um unser Gespräch zu beenden. Nun bin ich allein mit dieser Arbeit. Keiner überprüft die Bilder, die das überreizte Gedächtnis ausstößt. Eingesperrt in dem mit Vergangenem überfüllten Arbeitszimmer, zwischen Stößen von Manuskripten, Haufen zerknüllter Blätter, versuche ich vergeblich, meinen Gegenstand zur Betrachtung zu isolieren, Abstand zu nehmen. Die Arche ist immer noch dicht. Ihre Bilder folgen mir bis in den Traum. Ich sehe das Kind, die Geige unter dem Arm, mit dem Vater von der Kirche nach Hause gehen, eine Hand in seiner Manteltasche – ein klarer kalter Tag. Von der Bahnhofstraße her kommt ihnen ein Mann entgegen. Der Vater sieht ihn auch, stutzt, macht eine Wendung, als wollte er auf die andere Straßenseite ausweichen. Dann entschließt er sich anders, geht rascher, in einem neuen erregten Rhythmus. Dabei zieht er den Arm aus dem des Kindes und streckt dem Mann beide Hände entgegen. Der mustert ihn mit einem harten fremden Blick und geht, ganz dicht, die ausgestreckte Hand fast berührend, an ihm vorüber.

Ich wollte den Lehrer fragen, ob der Mann sein Verwandter gewesen sein könnte, der Rote vom Volkshaus. Ob mein Vater ihm so verächtlich war, daß er ihm die Hand nicht geben wollte. Ob auch er, der Lehrer, meinen Vater heimlich verachtete. Ob alle die guten und freundlichen Dinge, die er über ihn gesagt hat, von Rücksicht und Schonung diktiert waren, von der gleichen Rücksicht und Schonung, die ihn gehindert hat, meinem Vater die Augen zu öffnen.

Dann wäre diese Arbeit vergeblich gewesen. Ich hätte das Vaterzimmer nicht verlassen, die Wahrheit nicht wahrgenommen.

Mitten in der Nacht mache ich mich auf die Suche nach Menschen. Als ich Thomas' Arbeitslampe wie ein Leuchtturmsignal durch die ländliche Finsternis scheinen sehe, kommen mir fast die Tränen. Ich schneide mir einen Stock gegen die Hunde, die nachts von der Kette losgemacht werden, und laufe quer über die Weiden zum Nachbarhof hinüber.

„Ich muß mit dir reden", sage ich.

Er schiebt seine Arbeit zur Seite, holt Gläser und Wein.

„Es ist wegen der Volkshausgeschichte", sage ich. „Ich müßte wissen, was der Lehrer darüber gedacht hat, aber ich kann ihn nicht mehr fragen."

„Ich nehme an, daß er selbst nicht zurechtkam", sagt Thomas. „Warum hätte er dir sonst den Brief mit der unbeantworteten Frage gegeben?" Er, Thomas, kann diese Sache nicht so wichtig nehmen. „Unzählige Leute haben sich in dieser Zeit mies benommen. Dein Vater eben auch. Warum denn nicht? Weil er dein Vater ist?"

„Versteh mich doch", sage ich. „Weil er mein Vater ist, kann es für mich nicht irgendeine miese Geschichte sein. Entweder es ist *seine* Geschichte und ich kann ihn darin sehen, oder alles, was ich bisher gemacht habe, ist subjektives Geschwätz."

„Ich wollte den Lehrer bitten, seine Frage anders zu stellen", sage ich, „nicht: warum hat er geschwiegen? sondern: warum hat er nichts gesehen? Wenn er so fragen würde, könnte ich eine Antwort versuchen, die einzige, die ich sehen kann. Könnte es so gewesen sein? hätte ich ihn fragen können. Ist der Pfarrer, den Sie sehen, der gleiche Mensch wie der Vater, den ich vor Augen habe? Aber der Lehrer ist tot. Es gibt keinen unbefangenen Zeugen mehr. Von jetzt an kann ich nur noch im Konjunktiv von meinem Vater sprechen: Wenn er so gewesen wäre wie ich ihn sehe, dann wäre diese Geschichte so und so zu erzählen."

„Versuch es!" sagt Thomas.

„Wenn du versuchst, unbefangen zu sein."

„Ich bin kein Zeuge", sagt er.

„Du könntest bezeugen, daß ich versuche, die Wahrheit zu sagen." Er lehnt sich im Stuhl zurück zum Zeichen, daß er sich auf ein längeres Zuhören einrichtet. Wir haben lange nicht geredet. Es war etwas zwischen uns, das jetzt gesagt werden muß. Noch einmal, seufzend vor Überdruß, bringe ich die Volkshausgeschichte ins Blickfeld.

In diesem Februar 1933 wäre mein Vater mitten in der Nacht aus dem Bett geholt worden. Halb schlafend hätte er sich angekleidet, die Abendmahltasche ergriffen, während der Bote vor der Haustür wartete. Auf dem Weg zur Unglücksstelle hätte er erfahren, was der Bote wußte: Es hat eine Schießerei zwischen Roten und Braunen gegeben. Einer ist getroffen, wahrscheinlich tödlich – ein Brauner. Wenn mein Vater der gewesen wäre, den ich sehe, dann wäre er schon vor dem Eintreffen an der Unglücksstelle überzeugt gewesen, daß ein Roter den fraglichen Schuß abgegeben hatte. Nicht nur, weil ein Brauner getroffen war. Es gab noch einen anderen Grund für das augenblickliche Einrasten des Urteils, nämlich den, daß es schon vorher dagewesen war, vor allem Hinschauen, Prüfen, Fragen: Rot gleich Blut, Mord, Gewalt. Rot gleich böse, so sicher im Vorverständnis verankert wie die Prämisse seiner Theologie. Nicht daß die Farbe der Nazis ihm besonders am Herzen gelegen hätte. Er nannte sie „kackbraun" und hatte unangenehme Empfindungen dabei: lästig, proletenhaft, mies, laut, übertrieben – immerhin eine Übertreibung von rechts. Aber rechts war für ihn nicht irgendeine Seite eines Gegenstandes, der mehrere Seiten hat, sondern die gute Mitte, das Seelengrundwasser, in dem sich alle guten, rechten, richtigen Leute zusammenfinden, um gegen Rot zu Felde zu ziehen. Das kennt man doch! Um das zu sehen, braucht man sich nicht mit der Vergangenheit zu befassen.

Bei Braun konnte so einer wie mein Vater wenigstens hoffen, daß in der häßlichen Schale doch noch ein guter, rechter Kern steckte, mindestens eine Möglichkeit zum Guten und Rechten, die einen verpflichtete, abzuwarten, eine Chance zu geben, nicht gleich das Kind mit dem Bade auszuschütten. Bei Rot war das anders. Da gab es die Trennung zwischen Kern und Schale nicht. Rot war durch und durch rot, gefährlich wie ein Funke im

Heuhaufen. Da gab es kein Zuwarten, nur Drauftreten, Kaputtmachen, Auslöschen.

Also wäre die Frage, wer hier geschossen und getroffen hatte, im Kopf meines Vaters bereits erledigt gewesen, als er sich über den Verletzten beugte, um so schneller, als sie für ihn gar nicht wesentlich war. Er gehörte ja zu den Leuten, die sich ihr Leben lang mit Wesentlichem befassen, und ein spezielles Wesentliches war unsichtbar: Menschenseelen und Gottesreich. Er hatte den vagen Blick des unpraktischen Menschen, der nicht gelernt hat, Sichtbares auf Beschaffenheit, Nützlichkeit, Funktionen, Zusammenhänge zu überprüfen. Als er auf den Verwundeten hinabschaute, hatte er nur eine Absicht, nur eine Frage im Kopf, nämlich die, die für ihn wesentlich war: Lebt der Mann? Kann er noch seinen Frieden mit Gott machen? Oder ist er tot? Bleibt er der Fürbitte überlassen? In dieser Sache blickte er scharf und genau hin, prüfte durchaus kompetent und erfuhr: Der Mann ist tot. Es ist Zeit, seine irrende Seele in die Fürbitte zu nehmen.

Wenn es so gewesen wäre, würde er unverzüglich, ohne rechts oder links zu schauen, neben dem Mann niederknien und zu beten anfangen. Dabei würde er die Augen schließen, den Blick nach innen wenden, in den Gebetsraum, in dem er mit seinem Gott allein ist. So könnte es geschehen, daß der gleiche Mann, der draußen ziemlich erbärmlich und ratlos neben der Leiche im Straßendreck kniete, in einem anderen, inneren Raum sich stark fühlte im Gebet, das die Welt bewegt, im Glauben, der Berge versetzt, im Dienst eines größeren Herrn, der es schon recht machen wird.

Der große Schock wäre ihm erst gekommen, als er den anderen sah, den angeblichen Mörder. Der einzige überlieferte Ausspruch: ‚Lieber Gott! Beide aus meiner Gemeinde!' erhellt den Zusammenhang, in dem er beide, Mörder und Opfer, sah. Es war der Zusammenhang: Meine Gemeinde, meine Herde, Seelen, die mir anvertraut sind, für die ich verantwortlich bin. Der Schrecken, sie in der Konstellation Mörder und Opfer zu sehen, wäre ihm direkt aufs Gewissen geschlagen, so wie er es gelernt und sein Leben lang geübt hatte: Die Schuld zuerst bei sich selbst suchen! Fragen: Was habe ich versäumt, Herr? Ein schlechter Hirte, der bei der Herde bleibt, statt den verlorenen Schafen nachzugehen und sie auf dem Rücken nach Hause zu tragen! Über solcher Gewissensnot wäre ihm die Frage, ob der Abgeführte tatsächlich der Mörder war, gar nicht erst in den Sinn gekommen. Wie vor den Kopf geschlagen hätte er dem unglückseligen Gemeindeglied nachgeblickt, bis es in der Grünen Minna verschwand, unfähig, irgendwelche Zusammenhänge zu sehen, zu bedenken. Selbst, wenn er das Zeitungsblatt aufgehoben hätte, das vielleicht noch zwischen den Scherben des Schaukastens lag, wenn er den rotangestrichenen Artikel über die Unterstützung der Hitlerpartei durch die deutsche Industrie gelesen hätte, wäre ihm kein Licht aufgegangen, warum die Roten ausgerechnet dieses Blatt in ihren Schaukasten gehängt hatten und warum die Braunen so scharf darauf waren, es herauszuholen. Wenn überhaupt in seiner Erschütterung noch ein Gedanke Platz gehabt hätte, dann wäre es der an die Angehörigen gewesen, an seine Pflicht, sie zu benachrichtigen und zu trösten, ehe Unbefugte ihm zuvorkamen. Ich sehe ihn seine Abendmahltasche aufnehmen und mit gesenktem Kopf davongehen, ganz nach innen gewandt: Tut Buße, denn das Himmelreich ist nahe herbeigekommen!

Möglich, daß er stutzig geworden wäre, als der Prozeß lief und die verdächtigen Dinge passierten: die Mütze verschwunden, die Augenzeugin auf der Straße zusammengeschlagen. Aber was hätte er aussagen sollen, da er nichts Genaues, nichts zu Beeidendes gesehen hatte? Lügen, auch „um der Gerechtigkeit willen", hätte er nicht über die Lippen gebracht. Da war das Gewissen im Wege, die Verpflichtung zur absoluten Wahrhaftigkeit, die nicht mit der Verpflichtung zur genauen Wahrnehmung gekoppelt war.

Ich halte es sogar für möglich, daß er gar nichts davon erfahren hat. Wer hätte es denn übers Herz gebracht, ihm mit solchen Miesigkeiten zu behelligen? Sogar der Lehrer, der doch persönlich betroffen war, machte den Mund nicht auf und schickte den Brief mit der schlimmen Frage nicht ab, auch dann nicht, als der

Irrtum aufgeklärt, das Fehlurteil revidiert war. Ich sehe eine stille Übereinkunft zwischen ihm und seiner Gemeinde. Er war so wie sie ihn haben wollten: Fröhlich im Herrn, den Miesigkeiten der Welt enthoben, sicher und furchtlos in seiner Glaubensarche. So konnte er ihnen ein Trost sein, und mehr erwartete keiner von ihm, nicht der Herr Jacobi, nicht der Schmitz Gustav, nicht der SA-Bürgermeister, der ihn vor seinen Parteigenossen in Schutz nahm: Laßt ihn nur, er ist alt, er macht nicht mehr lang, er ist so ein lieber sympathischer Mensch!

Das ist es, was mich an dieser Geschichte beängstigt: diese besondere Art von Einsamkeit, die gar nicht nach Einsamkeit aussieht, weil sie von wohlwollenden Menschen umgeben ist, nur daß der Einsame keine andere Möglichkeit hat, ihnen näherzukommen, als die von oben nach unten, durch ein Hinabbeugen, wie der heilige Martin sich vom hohen Roß zum armen Mann hinabgebeugt. Man kann das mit den verschiedensten Namen nennen: wohltun, helfen, schenken, raten, trösten, belehren, sogar dienen, das ändert nichts daran, daß oben oben und unten unten bleibt und daß der, der nun mal oben ist, sich nicht wohltun, raten, trösten, belehren lassen kann und wenn er es noch so nötig hätte, weil in dieser festgefahrenen Konstellation keine Gegenseitigkeit möglich ist, bei aller Liebe kein Funke von dem, was man Solidarität nennt. Kein Elend ist elend genug, als daß so einer vom hohen Roß seines demütigen Dünkels herunterkäme.

Das könnte die besondere Art von Einsamkeit sein, in der einer trotz täglicher minuziöser Kontrolle an Gottes Wort und Gebot in Schuld geraten könnte, ohne Schuld zu bemerken, weil die Wahrnehmung gewisser Sünden ein Wissen voraussetzt, das durch Sehen, Hören, Verstehen zustande kommt, nicht durch Dialoge im Innenraum.

Camilo Torres hat außer Theologie auch Soziologie studieren müssen, um die Not seiner Leute zu verstehen und entsprechend zu handeln. Die Kirche hat das nicht gern gesehen. Die Sünden des Wissenwollens sind ihr immer schon sündiger erschienen als die des Nichtwissenwollens und diejenigen wohlgefälliger, die das Wesentliche im Unsichtbaren suchten und das Sichtbare als unwesentlich übersahen.

„Diese besondere Art von Einsamkeit wäre meine Antwort auf die Frage: Warum hat mein Vater nichts gesehen? Falls der Lehrer sie gestellt hätte oder wenn du sie stellen würdest", sage ich zu Thomas und warte auf ein Wort, ein Zeichen, daß es mir gelungen ist, mich verständlich zu machen. Eine Weile rührt er sich nicht, sitzt abgewandt, den Blick auf die schwarze Scheibe gerichtet.

„Du glaubst mir nicht", sage ich.

„Es gibt so viele Geschichten dieser Art", sagt er. „Sie werden im Ton der Wahrheit erzählt von Leuten, die man mag und achtet. Jede von ihnen dreht und wendet ein Stückchen Schuld, bis es menschlich verständlich, beinah schon sympathisch aussieht. Schau sie doch an: Menschen wie du und ich, durchwachsen, mit guten Seiten und schlechten – wer hat die nicht? Und weit weg, ganz woanders liegt in einem Morast von Feigheit und Gemeinheit die unbegreifliche Schuld, fremd wie ein Meteor, als wäre sie von einem anderen Stern gekommen. Aber sie ist ja nicht gekommen, sondern gemacht, nicht von einem oder wenigen, sondern von vielen, fast allen. Ich frage mich nur, wo ist sie geblieben in euren liebenswürdigen sympathischen Geschichten? Wo steckt sie, in welcher Falte des Mantels, den ihr so fürsorglich über sie breitet?"

„So ist das mit den befangenen Zeugen", sage ich. „Die Schuld ist ihnen so nah, daß sie nie pur erscheint, sondern in undurchsichtigen Mischungen, die sich der sauberen Trennung entziehen. Je genauer sie zu schneiden versuchen, desto näher geraten sie an die eigene Person, desto tiefer und schmerzhafter ins eigene Fleisch, desto schwieriger wird die Trennung, nicht nur zwischen Gut und Böse, auch zwischen ihnen und denen von damals, so daß sie am Ende die Prüfung gar nicht fortsetzen können, ohne sich selbst zu prüfen und dabei besonders auf das Unwesentliche zu achten, das, was immer aufgeschoben, von den Prioritäten an den Rand der Wahrnehmung gedrängt wird.

Denn genau da, im Unwesentlichen, könnte die undichte Stelle sitzen, das heimliche Leck, durch das unbemerkt Schuld eindringt.

Das ist mein Problem“, sage ich, und dann sitzen wir eine Weile stumm, jeder in seinen Gedanken, die nach den Gedanken des anderen greifen in der Hoffnung auf eine Verständigung über Worte hinaus, bis es zu eng wird in der winzigen Kammer vor Zigarettenrauch, Atem, Gedanken und Hoffnung und wir beide im gleichen Augenblick aufspringen, Jacken vom Haken nehmen, Fenster aufreißen: Luft!

In dieser Nacht sind wir noch drei Stunden gelaufen, immer den Flußwindungen nach bis zum E-Werk und wieder zurück in dieser lächerlich ähnlichen Gangart – langer, schlaksiger Schritt, Schultern hochgezogen, Rücken krumm, Hände in die Taschen gebohrt, Kopf im Nacken, Blick anscheinend nach vorn gerichtet, in Wirklichkeit über alles hinweg auf nichts oder nach innen, und nicht mehr geredet, kein Bedürfnis zum Reden gehabt, auch keine Peinlichkeit wegen des Schweigens empfunden, überhaupt nicht bemerkt, daß geschwiegen wurde. Als liefe es ganz von selbst zwischen uns, zwar auf verschiedenen Wegen, aber nicht auseinander und nicht überquer, grade entfernt genug, um den anderen als einen anderen wahrzunehmen, und nah genug, um gelegentlich Zeichen zu geben: Paß auf, eine Wurzel! ... nimm meine Jacke! ... schau mal, es wird schon hell! ...

Als wir schon fast wieder zurück waren, das Haus schon sahen, den Rauch aus dem Schornstein, die Sonne in den Scheiben, konnte ich endlich vom Tod meines Vaters sprechen, ohne das schlechte Gewissen, das alle hatten, die dabei waren im Johanneskrankenhaus, die Mutter, weil sie den Schwestern nachgegeben und ihn in der letzten Nacht allein gelassen hatte, Gerhard, weil er das Gespräch über die letzten Dinge des Glaubens nicht geführt hatte, ich wegen Ungeduld und falscher Munterkeit.

Nur er nahm es leicht, als hätte das Blut, das ihm nach dem Sturz aus Mund und Nase gelaufen war, die Müdigkeit und die bangen Gedanken mit fortgeschwemmt. Schmerzen hatte er nicht, nie gehabt, nun brachten sie ihm Sekt, um das Herz anzuregen, die gestärkten, gepanzerten Ordensschwestern, die gestern noch eisig durchs Zimmer geweht waren, nun unter ihrem Panzer zu schmelzen anfingen, das hatte er noch fertiggebracht zum guten Schluß, so ein bescheidener Mensch, so ein lieber, anspruchsloser, rücksichtsvoller Patient ...

„Sekt allein trinken, das kommt gar nicht in Frage!" sagt er und gibt keine Ruhe, bis Gläser geholt, gefüllt sind und alle zum Anstoßen bereitstehen, auch die Helferin. „Und wo ist die Putzfrau?" Beim Trinken berührt er die wuchernden Stoppeln um seinen Mund – unerfreulicher Anblick! So möchte er nicht vor seinen Herrn treten. Wenn es Gerhard nichts ausmacht, schnell nach Hause zu laufen, den Rasierapparat zu holen ... „Aber nur, wenn es dir wirklich nichts ausmacht!"

Während Gerhard trostlos durch die Straßen rennt, um ja noch zeitig zurückzukommen, stirbt der Vater uns langsam davon. Das Keuchen und Brodeln seines Atems nimmt er nicht wahr, sieht nur den Schrecken in unseren Gesichtern und schüttelt den Kopf mit einem erstaunten, belustigten Blick:

Was habt ihr nur? Das sind doch Äußerlichkeiten!